길위에서 읽는

중국 현대사

대장정

길 위에서 읽는
중국 현대사
대장정

**왕초 PD와
1만 2800km 중국 인문기행을
떠나다**

글·사진 윤태옥

cum libro
책과함께

일러두기

1. 중국의 인명과 지명은 중국어 외래어표기법에 따라 표기했다. 다만 '산시성(山西省)'과 구분하기 위해 '陝西省'은 '섬서성'으로 표기했다.
2. 본문에서 한자가 필요한 경우 우리 한자를 병기했고, '찾아보기'에는 간체자를 함께 정리했다.

80년 전의 대장정에 주목하다

대장정大長征, '먼 거리에 걸쳐 정벌하다'라는 뜻이다. 내 기억으로 이 말이 우리나라에서 대중적으로 스스럼없이 사용된 것은 1998년 시작된 동아제약 박카스의 마케팅 이벤트 '대학생 국토대장정'이었던 것 같다. 그런데 대장정이 원래 중국 공산당과 홍군紅軍이 1934년부터 1936년까지 이뤄낸 역사적 사건이라는 것을 아는 사람이 얼마나 될까. 그 주인 공이 현대 중국의 국부로 불리는 마오쩌둥毛澤東이라는 것을 아는 사람은 또 얼마나 될까.

대장정이란, 중국 남부의 장시성江西省에 근거를 두고 있던 중화소비에트공화국 중앙정부와 중국 공산당이, 장제스蔣介石의 국민당 군대의 포위 공격을 피해 홍군의 호위를 받으며 1만 2500킬로미터를 강행군하여 섬서성陝西省 북부 옌안延安 인근으로 옮겨간 것을 말한다.

이 과정에서 마오쩌둥의 중국 공산당은 장제스의 끊임없는 추격과 포위를 뚫어야 했다. 난관은 전투만이 아니었다. 강과 협곡, 설산과 고원, 습지라는 혹독한 자연환경을 헤치고 가야 했다. 8만 6000여 명이 출발했지만 도착했을 때에는 고작 7000여 명이었고, 그 가운데 처음 출발한 사람은 3000여 명이었다. 출발 인원을 기준으로 삼으면 완주율이 3.5퍼센트에 지나지 않으니 그야말로 죽음의 행군이었다.

중국 공산당은 1935년 10월 19일에 비로소 마침내 중앙홍군의 대장정이 끝났다고 선언했다. 그로부터 14년 뒤인 1949년 10월 1일 천안문 광장에서 중화인민공화국이 선포되었다. 장제스의 중화민국 정부와 국부군은 타이완으로 쫓겨났다. 마오쩌둥이 선언한 그 공화국이 오늘날 미국과 맞겨루고 있는, 혹자는 곧 미국을 추월할 것이라고 말하는 중국이다.

현대 중국의 최고 지도자 2명과 가장 존경받는 국무원 총리, 3명의 국가주석, 5명의 국방장관이 대장정 출신이다. 1955년 중국 인민해방군은 창군 이후 처음으로 별 2개 이상의 장군 245명에게 계급장 수여식을 거행했다. 그 가운데 222명이 대장정에 참가한 홍군 출신이었다. 중국 공산당 총서기를 지낸 후야오방胡耀邦은 대장정을 출발했을 때 18세의 청년이었다. 국가주석을 지낸 리셴녠李先念은 25세, 양상쿤楊尚昆은 27세였다.

야구경기에 비유하자면, 마오쩌둥은 장제스라는 타자에게는 아주 고약하지만, 관중에게는 무척이나 재미있고 드라마틱하게 공을 던지는 투수였다. 구질의 변화가 크고 변칙적이고 때로는 예상치 못한 강속구를 던져댔다. 관중의 시선을 끌어다가 타자에게 심한 야유를 퍼붓게 만들었다. 타자로서는 풀 카운트까지 끌고 가서도 좀처럼 안타나 포볼을 만들어내지 못하니 힘겨운 싸움이었다. 타자에게 고약한 투수의 공은 포수에게도 고역인 법이다. 중국 남부 장시성에서 탈주해온 마오쩌둥을, 대륙 서북부 섬서성에서 받아준 포수는 섬서-간쑤 변구陝甘邊區 소비에트정부의 주석 시중쉰習仲勳이었다. 그가 바로 지금 중국의 최고 권력자 시진핑習近平의 아버지다. 이런 드라마를 연출한 것이 대장정이다.

내가 과문한 탓일지 모르나, 21세기 초입에 10년 후의 중국이 이렇게 거침없이 성장할 것이라고 예측한 전문가는 많지 않았다. 중국을 아는 것 같지만 사실은 수많은 예측이 빗나갔다. 우리는 과연 중국을 제대로 알고 있는 것일까.

우리는 중국과 2000여 년 이상 인접해서 살아왔다. 일제강점기 36년 동안 망명자들이 찾은 땅도 거의 대부분 중국이었다. 그러나 해방 후 한반도가 전쟁에 휩싸였을 때 남한과 중국은 적국이 되어 싸웠다. 30여 년 동안 국교가 단절되었다가 1992년에야 한중수교가 이루어졌다. 요즘 명동은 중국 관광객의 거리가 되었고 베이징北京에는 왕징望京이라는 지역이 코리아타운으로 자리 잡은 지 10년이 넘는다.

그럼에도 우리는 중국을 제대로 알지 못하는 것 같다.

오늘날 한국인은 중국 하면 무엇을 먼저 떠올릴까. 대중매체와 인터넷 등에 등장하는 이슈들을 훑어보면 대략 알 수 있다. 돈만 밝히는 사회주의, 자본주의로 천지개벽을 했지만, 여전히 구닥다리 그대로 권력을 틀어쥐고 있는 구태 공산당, 음험한 밀실 정치와 파벌 정치, 부패와 무능, 무식한 인해전술, 세련되지 못한 촌스러움, 엽기적인 졸부, 짝퉁이 판을 치는 시장, 불결한 식당과 비위생적인 사람들 등등. 이런 것을 먼저 떠올리는 한 우리는 중국의 실체를 제대로 볼 수 없다. 실체를 제대로 보지 못하면 중국에 대한 우리의 대응 역시 헛수고가 되기 십상이다. 그런가 하면 중국 고전에 대해서는 원전을 찾기도 힘든 경구들을 읊어대는 사람이 한둘이 아니다. 인류 최고의 지혜가 마치 그곳에만 있는 게 아닌가 싶을 정도다.

중국의 고전을 이해하는 것도 좋지만 '오늘의 중국'을 깊이 있게 이해하는 것이 훨씬 중요하다. 오만한 폄하가 아니라 그 허름한 외피 속에 감춰진 속살을 들여다보아야 한다. 그런 점에서 1934년의 대장정은 오늘의 중국을 이해하는 하나의 키워드가 될 것이다.

현대 중국이 탄생한 곳은 화자의 의도에 따라 달라질 수 있다. 중국 공산당이 창당된 상하이上海를 꼽을 수도 있고, 베이징으로 입성하기 전의 옌안을 꼽을 수도 있다. 내가 생각하기에 중국은 중국 공산당이 가장 참담한 패배를 당하고 필사의 탈주를 감행할 수밖에 없었던 '대장정'이란 고난 속에서 잉태되었다. 먼저 이념적 정당을 만들어, 군대를 만들고, 군대를 앞장세워 국가를 수립한 중국. 그 중국은 대장정의 출발지에서 잉태되었고, 대장정이라는 탈주의 고난을 겪으며 성장하여 그대로 현대 중국이 되었다. 대장정에서 잉태되어 투쟁으로 성장하고, 지금은 세계를 쥐락펴락하려는 중국. 80년 전의 대장정은 결코 지나간 과거의 일이 아니다.

대장정에 주목하는 또 다른 이유는 성공과 실패의 교훈을 주기 때문이다. 중국은 대장정의 성공을 '승리'라고 표현한다. 1935년 10월 마오쩌둥이 우치吳起에 도착했을 때와, 1936년 10월 제1방면군, 제2방면군, 제4방면군이 후이닝會寧에서 회사會師(군대가 합류함)했을 때 '승리했다'고 묘사한다. 이것은 중국 공산당이 장시성에서 섬서성으로 근거지를 무사히 옮겨갔다는 뜻이다. 그리고 궁극적으로는 장제스의 국민당을 대륙에서 몰아내고, 1949년 10월 1일 천안문에서 중화인민공화국을 당당하게 선포했다는 뜻까지 포괄한다.

대장정은 앞에서 말한 대로 중국 공산당이 장시성 남부에서 장제스가 이끄는 국부군의 포위망에 갇혀 질식할 지경에 이르자 대대적인 탈주를 감행하면서 시작되었다. 후난성湖南省 서부에서, 쓰촨성四川省 서북부로, 다시 섬서성 북부로 목표 지점을 바꿔가면서 죽기 살기로 도주했다. 중앙홍군에게는 368일이 걸렸고, 제2방면군과 제4방면군을 포함한 전체 홍군에게는 2년에 이르는 대장정이었다. 대장정을 기획하고 출발할 때에는 그렇게 긴 여정이 될 줄은 생각지도 못했다. 마오쩌둥이 1935년 10월 19일 섬서성 북부 옌안 인근의 우치에서 대장정이 끝났다고 선언했을 때 그것은 정치적인 선언일 뿐 마오쩌둥이 장제스를, 중국 공산당이 중화민국 국부군을 상대로 승리한 것이라고는 아무도 생각하지 않았다.

그로부터 14년 후에 마오쩌둥은 천안문 높은 성루에서 전 세계의 이목을 집중시킨 가운데 중화인민공화국을 선포하여 장제스에 대해 최종적인 승리를 선언했다. 장제스는 타이완으로 도주했고, 마오쩌둥이 더는 추격해오지 않는 것에 안도해야 하는 초라한 신세가 되었다.

마오쩌둥은 그토록 곤궁한 처지에서 어떻게 역전승을 거둘 수 있었을까. 역사에서 승자의 기록은 눈여겨볼 대목이다. 그와 함께 왜 장제스가 월등한 힘과 세력을 가졌음에도 최종 라운드에서 패배했을까를 생각해보아야 한다.

1934년 대장정이 시작되기 전의 객관적인 상황을 보면 장제스로서는 절대로 질 수 없는 게임이었다. 마오쩌둥이 1만 2500킬로미터를 맨발로 행군했다면, 장제스는 비행기를 타고 날아다니면서 추격과 포위와 공습을 지휘했다. 심지어 1937년 제2차 국공합작으로 인해 중국 공산당의 군대는 장제스 총통의 지휘를 받는 중화민국 군대로 편입되어 팔로군八路軍으로 개편되기까지 했다. 1945년 8월 15일 일본이 항복을 선언했을 때에도 장제스는 당당한 전승국의 수장이었다. 미국, 영국 등 연합국은 장제스에게 엄청난 군수물자를 지속적으로 지원하고 있었다. 마오쩌둥의 팔로군은 대장정을 시작하던 1930년대보다는 보급 사정이 나아졌지만 병력과 무기 측면에서 여전히 장제스의 국부군과 상대가 되지 않았다. 장제스는 1945년 8월 마오쩌둥과 충칭重慶에서 만나 서명한 화평건국 강령을 파기하고 1946년에 다시 국공내전을 일으켰다. 1946년 6월 군 병력은 430만 명 대 127만 명으로 장제스가 우세했고, 공군력을 포함한 무기와 장비도 월등했다. 그러나 장제스는 최종 라운드에서 패해, 1949년 타이완으로 도주했다.

장제스는 왜 패배했을까. 국제적으로 인정받는 중화민국의 총통이었고, 전력도 공산당보다 세 배 정도 더 우세했는데, 왜 실패했을까. 그 속을 들여다보면 21세기 대한민국이 배워야 할 교훈이 담겨 있다. 어느 나라 어느 시대의 역사든 교훈이 들어 있지만 장제스의 실패에는 더 진한 교훈이 들어 있다.

대장정 답사 여행을 끝내고 귀국한 지 얼마 지나지 않아 세월호 참사가 벌어졌다. 이 사건을 통해 적나라하게 드러난 대한민국의 속살은 장제스가 실패한 당시의 상황과도 상당 부분 겹쳐 보였다. 나에게는 소름 끼치는 연상이었다. '대장정'이라 쓰고 '장제스의 실패'라고 읽는다는 면에서 80년 전 중국의 대장정은 대한민국의 미래를 위해서라도 꼭 음미해야 할 주제다.

　이제 독자들을 모시고 59일간의 대장정 답사를 시작하고자 한다. 그는 어떻게 성공했고 또 다른 그는 왜 실패했을까. 대장정은 80년 후의 오늘날 어떻게 생생하게 살아 있는 역사가 되었을까.

차례

글을 시작하며 80년 전의 대장정에 주목하다 _005

1장 |그날| 기묘한 탈주가 시작되다

- 장정이 아닌 탈주 017
- 작은 대장정, 출발하다 026
- 혁명의 용광로, 상하이 036

2장 |마오| 봉건에서 혁명과 권력으로

- 마오쩌둥 일생의 대장정이 시작된 곳, 창사 053
- 양카이후이와 함께 혁명의 씨앗을 키우다 061
- 혁명소녀 허쯔전의 비극적인 삶 075

3장 |참패| 핏물로 범람한 상강

- 신중국을 지탱하는 힘, 열사능원 095
- 허리가 잘려버린 참혹한 패배 103
- 쫭족과 야오족의 룽성 지나 퉁다오로 향하다 118

4장 | 부활 | 마오쩌둥의 반격

- 저우언라이의 도움으로 재기의 발판을 다지다 129
- 자오싱의 둥족과 카이리의 먀오족 143
- 쭌이에서 부활한 마오쩌둥 152

5장 | 질주 1 | 강한 적을 현란하게 속이다

- 아군조차 어지러운 기만작전, 사도적수 169
- 구이저우에서 설을 보내고 원난으로 189

6장 | 질주 2 | 목숨 건 루딩교 전투

- 드디어 창강을 건너다 209
- 무한질주로 루딩교를 탈취하다 224

7장 | 고난 | 설산과 습지와 내분

- 설산 넘어 제4방면군과 만났으나 241
- 내분이 발목을 잡고 257
- 악마의 아가리, 습지 273

8장 | 승리 | 반전의 회생, 위대한 승리

- 홍군끼리 총질할 순 없다! ································· 285
- 라쯔커우 협곡을 돌파하다 ······························ 296
- 드디어 종착이다! ·· 309

9장 | 실패 | 스스로 망할 일만 했다

- 시안사변의 현장을 찾아서 ······························ 327
- 장제스는 왜 실패했나 ···································· 333
- 남의 일 같지 않은 대참사 ······························· 345

글을 마치며 참담한 심정, 고마운 마음 −352

참고문헌 −357

찾아보기 −358

1장

그날

—

기묘한 탈주가
시작되다

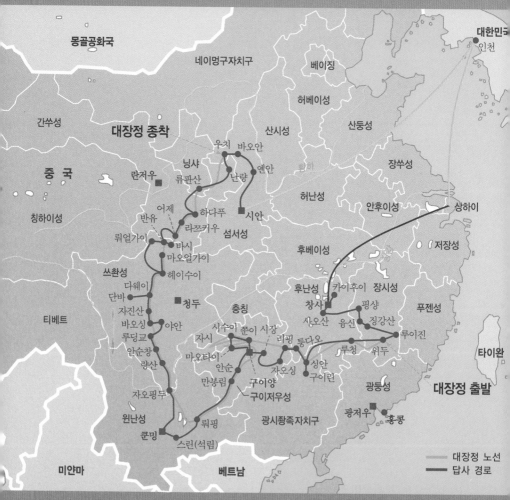

대장정 노선과 답사 여정. 지도에서 ▬ 선은 마오쩌둥의 대장정, 즉 중앙홍군(제1방면군)의 장정 노선(1934. 10. 17~1935. 10. 19)을 표시한 것이고, ▬ 선은 답사 경로(2014. 1. 6~2014. 3. 5)를 표시한 것이다. 답사 여정은 상하이에서 창사를 거쳐 시안까지 중국 내 이동거리만 1만 2800km였다.

장정이 아닌
탈주

1934년 10월 17일 오후, 중국 남부 장시성 위두현零都縣의 위두하零都河. 중국 공산당이 1931년 11월에 건국을 선포한 중화소비에트공화국의 수도 루이진瑞金에서 서쪽으로 60여 킬로미터 떨어진 곳이다.

중화소비에트공화국 정부와 공산당의 중앙기관, 홍군 5개 군단 총 8만 6000여 명(이하 '중앙홍군'으로 통칭한다)이 위두하에 설치된 부교를 건너 북에서 남으로 도강하기 시작했다. 중앙홍군은 7개 그룹으로 편제되어 있었다. 중앙기관과 직속 부대 1만 4000여 명은 중앙 종대와 군사위원회 종대로 구성되었다. 홍군은 제1군단, 제3군단, 제5군단, 제8군단, 제9군단, 총 5개 군단의 7만 2000여 명이었다.

8만 6000여 홍군이 강을 건너다

강가에는 중앙홍군과 그들을 보내는 가족과 친척, 현지 주민들로 북적

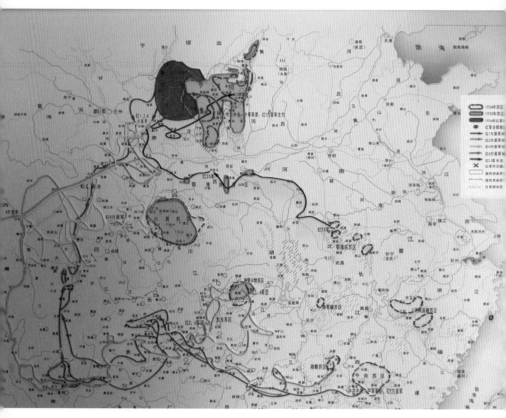

대장정 전체 상황을 보여주는 지도. 대장정은 중앙홍군(제1방면군, 빨간색 화살표) 이외에 제2방면군(분홍색), 제4방면군(노란색), 홍25군(검은색) 등이 각각의 혁명 근거지에서 국부군의 포위 공격을 뚫고 1934년부터 1936년에 걸쳐 옌안으로 이동 집결한 것이다. 각지의 장정 기념관마다 이런 지도가 전시되어 있다.

거렸다. 그곳은 마치 거대한 장터를 방불케 했다. 강을 건너는 대오가 끝이 없었다. 밤이면 횃불을 들고 건넜다. 전체 인원이 강을 건너는 데만 꼬박 2박 3일이 걸렸다.

병사만이 아니었다. 대량의 물자도 함께 건넜다. 주석 50톤, 구리 50톤, 고철 10톤, 다량의 초석, 공산당 지하조직이 광둥성廣東省에서 구입해온 3만 발의 탄약을 포함한 상당량의 무기, 침구 2만 6000여 점, 집집마다 분담해서 만든 짚신 30만 켤레, 식량 33톤, 공채를 팔거나 기부받아 조성한 군자금 160만 위안, 부녀자들이 머리 장식까지 빼서 기부한 2만 위안 상당의 은, 말과 소, 수레, 문서 상자에 인쇄기까지…….

그렇게 대장정이 시작되었다. 인원과 물자를 보면 군대가 아니라 나라가 통째로 이동하는 것 같았다. 멀리서 보면 장관이었을 것이다. 그러나 가까이서 들여다보면 그것은 참으로 기묘한 행군이었다.

먼저 '장정'이라는 말부터 기묘하다. 장제스가 이끄는 국부군에게 다섯 차례나 포위 공격을 당한 끝에 더는 견디지 못하고 탈주하는 처지에 '정복'이라는 말 자체가 우습지 아니한가.

중국 공산당이 대장정을 기획하고 결정하는 단계에서는 '전략전이戰略轉移'라는 말을 주로 썼고, '돌위突圍'나 '서정西征'이라는 말을 쓰기도 했다. 전략전이는, 루이진을 중심으로 하는 중앙홍군이 장제스의 포위 공격으로 위기에 처하자 후난성 서부를 근거지로 하던 홍군 제2군단, 제6군단(훗날 제2방면군으로 개편한다. 이하 '제2방면군'으로 통칭한다)과 합치기 위해 전략적으로 옮겨가는 것을 의미했다. 돌위는 말 그대로 국부군의 포위를 돌파한다는 뜻이다. 서정은 서쪽, 즉 후난성 서부로 가기 위해 행군한다는 뜻이다. 그런데 장시성은 후난성 옆에 붙어 있어 굳이 '먼 거리 행군'을 뜻하는 장정이라고 붙일 계제가 아니었다.

그러나 전략전이를 시작하고 한 달이 지난 1934년 11월 말 샹강湘江 전투에서 8만 6000여 병력이 3만여 명으로 폭삭 주저앉는 참담한 패배를 당했다. 이 상황에서 홍군은 국부군의 끈질긴 추격과 포위 공격 때문에 후난성 서부로 가는 것을 포기하고 구이저우성貴州省으로 방향을

마오쩌둥은 대장정을 출발할 때에는 병에 걸려 들것에 실려 다니는 신세였다. 당의 고위 인사들은 말을 타고 다녔지만 설산과 같은 험난한 곳에서는 지친 병사에게 말을 내주는 경우가 많았다.

틀 수밖에 없었다. 구이저우성에 들어가서도 북상하여 창강長江을 건너지 못했다. 결국 후난성으로 들어가 제2방면군과 합류하는 것을 포기하고, 쓰촨성 서북부의 제4방면군과 합류하는 것으로 대장정의 목표를 바꾸었다. 장궈타오張國燾가 이끄는 제4방면군과 합류하여 섬서성 북부로 가기로 했다. 이렇게 처음 예상과 달리 이동 거리도 한없이 늘어나고 언제 끝날지도 알 수 없게 되자 홍군 내부에서는 '장정'이라는 또 다른 표현을 사용하기 시작했다. 이렇게 말 그대로 머나먼 장정이 되었던 것이다.

두 번째 묘한 것은, 대장정 출발 시에 마오쩌둥은 정치적으로 왕따였다는 것이다. 우리는 중국 공산당을 마오쩌둥과 동일시하는 경향이 있다. 그러나 대장정은 마오쩌둥이 기획한 것이 아니었고, 처음에는 주도하지도 못했다.

1934년 10월, 마오쩌둥은 중화소비에트공화국 집행위원회(중앙정부) 주석, 즉 대외적으로는 국가를 대표하는 주석이었고 행정부의 수장이었지만 아무런 실권이 없었다. 마오쩌둥은 1931년 11월 중화소비에트공화국이 창설될 때 집행위원회 주석으로 선출되어 9부1국이라는 행정부 조직을 통할했다. 그러나 대장정 출발 9개월 전인 1934년 1월에 9부1국이 인민위원회(국회) 산하로 이관되었다. 마오쩌둥은 내각책임제의 대통령, 그 가운데서도 허름한 집에서 텃밭이나 가꾸며 소일하는 처지와 다를 게 없었다.

대장정은 당시 코민테른에서 군사고문으로 파견된 오토 브라운Otto Braun(중국 이름 리더李德)이 발의하고, 중국 공산당 최고 책임자인 보구博古(본명 친방셴秦邦憲)가 코민테른의 비준을 받아 결정한 것이다. 보구는 모스크바 유학파 출신으로 소련의 신임을 받는 27세의 젊은이였다. 요즘으로 치면 아이비리그를 졸업한 수재였다.

그날 마오쩌둥은 왕따였다

중국 공산당 창당 대의원으로 시작해서 1927년 후난성의 추수봉기와 징강산井岡山 유격전을 거쳐 장시성 남부에 소비에트를 건설해낸 마오쩌둥에 비하면, 보구는 나이나 경력에서 애송이 수준이었다. 그러나 소련은 그를 신임했다. 당시 소련은 중국 공산당에게는 이념적 이상이었고, 코민테른을 통해 모든 것을 재가받아야 하는 상전이자 돈줄이었다. 그런 탓에 이래저래 모스크바 유학파들이 실세를 이루었다.

마오쩌둥은 공산당의 군대인 홍군에 대해서도 지휘는커녕 발언할 입장조차 되지 못했다. 자신이 장정에 참가할지 잔류할지도 스스로 결정할 처지가 아니었다. 1934년 6월 대장정이 결정되자 구체적인 방법을 세세하게 준비하고 결정하는 것은 보구, 오토 브라운, 저우언라이周恩來

대장정 초기의 중국 공산당 최고 지도부 3인단. 왼쪽부터 오토 브라운, 보구, 저우언라이. 저우언라이는 수염을 기르고 있어, 해방 후 총리 시절의 모습과는 많이 다르다.

였다. 이 3인단이 모든 것을 결정했다.

대장정을 출발할 때 마오쩌둥은 말라리아 후유증으로 들것에 실려 위두허를 건너야 했다. 왕따 신세인 데다 몸도 성치 않았던 것이다. 그나마 저우언라이가 때때로 중요한 정보를 알려주고 그의 의견을 청취해주는 것이 위안이었다.

또 하나 기묘한 것은 출정하는 홍군과 송별하는 사람들 사이에 흐르는 심상치 않은 분위기였다. 당시 홍군 전사들 가운데는 자연스레 장시성 출신이 많았다. 중화소비에트공화국은, 공산당 홍군이 장악한 지역에서 토호와 지주들을 처단하고 재산과 토지를 농민들에게 나누어주면서 만들어진 새로운 국가체제였다. 소작료에 등골이 휘다가 토지를 분배받은 농민들은 공산당의 강력한 지지자가 되었다. 농민의 아들들은 공산당의 홍군 모집에 흔쾌하게 응했다. 나이도 어려서 17세부터 24세까지가 홍군의 54퍼센트를 차지했다.

홍군이 대거 이동한다는 것은, 곧 누군가의 아들이, 남편이, 아버지가 떠나는 것이었다. 아이를 업은 엄마와 중노년의 부모들이 송별을 나왔던 것이다. 보통 이런 경우 남은 가족이 떠나는 전사를 걱정하게 마련이지만 거꾸로였다. 떠나는 아들이 남은 가족을 더 걱정해야 하는 기묘한 송별이었다. 홍군이 떠나면 곧이어 국부군이 들이닥칠 것이 뻔하기 때문이다. 무차별적인 피의 보복이 벌어질 터였다. 홍군은 '혁명의 핵심 역량을 보존'하기 위해, 다시 말해 '우리라도 살아남기 위해' 부모자식 같은 피붙이는 물론 부상병 동지와 자신들을 지지해주던 지역주민들을 떼어놓고 떠나야 했다. "양민 3000명을 오인해서 죽이더라도 공산당원 한 명을 죽이면 된다!"라며 멸공을 독려하던 장제스의 군대가 독기를 품고 들이닥칠 곳에 가족과 동지를 남겨두고 떠나는 장정, 그것이 대장정의 출발이었다.

남겨진 가족들은 잔류자로 구분되었다. 마오쩌둥의 어린 자식도 동생 부부와 함께 잔류해야 했고, 그 후 다시는 만나지 못했다.

낙오된 홍군 잔류자들은 더욱 참담했다. 홍군 여성 전사 중에는 중앙 간부의 부인 등 30명만 대장정에 참여했을 뿐, 나머지는 모두 잔류해야 했다. 혁명을 위해 피를 나누다가 몸을 다친 동지들도 부상병이란 이유로 잔류해야 했다. 그들은 아픈 몸을 이끌고 결사대와 함께 남겨졌다. 알아서 생존하고 알아서 산으로 들로 숨어들어 살아남으라는 것이었다. 잔류자 명단에는 마오쩌둥의 친동생 마오쩌탄毛澤覃을 포함해 마오쩌둥과 가까운 인사들이 적지 않았다. 마오쩌둥 자신이 공산당 중앙으로부터 배척당한 왕따였기에 더 그랬을 것이다.

떠나는 자가 남는 자를 걱정해야 하는 송별이었으니, 기묘한 분위기가 흐를 수밖에 없었다. 이렇게 대장정은 '폼 나는 멋진 행군'이 아니라, 최악을 피하는 차악의 선택으로 감행하는 패주였다.

관전자의 시각에서 더 기가 막힌 사실은 중앙홍군 8만 6000여 명이 약 열흘에 걸쳐 위두하 인근에 집결하여 2박 3일간 부교를 건너 탈출을 하고 있는데도, 장제스는 그 사실을 까맣게 몰랐다는 것이다. 변장한 도둑 한 명을 10명의 포졸이 지키는 게 어렵기는 하지만, 8만 6000여 명의 대규모 병력이 2열 종대로 대오를 길게 늘어뜨린 채 탈출하는데도 전혀 몰랐다니! 홍군이 탈주를 결심할 만큼 1년 가까이 사방을 촘촘하게 포위해 압박하고 비행기까지 수시로 날리던 수십만 병력의 국부군이 이 대대적인 이동을 몰랐다는 것은 이해하기 어렵다.

장제스는 대장정의 전모를 파악하는 데 자그마치 2주일이나 걸렸다. 근거지를 탈출한 중앙홍군을 따라잡는 데 한 달이 넘게 걸렸던 것이다. 이런 기묘한 탈주가 어떻게 가능했던 것일까. 대장정 초기에 중앙홍군이 국부군의 포위망을 쉽게 통과한 것은 광둥성 북부를 지키고 있던 지방 군벌 국부군과 미리 밀약을 했기 때문이다. 전투를 하지 말고 길을 비켜주기로 했던 것이다.

광둥성 지방 군벌 천지상陳濟棠의 군대는 국부군에 속하지만, 장제스 직할 중앙군과 달리 여전히 군벌의 속성을 갖고 있었다. 장제스는 1926년부터 1928년까지의 북벌전쟁에서 승리함으로써 지방 군벌의 군대를 중화민국 국민정부의 군대로 흡수했다. 그러나 완전한 흡수통합은 아니었다. 일부는 자신이 직할하는 중앙군으로 흡수했지만, 성의 군벌 수장을 거의 그대로 인정해주었다.

이런 상황에서 천지상은 언젠가 벌어질 장제스와의 대결에 대비하기 위해 자신의 군대를 온전하게 보존하려고 했다. 지방 군벌들은 장제스의 명령에 따라 공산당 토벌전에 동원되기는 했지만, 홍군이 자신의 구역으로 들어오지 않는 이상 적극적으로 전투에 나서려고 하지 않았다. 전투에서 승패를 내려면 이기든 지든 상당한 전투력의 손실을 감수해야 한다. 그렇게 되면 자기 근거지에 대한 장악력이 약해져, 장제스의 중앙군이 밀고 들어오면 꼼짝없이 흡수당할 수밖에 없다. 이런 이유로 광둥성 군벌 천지상은 홍군에게 밀사를 보내 서로 전투를 피하면서 필요하면 길을 터주기로 밀약을 했던 것이다. 천지상은 중화민국이 아니라 자신의 군벌 이익만을 좇았고, 장제스는 어설프게 구축한 군벌연합체제에 발목 잡혀 있었던 것이다. 이는 홍군에게는 하늘이 열어준 탈출구가 되었다. 🔖

작은 대장정,
출발하다

중국인도 아니고 역사학자도 아닌, 한낱 여행객에 지나지 않는 내가 59일간 1만 2800킬로미터에 이르는 답사 여행을 어떻게 시작하게 되었을까. 이 장거리 답사가 내 머릿속에 꽉 박혀든 것은 2008년 베이징 올림픽이 열리고 있을 때, 서울과 베이징을 오가는 비행기 안에서였다. 인천공항 서점에서 눈에 들어온 한 권의 책이 그 시작이었다. 서강대 정치학과 손호철 교수가 쓴 《레드로드》라는 대장정 답사기였다. 1만 2500킬로미터라는 마오쩌둥의 대장정에 대한 장기 답사, 그리고 중국 현대사의 한 장면인 '대장정'이 나의 몸속에 숨어 있던 역마살을 되살려냈다. 가슴이 설레기 시작했다.

역마살이 살아 있을 때 떠나자

다음 해인 2009년, 나는 그 이전의 직업과는 무관하게 중국의 문화와 역사에 대한 개인적인 호기심과 그동안의 중국 여행을 비교적 세세하게 기록해온 내 블로그를 융합하는 다큐멘터리 제작에 나섰다. 그리고 사전답사라는 명목으로 중국 각지를 돌아다니는 배낭여행을 본격적으로 시작했다. 그 후 지금까지 1년이면 6개월은 중국 어딘가를 여행하는 삶이 되어버렸다. 《삼국지》의 조조와 제갈량을 찾아서, 중국 각지의 전통 음식을 찾아서, 각 지방의 독특한 전통적인 민가를 들여다보면서, 차마고도를 걸으면서, 탁발선비와 거란족과 여진족의 역사를 찾아서……. 2009년부터 해마다 내가 제작한 다큐멘터리가 한 편씩 텔레비전 방송을 탔고, 2년 가까이 주간연재가 이어졌으며, 세 권의 단행본이 출간되었다.

그러다가 기억의 창고 속에 처박혀 있던 대장정 답사를 다시 꺼낸 것은 2012년 가을이었다. 대장정 80주년이 되는 2014년 10월에 맞춰 도전해보기로 마음을 먹은 것이다. 2~3주 정도의 통상적인 답사가 아닌 2~3개월이 소요되는 장기 답사는 역마살의 에너지가 생생할 때 해야지 뒤로 미루다가는 한 걸음도 떼지 못한 채 아쉬움만 남길 것 같았다.

먼저 손호철 교수의 《레드로드》를 다시 꺼냈다. 대장정과 관련된 책은 죄다 찾아냈다. 《중국의 붉은 별》(에드가 스노우, 신홍범 외 옮김, 두레, 1995)은 친구에게서 빌리고, 주덕의 전기 《위대한 길: 한 알의 불씨가 광야를 불사르다》(아그네스 스메들리, 홍수원 옮김, 두레, 1986)는 중고로 구입했다. 베이징의 대형 서점에 쭈그리고 앉아 중국 현대사 책을 뒤져가며 중국어로 기록된 대장정에 관한 글을 읽었다.

읽으면 읽을수록 스토리보다 더 드라마틱한 게 히스토리라는 것을 실감했다. 대장정은 기승전결을 갖춘 한 편의 위대한 장편소설이었다.

소설 같지만 소설이 아닌 생생한 역사였고, 그것이 오늘날 21세기 중국의 심장과 두뇌 속에 생생하게 살아 있다는 사실에 전율했다.

2014년 1월 초에 출발하되 관광비자의 체류 기간에 맞춰 90일 안에 끝낸다는 목표만 정했다. 2013년 초의 일이다. 여행 주제가 정해지면 출발 날짜에 깃발을 꽂는 것이 먼저다. 여행의 형식이나 동반자, 세부 일정 등은 그다음 문제다.

국내외 자료를 찾아가며 혼자 대장정이란 큰 그림을 머릿속에 그려가기 시작했다. TV 다큐멘터리 제작과 연계할까도 생각했으나 가까운 친구들과 한두 번 의논하고는 깔끔하게 접어버렸다. 내 심장이 두근거리는 프로젝트에 방송매체를 끼워 넣으면 더는 내 것이 아닐 수 있었고, 엄한 시어머니에 삐딱한 시누이까지 끼어들어 뒤죽박죽이 될 것만 같았다. 게다가 제작비를 조달하려면 다큐멘터리 세부 구성까지 상당히 갖춰야 한다. 그러자면 사전답사가 필요하고, 사전답사를 갈 바에야 나 혼자 가면 그만이라는 결론이었다.

가장 큰 문제는 비용이었다. 카메라 무게를 감당하면서 장기간 여행하려면 전용 차량이 필요했다. 전용 차량은 곧 기사 인건비와 차량 임대비와 유지비를 부담한다는 뜻이다. 그러나 기업의 협찬도 생각하지 않았다. 요즘처럼 이념적 갈등이 민감하게 작용하는 시대에 중국 공산당이니 마오쩌둥이니 대장정이니 운운해봐야 소득도 없이 시간만 낭비할 게 뻔했다. 그래서 생각한 방법이 블로그에 공개해서 동반자를 모으는 것이었다.

평소에도 "왕초(나의 블로그 별명) 님의 답사 여행에 동행하고 싶다"는 덕담을 간간이 들었던 터라 용기를 내어 시도해보기로 했다. 내 블로그에는 중국의 역사와 문화 그리고 여행에 관한 포스팅이 2500개가 넘었고, 하루 방문객도 평균 700~800명이었기 때문에 동반자로 나설 사람이 한둘은 있을 것이라고 생각했다.

이리저리 궁리한 끝에 답사 여행의 제목을 '왕초의 작은 대장정'으로 정했다. 이 제목으로 블로그에 게시판을 신설하고, 대장정 답사 준비 사항을 하나씩 공개했다. 카메라 장비 보완에서부터 국내외 자료를 읽고 적은 메모까지, 시시콜콜하게 모두 공개했다. 특히 국내외 자료를 통해 알게 된 대장정의 속살과 개인적 소감을 '미리 읽는 대장정'이라는 제목으로 집중적으로 썼다. 공부도 되고 홍보도 되는 일석이조의 조촐한 준비였다.

좋은 동반자들과 떠나는 왕초의 작은 대장정

2013년 9월 '왕초의 작은 대장정' 답사 여행에 후원을 겸하는 동반자를 초청한다는 공지를 블로그에 올렸다. 최장 70일에 달하는 장기 여행이라 열흘 정도씩 나누어 구간별로 동반할 수 있게 일정을 미리 짰다.

동반자로 나설 사람이 한 명이라도 있을까 걱정했는데, 드디어 한 사람, 두 사람 모이기 시작했다. 더 반가운 사실은 2013년 여름 중국 네이멍구자치구內蒙古自治區 최북단의 후룬베이얼呼倫貝爾 초원을 함께 여행했던 동반자들 가운데 몇몇이 반년 만에 다시 동반자로 나서준 것이었다. 이 초원 여행은 내 블로그에서 북방 초원 답사 여행기를 읽은 독자들의 요청에 따라 2012년 여름부터 시작한 정기 배낭여행이다. 북방 초원과 삼림을 다니면서 탁발선비, 칭기즈칸, 퉁구스족, 거란족 등의 북방 역사를 음미하던 이 여행은 8인 소그룹으로 여행을 하면서 동아시아 북방의 역사와 문화, 음식 이야기 등을 풍부하게 나눌 수 있어 좋았다.

이들이 다른 동반자를 추천하거나 데려오기도 했다. 안진홍(별명 산신령) 님은 심한용 님을 추천하여 각각 다른 기간에 참가했고, 엄문희(YES) 님은 놀랍게도 초등학교 입학을 앞둔 일곱 살짜리 아들 동섭 군을 데리고 동반했다. 최치영 님은 고등학교 동창 정일섭 성균관대 교수와 짝을 이뤄 참가했다. 이시호 님은 부군인 김영준(삼청골) 님을 답사 여행에 참가하게 했다. 초원 여행 경험자 외에도 황인성 성공회대학 교수가 검색을 통해 답사 여행에 합류했다. 이렇게 해서 8명의 동반자 그룹이 만들어졌다.

짧게는 9일에서 길게는 35일까지 각자 사정에 따라 동반 구간을 정했다. 중국인 운전기사를 포함해 많을 때에는 6명, 적을 때에는 3명이 참가했다.

이렇게 소그룹으로 다니게 되면 여행이 적적하지 않아 좋다. 혼자 다니면 음식을 많이 주문할 수 없어 국수나 볶음밥 또는 간식으로 때우기 일쑤다. 그런데 동반자들이 있으면 다양한 음식을 풍성하게 즐길 수 있어 여행의 재미를 더해준다. 무엇보다도 식탁에서 벌어지는 대장정의 역사와 여행, 중국 문화에 관한 자유 토크가 즐거웠다. 다른 시각에서 보는 대장정과 중국 이야기가 나의 좁은 식견과 편협한 시각을 넓혀주었으니, 삼인행三人行에 필유삼사必有三師라 할

만했다. 대장정 유적지를 찾아갈 때마다 내가 동반자들에게 안내문을 해석해주고 앞뒤 흐름을 보충해서 이야기해주었다. 동반자들은 대장정에 대해 흥미를 가질 수 있었고, 나도 공부하는 효과가 상당했다.

중국 여행을 할 때 또 하나 중요한 것이 차와 운전기사다. 기사가 고집이 세거나 융통성이 없으면 황당한 일을 많이 겪게 된다. 비용은 비용대로 들어가고 팁까지 얹어주면서 상전처럼 모시기도 한다. 이런 부작용이 조금 심하면 여행을 망칠 수도 있다. 그런 면에서 여행 전체 일정을 함께한 중국인 기사 쉬단胥丹을 만난 것은 정말 행운이었다. 윈난雲南에 상주하면서 직접 보이차를 만드는 정경원(쾌활) 님이 소개해준 기사였다. 말수는 적지만 유쾌한 그는 얌전하게 운전하다가도 시간을 맞춰야 할 사정이 생기면 적절하게 속도를 낼 줄도 알았다. 20대 초중반에 요리사로 일한 경험이 있어서 중국 음식을 주문할 때에도 좋은 도우미가 되어주었다. 차량은 정경원 님이 처음 한 달 동안 무상으로 빌려주었고, 후반의 한 달은 쉬단의 차를 쓰기로 했다. 호의에 다시 한 번 감사드린다.

이렇게 동반자와 기사와 차량이 확정되고 답사팀이 꾸려졌다. 이제 대장정의 길을 떠날 준비가 되었다.

답사 코스는 마오쩌둥의 중앙홍군이 지났던 노선을 따라가는 것으로 국한했다. 대장정은 마오쩌둥의 중앙홍군(제1방면군)만 생각하기 쉽지만 실제로는 네 갈래 대오의 장정을 묶어서 말하는 것이다. 중앙홍군 이외에 허룽賀龍이 지휘하는 제2방면군은 1935년 11월 후난성에서 출발하여 1936년 10월 간쑤성甘肅省 후이닝에서 제1방면군, 제4방면군과 합쳤다. 제4방면군은 1935년 5월 쓰촨성에서 출발해 그해 6월 중앙

답사 동반자들. 왼쪽 상단에서 시계 방향으로, 황인성 교수와 안진흥 선생님, 심한용 사장과 운전기사 쉬단, 정일섭 교수, 김영준 선생님, 엄문희 님, 심동섭 군, 최치영 사장.

홍군과 다웨이達維에서 중앙홍군과 만났다. 그러나 이후의 진로에 대해 의견이 분열되어 갈라선 뒤 독자적으로 남하하여 청두成都를 공격했으나 실패했다. 고난을 겪던 제4방면군은 1936년 10월 간쑤성 후이닝에서 제1방면군, 제2방면군과 다시 합류했다. 또 한 갈래는 홍25군이었다. 1934년 11월 허난성河南省에서 출발하여 이듬해 9월 섬서성에서 중앙홍군과 합류했다.

네 갈래의 장정 전체를 답사하는 것은 기간과 경비, 동반자의 참여 가능성 등 현실적인 어려움이 많아, 마오쩌둥이 직접 걸어간 길을 따라가며 현대 중국의 역사를 음미하는 데 의미를 두고 마오쩌둥의 대장정, 즉 중앙홍군의 대장정 노선만 답사하기로 한 것이다.

그렇다고 마오쩌둥의 대장정이 '368일 걸렸다'고만 하면 그것은 행군이라는 행위만 미시적으로 조망한 것이다. 대장정의 큰 의미를 '참담했지만 결과가 성공적이었던 마오쩌둥의 탈주'와 '끈질겼고 상당한 승리를 거두었지만 빨갱이를 박멸하진 못했으며 최종 결과는 오히려 역전 패한 장제스의 '추격전'으로 요약한다면, 그것은 1934년부터 1935년까지의 사건에 그치지 않는다. 큰 의미의 대장정은 상하이 쿠데타로 제1차 국공합작이 깨진 1927년에 시작되었고, 시안西安사변 이후 1937년 제2차 국공합작이 성사되면서 종결된 '국민당과 공산당의 10년 내전'을 의미하는 것이다.

그런 의미에서 1927년 장제스의 4·12 상하이 쿠데타의 흔적을 찾아보고, 10년 내전을 종식시킨 장쉐량張學良의 시안사변 현장을 대장정 노선 앞뒤에 배치하는 것도 의미가 있다고 생각했다. 이와 같은 관점에서 답사 코스를 정리했다.

초반은 인천(출국)─상하이(중국 공산당의 탄생지, 장제스의 상하이 쿠데타 현장)─창사(마오쩌둥의 출생과 성장)─징강산(마오쩌둥의 토지혁명과 유격전)─장시성 루이진(중화소비에트공화국 수도)으로 구성했다.

그런 다음 본론에 해당하는 중앙홍군의 368일에 걸친 대장정 노선을 따라가기로 계획했다. 위두(대장정 집결 출발지)─싱안(홍군 최악의 참패)─쭌이(마오쩌둥의 부활)─구이양(사도적수)─쿤밍(육군강무당)─자오핑두(창강 도강 지점)─안순창과 루딩(다두하 도강)─자진산(첫 번째 설산)─다웨이(중앙홍군과 제4방면군의 회사)─헤이수이현과 마오얼가이(습지 입구)─반유(습지 출구)─바시(마오쩌둥 일생에서 '가장 암울했던 하루'의 현장)─라쯔커우(협곡 돌파)─하다푸(홍군 전사들이 잠시 휴식을 취한 곳)─난량(시진핑의 아버지 시중쉰의 혁명 근거지)─후이닝(제1, 제2, 제4방면군 회사)─우치(중앙홍군의 대장정 종착 지점) 여정이다.

마지막 구간은 마오쩌둥 대장정 368일 이후의 역사 현장인 즈단(바오안 시대) ─ 옌안(옌안 시대) ─ 시안(시안사변과 제2차 국공합작)으로 이동하는 여정을 마치고 귀국하는 것으로 구성했다.

　여행 준비는 순조롭게 진행되었다. 2014년 1월 6일 월요일 아침 김포 공항에 들어서면서 답사 여행이라는 과제만 생각하기로 했다. 오직 나의 인솔만 믿고 따라오는 동반자들과의 장기 여행이 시작되었기 때문이다. 어쩌면 여행의 최종 목적은 안전하게 돌아오는 것인지도 모른다. 그래서 그런지 지난 8년 동안 배낭을 지고 중국을 드나든 게 70회를 훌쩍 넘는데도 떠나기 전날은 항상 심란했다. 이번에도 그랬다. 비행기가 어지럼증을 일으키며 상공으로 치솟아 오른 뒤에야 차차 평온함을 찾기 시작했다.

　답사 첫 구간의 동반자는 전직 초등학교 교장 선생님 출신인 안진홍 님과 황인성 성공회대학 교수님 두 분이었다. 황 교수님은 며칠 전 상하이에 도착해서 우리를 기다리고 있었다. 안진홍 님은 나와 함께 출국했다. 비행기가 이륙하자 창밖으로 대한민국 땅덩어리가 보이다가 이내 사라지고 바다가 보였다. 한동안 바다 위를 날다가 잠시 육지가 보이는가 싶더니 어느새 상하이 훙차오虹橋 공항이다. 비가 부슬부슬 내리는 겨울 상하이에 내렸다.

　황인성 교수님은 예정했던 숙소에서 만났다. 동반 일행의 첫 번째 일은 저녁식사였다. 비 오는 날 축축한 저녁이라 후난성의 매운 음식을 찾았다. 산신령 님과 황 교수님은 서로 초면이지만 유쾌하게 식사하면서 스스럼없이 대화를 나누었다. 매번 느끼는 일이지만 여행은 어디를 가느냐보다 누구와 가느냐가 더 중요하다. 처음 대하는 중국 음식을 꺼

답사를 떠나는 비행기에서 내다본 우리나라. 살짝 덮은 구름이 아름다운 풍광을 연출하여 심란한 마음을 가라앉혀주었다. 중국은 비행기로 한 시간 반이면 도착하는 가까운 나라다. 남의 나라 역사로 생각하기 쉽지만 결코 남의 역사만은 아닌 대장정을 찾아가는 것이다.

리지 않고 유쾌하게 먹는 모습만으로도 좋은 동반자임을 금세 알아차릴 수 있었다. 59일의 여행 내내 하루하루 확인했듯이 이번 여행에서 가장 큰 축복은 좋은 동반자를 만난 것이었다.

다음 날 오전 비는 여전히 부슬부슬 내리고 있었다. 중국 공산당 창당 유지遺址와 장제스가 제1차 국공합작을 깨버린 4·12 상하이 쿠데타의 흔적을 찾아가기로 했다. 드디어 본격적인 답사가 시작되었다. 🐚

혁명의 용광로,
상하이

중국 공산당을 창당한 곳은 지금은 화려하기 그지없는 상하이의 도심 신텐디新天地 근처이다. 이곳에 중국 공산당 제1차 전국대표대회 회지會址(회의가 열렸던 곳)가 있다. 중국에서는 약어로 '일대회지一大會址'라고 한다. 1921년 7월 23일부터 31일까지 13명의 대표가 모여 당 이름과 기본 강령을 정하고 조직을 구성했다. 공산당의 최고 권력기관으로 중앙국이 설치되고, 총서기는 천두슈陳獨秀, 조직 책임자는 훗날 대장정 때 제4방면군을 이끌게 된 장궈타오, 선전 책임자는 리다李達가 선출되었다. 마오쩌둥도 13명의 대표 가운데 한 명이었지만 아직 명단 머리에 오를 처지는 아니었다.

일대회지는 실내 사진 촬영이 금지되어 있었다. 진귀한 유물 전시관도 아니고 글과 그림과 사진, 모조품 등을 전시해놓고 사진 촬영을 금지한다는 게 선뜻 이해하기 어려웠다. 좁은 땅에 촘촘하게 붙여 지은

중국 공산당이 창당된 일대회지. 상하이는 제국주의나 매판자본에서 사회주의·공산주의·무정부주의에 이르는 이념과 사조에서도, 아편·매춘·소설·영화 같은 대중문화에서도, 조선인 망명객과 진보적인 일본인, 유대인 피난민과 제국주의의 첩자에 이르기까지, 극과 극이 한데 엉켜 들끓었던 용광로다. 지금은 세계 경제 중심지의 하나가 되어 여전히 끓어오르고 있다.

이 건물은 1920년에 이층 사합원四合院 구조로 지어졌다. 화려한 서양식 문양으로 장식한 석고문石庫門을 들어서는데, 당시 상하이 특색의 주택이었다. 중국 공산당 창당 대의원의 한 명이던 리한쥔李漢俊과 그의 친형이 살았던 집이다. 그 후 다른 사람에게 넘어갔고 주거용에서 상점으로 바뀌는 바람에 원래 모습과 달라졌으나, 해방 후에 혁명 원로들의 기억을 더듬어 내부 구조를 당시 모습으로 복원했다.

중국 공산당은 왜 생겨났나

일대회지를 둘러보면서 새삼스러운 질문 하나가 떠올랐다. 왜 이 시기에 중국에서 공산당이 탄생했을까. 쑨원孫文과 장제스의 국민당이라는 강력한 정치결사체가 있는 상황에서 왜 굳이 공산당까지 생겨난 것일까. 커다란 역사의 흐름을 읽어보는 차원에서 21세기의 우리에게도 의미 있는 질문이다.

내가 이해하는 바는 이렇다. 17세기 만주족이 세운 청나라는 강력한 군사력을 바탕으로 영토를 확장하여, 18세기 100년 동안 강희제, 옹정제, 건륭제라는 걸출한 황제의 치세에는 세계 최강국이었다. 전쟁에서 패배를 몰랐고, 문화적으로도 세계 문서 생산량의 반 이상을 차지할 정도로 융성했다. 그러나 국가가 쇠락하는 것은 항상 내부에서 시작하는 법이다. 치세가 전성기라고 하면, 바로 그 지점에서 쇠퇴가 시작되었다는 뜻이다. 건륭제는 십전무공十全武功이라는 치적에 취하여 오만해졌다. 관료 조직이 비대해지면서 백성들은 수탈에 시달리기 시작했다. 시스템이 고장 난 허약한 국가는 겉으로는 정상인 것처럼 보이지만, 재해나 전쟁 같은 외생 변수가 돌발적으로 발생하면 관료의 부패와 무능이 거대한 폭탄으로 터지는 법이다.

청나라의 폭탄은 영국과의 무역 분쟁에서 터졌다. 중국의 차와 도자기, 비단에 심취한 영국은 중국과의 무역에서 심각한 적자에 시달렸다. 그러나 청나라는 영국의 무역적자를 시정하기 위한 통상 협상 요구를 묵살했다. 무역적자로 인한 은의 대량 유출에 위기를 느끼던 영국은 인도의 아편을 중국에 팔아 무역적자를 메웠다. 아편의 폐해가 심각해지자 청나라는 아편을 근절하려 했다. 이에 맞서 영국은 1840년 '역사상 가장 부도덕한 전쟁'이라는 국내의 반대에도 불구하고 아편전쟁을 일으켰다. 청나라는 전투에서 패했고, 이후 청나라 황실은 물론 중국 백성들의 삶은 제국주의의 침략으로 만신창이가 된 채 치욕과 고통 속으로 빠져들었다.

중국 백성들은 청조의 가혹한 세금 수탈로 이중의 고통을 견디다 못해 멸만흥한滅滿興漢을 외치며 태평천국 운동(1851~1864년)을 일으켰다. 태평천국은 반란을 일으키는 데는 성공했으나, 새로운 사회를 구축할 구체적인 비전이 없던 탓에 헤매기 시작했다. 태평천국은 내분으로 쪼개지고 쩡궈판曾國藩, 리훙장李鴻章 등 한족 관료들이 조직한 의용군에게 토벌당하며 비참하게 끝나버렸다.

태평천국 운동을 진압하면서 관료층 일부가 개혁의 필요성에 눈을 떴다. 쩡궈판, 리훙장, 쭤쭝탕左宗棠 등이 벌인 양무운동(1860~1894년)이 그것이다. 중체서용中體西用, 곧 황제를 모시고 서양의 기술을 활용하자는 이 개혁운동은 그러나 관료주의 병폐에서 벗어나지 못하고 시들부들 흐지부지되었다.

1898년부터 헌법을 만들고 과거제도를 개혁하고 근대식 학교와 신식 육군을 창설하고, 상공업과 농업을 일으키자는 입헌파가 황제의 신임을 받으며 등장했다. 캉유웨이康有爲, 량치차오梁啓超, 탄쓰퉁譚嗣同 등이 중심인물이었다. 그러나 서태후西太后와 관료층 등의 보수파가 무술정변을 일으켜 입헌파를 모조리 제거했다. 이번에도 개혁이 실패했다.

청일전쟁에서 패배한 뒤 중국에는 일본을 배우려는 열풍이 불었다. 20세기 초에 많은 중국인이 일본으로 유학을 갔다. 쑨원은 도쿄에서 민족 독립, 민권 신장, 민생 안정의 삼민주의를 주창했다. 황제를 폐하고 공화국을 세우자는 공화파를 중심으로 동맹회同盟會를 결성했다. 온건한 개혁이 실패하면 할수록 더 강력한 개혁론이 나왔다.

1911년 신해혁명이 발발하여 1912년 중화민국이 수립되었다. 위안스카이袁世凱가 청나라를 버리고 중화민국의 총통이 되면서 청나라 황실은 여섯 살짜리 어린 황제 푸이溥儀를 마지막으로 종말을 고했다. 그러나 위안스카이는 개혁에 전혀 관심이 없는 구태에 절어 있는 구시대 인물이었다. 시대의 흐름을 이끌 위인이 아니었다. 위안스카이가 황제 자리에 욕심을 내면서 제정 회귀의 갈등이 불거졌다. 1912년부터 1916년까지 세월만 허비하던 위안스카이는 결국 병사하고 말았다. 그가 남긴 것은 '나도 위안스카이처럼 권력의 단맛을 빨아먹겠다'는 부패한 지방 군벌들이었다. 국회의 다수파를 믿고 순진하게 위안스카이에게 총통 자리를 내준 쑨원의 혁명은 무력하게 주저앉았다. 개혁은 또다시 실패했다.

이런 와중에 세계사적 이변이 일어났다. 러시아에서 공산혁명이 성공해 소련이 탄생한 것이었다. 이 사건은 전 세계에 양극단의 반응을 불러일으켰다. 새로운 이념의 실현에 흥분하거나, 노동자와 농민의 정권이 탄생하는 것을 보며 공포에 떨었다. 중국에서도 혁명에 열광하는 진보적 인사들이 천두슈 등을 중심으로 공산당을 탄생시켰다. 반면 혁명의 급진성에 놀란 사람들은 영국, 미국, 일본 등 외세에 더욱더 들러붙거나 아니면 국민당으로 모여들었다.

여기까지가 중국 공산당의 창당 직전까지 중국사의 흐름이다. 개혁이 실패할수록 더 강력한 개혁론이 등장했다. 급기야 황제를 폐하고 공화제를 넘어서서 공산혁명을 주창하는 정당이 탄생하기에 이르렀다.

혁명이 성공하는 것은 음모나 선전선동 때문도 아니요, 소련의 지원 덕도 아니다. 보수적이거나 중도적인 또는 덜 급진적인 개혁이 실패했기 때문이다. 혁명의 성공은 그 이전의 개혁이 실패하는 데 안팎으로 연관된 모든 사람들의 합작품이다. 이것이 역사의 교훈이다. 끊임없는 자기혁신을 하지 않으면 실망한 민심은 혁명으로 기울어간다.

상하이 쿠데타, 장제스의 배신

공산당 창당 유적지를 떠나 상하이 쿠데타의 흔적을 찾아가기로 했다. 상하이, 지금은 말 그대로 바다(海)로 오르는(上), 즉 세계로 나가는 중국의 출구지만, 1843년 개항할 때에는 창강 하구의 조그만 마을이었다. 상하이 근현대사의 문을 열어젖힌 것은 아편전쟁의 패배로 인한 강제 개항이었다. 제국주의의 디딤돌로 시작했던 것이다. 상하이는 제국주의의 세례를 받으며 천지개벽 수준으로 성장하고 변화했다. 성장의 그늘에서는 서구적 퇴폐 소비문화와 반제국주의적 급진혁명이라는 두 갈래의 흐름이 요동치며 끓어올랐다. 수많은 중국인들이 혁명과 반혁명의 이름으로 상하이라는 용광로 안에서 죽어갔다. 그런 사건 가운데 하나가 1927년 4월 12일 벌어진 상하이 쿠데타였다.

상하이 쿠데타는 국민당이 국공합작을 깨고 공산당의 뒤통수를 친 배신극이자 학살극이었다. 상하이 전역에서 3일 만에 공산당원과 진보 인사 그리고 시위 군중 6000여 명을 죽인 끔찍한 사건이었다.

부슬부슬 비가 내리는 룽화龍華 열사능원, 상하이 쿠데타 사건이 이곳의 석상에 기록되어 있다. 이 자리에는 국민당 쏭후滬滬 경비사령부가 있었다. 쏭후 경비사령부는 1919년 이곳에 육군감옥을 만들었고, 1927년부터 1937년까지 수천 명의 공산당원과 진보적 인사들을 마구잡이로 처형했다. 지금은 경비사령부 구지舊址가 일부 보존되어 있고, 희생자들의 분묘와 함께 기념관, 조형물 등이 들어서 있다.

사령부 문루 안쪽에 '4.12'라는 숫자가 새겨진 석상이 있는데, 상하이 쿠데타에 저항했던 열사들의 기념탑이다. 시체 위로 쓰러지는 젊은 두 남녀와 뒤로 밀리면서도 총을 쏘며 저항하는 투사의 모습이 묘사되어 있다. 가운데 단정한 글씨체로 이렇게 기록되어 있다.

1927년 4월 12일, 장제스는 깡패들을 동원해 자베이閘北와 난스南市 등에서 노동자 규찰대를 습격하면서 군대를 동원해 규찰대의 무장을 해제시키고는 노동자들을 학살했다. 다음 날 국부군은 바오산로寶山路에서 시위 군중을 도살했다. 중국과 세계를 깜짝 놀라게 한 4·12 쿠데타에서 공산당원과 혁명 군중 300여 명이 살해되었고, 500여 명은 체포되었으며, 5000여 명은 실종되었다.

실종이나 체포는 곧 이곳 룽화에서 처형당했음을 뜻한다. 전날

1927년 4월 12일에 장제스가 일으킨 상하이 쿠데타는 중국 공산당과 진보인사, 그리고 시위 군중에 대한 일방적인 학살극이었다.

까지만 해도 제1차 국공합작(1924~1927년)은 혁혁한 성과를 이룩했다. 국공합작의 핵심은 공산당원이 개인 자격으로 국민당에 입당할 수 있다는 것이고, 반대급부로 코민테른이 중국 국민당 정부에게 자금과 무기를 지원한다는 것이었다.

코민테른의 자금과 무기를 토대로 국민당은 황푸黃埔군관학교를 중심으로 국민당 정부의 군대, 즉 국부군을 키워나갔다. 국부군은 총사령관 장제스의 지휘 아래 1926년 북벌전쟁을 시작했다. 장제스는 지방 군벌들을 하나씩 순조롭게 제압해나갔다. 이제 동북 만주와 화베이華北를 장악하고 있는 장쭤린張作霖의 북양군벌만 타도하면 국민정부의 이름으로 중국을 다시 통일하는 대업을 이룰 수 있었다. 절반 이상의 성공을 거둔 셈이다.

국공합작에 의해 적지 않은 공산당 당원이 국민당에 입당해 활동했다. 수는 그리 많지 않지만 정식 국민당원으로 활발하게 움직였다. 마오쩌둥도 저우언라이도 모두 국민당의 유능한 간부였다.

상하이 쿠데타가 일어나기 1년 전인 1926년 6월 마오쩌둥은 국민당 제6기 농민운동강습소 소장이었다. 그해 11월에는 우한武漢으로 가서 국민당 중앙농민운동강습소를 창설했다. 상하이 쿠데타가 발생하기 직전에는 후난성 창사長沙 등지에서 국민당 이름으로 농민운동을 조직했다.

1926년에 시작된 북벌전쟁을 수행하며 저우언라이는 장제스와 훨씬 더 밀접한 관계가 되었다. 1924년 프랑스에서 귀국해서 곧장 장제스가 교장으로 있던 황푸군관학교의 정치부 주임으로 들어간 이래로 장제스의 신임을 받는 핵심 간부였다. 저우언라이는 1927년 3월 21일 제3차

상하이 노동자 무장봉기를 주도하여 상하이를 장악하고 있던 북양군벌 군대와 경찰을 무력화했다. 공산당원을 포함한 국민당의 좌파와 우파까지 망라하여 상하이시市의 임시정부를 구성했다. 상하이시 임시정부 선언은 상하이시 임시정부가 중화민국 국민당 정부에 속한다는 점을 명시했다. 며칠 후에는 우한에 있는 국민당 정부로부터 정식 비준을 받았다. 그다음 날 장제스는 북벌군을 이끌고 상하이로 무혈입성했다. 먼저 들어온 저우언라이가 문을 열어주자, 장제스는 북벌군을 이끌고 당당하게 입성했다. 이렇게 안팎으로 조응하여 상하이를 점령했지만, 저우언라이가 점령해서 '교장' 장제스에게 과제물로 제출했다고 해도 과언이 아니다.

그러나 국민당 우파의 영수였던 장제스는 처절하리만큼 공산당을 잔인하게 배신했다. 첫 번째 희생자는 상하이 노동자 규찰대 대장인 왕서우화汪壽華였다. 노동자 규찰대는 저우언라이가 지휘한 제3차 노동자 봉기에서 선봉에 섰던 노동자 무장조직이었다. 왕서우화는 장제스의 후원자이자 깡패 두목인 두웨성杜月笙으로부터 4월 11일에 열리는 연회에 참석해달라는 초대장을 받았다. 초대장에 속은 왕서우화는 그날 밤 마대에 담긴 채 룽화의 한적한 야산으로 끌려가 산 채로 매장당했다.

다음 날 새벽 노동자 규찰대로 위장한 두웨성의 깡패들이 규찰대를 습격했다. 이들이 서로 충돌하자마자 기다리고 있던 국부군이 치안유지를 명분으로 출동하여 상하이 곳곳에서 노동자 규찰대를 진압했다. 이에 항의하는 시위 군중에게 국부군이 발포하면서 본격적인 학살이 시작되었다. 대로건 골목이건, 광장이건 골방이건 보이는 대로 죽였다. 그들은 사람들을 일렬로 세워놓고 뒤통수에 권총을 대고 쏘는 '원 샷 원

4·12 상하이 쿠데타의 희생자들. 거리에 널린 시체들이 당시의 참혹함을 말해준다. 국민당을 깨끗이 한다는 명분으로 거리를 시체로 뒤덮어버렸다.

킬'을 벌이기도 했다. 광장이나 대로에서 참수를 하고 허리를 동강내기도 했다. 체포된 사람들은 룽화의 육군감옥에서 처형을 당했다. 광장에 즐비한 시체에 칼을 하나씩 꽂은 채 기념사진을 찍기도 했다.

상하이뿐만이 아니었다. 장제스의 학살극은 난징, 쑤저우, 우시, 항저우, 광저우 등으로 번져갔다. 2만 5000여 명의 공산당원과 좌익 인사들이 살해되었다. 명분은 국민당을 깨끗하게 한다는 청당淸黨이었다.

장제스는 상하이 쿠데타를 일으킨 후 4월 18일 난징南京에 국민정부를 따로 세웠다. 중화민국 국민당 정부가 우한에 멀쩡하게 있는 상태에서 국공합작을 깨지 않고 있다는 이유를 내세워 반기를 들었던 것이다. 상하이 쿠데타가 발발하자 우한의 국민정부는 장제스를 제명하고 북벌 사령관 직위를 박탈한다고 선언했으나 실제로는 공허한 외침이었다. 오히려 다른 지방 군벌들이 우한 정부에 대해 장제스와 마찬가지로 공산당을 축출할 것을 요구하자 석 달을 못 버티고 굴복했다. 우한의 국민정부마저 장제스의 잔인한 청당 도살을 그대로 답습했다. 1927

년 7월 다시 한 번 곳곳에서 무차별적으로 공산당원을 도살하고는 8월에 난징의 국민정부와 합쳤다.

이렇게 중국 공산당은 국민당과 국민정부라는 따뜻한 보육시설에서 처참하게 축출당했다. 이 보육시설의 운영비는 상당 부분 코민테른이 대주었다. 코민테른의 자금과 무기를 지원받아 황푸군관학교 졸업생들을 자기 세력으로 키운 코민테른 최대의 수혜자 장제스가, 코민테른의 양아들인 중국 공산당을 무참하게 짓밟아버렸던 것이다.

장제스는 상하이 쿠데타를 일으킴으로써 자신의 정치적 기반을, 대중적 민족주의에서 미영 제국주의에 연결된 상하이의 강절江折(장쑤성과 저장성) 재벌, 즉 대자본과 매판자본 그리고 대지주로 옮겨 탔다. 장제스는 젊어서는 자신의 일기에 쓴 그대로 영국과 미국의 제국주의를 지독하게 증오했다. 중국인 매판자본에 대해서도 제국주의의 앞잡이라며 온갖 저주를 퍼부었다. 황푸군관학교 교장 시절에는 코민테른이 지원한 자금과 무기가 도착하자 한없이 감격하기도 했다.

그러나 쑨원이 죽고 권력의 정점에 가까워지면서 장제스는 젊은 시절의 열혈 민족주의를 슬그머니 내려놓고 오직 권력만을 추구하기 시작했다. 1926년에 시작한 북벌전쟁을 승리로 이끌어 난창南昌까지 평정했을 때 그는 이미 중대한 결심을 하고 있었다. 장제스는 미국과 영국의 이익을 대변하는 상하이 자본가들과 비밀 협약을 맺어, 코민테른의 돈줄을 자르고 그들의 돈을 받기로 한 것이다. 그 대가는 공산당과의 결별이었다. 애당초 장제스는 공산당까지 끌어안을 정치적 포용력이 없었고 그럴 생각도 없었다.

국민당은 상하이 쿠데타를 통해 한창 무르익고 있던 공산당과의 위험

장제스는 상하이 쿠데타 이후 자신의 권력기반을 굳게 다지기 위해 쑹메이링과 결혼했다. 이를 위해 본부인과 이혼하고 첩들을 내보냈다. 당시 이 결혼을 두고 중미합작이라고 표현했는데, 이는 중정中正(장제스가 서른 살 즈음에 취한 자신의 이름)과 메이링美齡의 결혼이자, 중국 우파와 미국 자본이 결합했다는 뜻이다.

한 동거를 끝냈다. 당시 국민정부는 베이징의 북양군벌과 힘을 겨루는 판세였지, 공산당을 맞수로 여기지 않았다. 중국 공산당 입장에서는 혁명의 대상을 중국의 구체제와 서구열강 제국주의에 장제스의 국민당까지 포함해야 하는 버거운 처지가 되었다. 판세는 공산당에게 현저하게 불리했다. 국민당이 거치적거리는 공산당을 핍박하자, 공산당은 도망치면서 목소리를 높이는 상황, 이것이 대장정 직전의 중국 정세였다.

공산당, 텅 빈 농촌으로 파고들다

그렇다고 해서 상하이 쿠데타가 장제스가 생각한 대로 흘러간 것은 아니었다. 장제스에게는 앓던 이를 단숨에 뽑아버린 상황이었다. 하지만 생각하지 못했던 미묘한 반작용이 잠복해 있었다. 장제스에게는 앓던 이였는데, 국민당에게는 생니를 뽑은 결과가 되었다. 생니 하나를 무리하게 뽑아낸 자리는 출혈이 심했다. 출혈이 아무는가 싶더니 그 옆의 멀쩡한 이들이 서서히 빈 자리로 기울어갔다.

이런 상황은 상하이 쿠데타 이후 국민당 당원의 변동에 그대로 나타났다. 상하이 쿠데타 이전에 국민당의 일반 당원은 121만여 명이었다. 당원 수에 비해 공산당원이 차지한 보직이나 활동의 비중이 커 보이지만 공산당원은 5만 명 정도였다. 응집력은 있으나 수적으로는 소수였다. 그런데 이듬해인 1928년 3월 국민당의 당원 총수는 고작 22만 명이었고, 1929년에 29만 명으로 조금 늘었을 뿐이다.

공산당원과 진보인사, 거기에다 시위 군중까지 학살한 일로 인해 국민당 당원의 상당수를 차지하던 중도와 좌파가 빠져나갔던 것이다. '신분상 좌파'인 노동자, 농민뿐만 아니라 '연령상 좌파'인 청년당원들이 국민당에 진저리를 치면서 등을 돌렸다. 이탈자들은 거의 쑨원의 삼민주의를 추종하거나 중도 수준이었지 좌파나 공산주의자로 간주할 정도는 아니었다. 풀뿌리 당원들이 대거 이탈한 자리에 대도시 자본가, 농촌 지주, 향신 들이 입당 지원서를 들이밀었다. 세리 같은 고질적인 부패 계층과 토비土匪와 깡패 등 민심과 상반되는 패악한 인간들이 상당수 몰려들었다. 매판자본에 기대어 살던 사람들도 국민당 당원이 되었다.

농촌에서는 국민당원을 찾아보기가 힘들었고, 국민당원치고 농민운동을 하는 사람은 거의 없었다. 노동운동을 주장하는 당원도 깔끔하게 사라져버렸다. 국민당이 사회 기층으로부터 완전히 결별한 셈이었다. 도시에서는 자본과 권력에 연계된 당원이 적지 않았다. 농민이라는 거대한 인구와 농촌이라는 광대한 지역을 방치했던 것이다.

중국 공산당은 수만 명의 치명적인 인명 손실을 겪었다. 자기 한 몸 살아남기에도 정신이 없었다. 그러나 장제스가 내팽개친 농촌은 공산당의 서식처이자 독점적인 근거지가 되었다. 불행은 일시에 닥쳐왔으나 기회라는 선물을 허리춤에 차고 있었던 것이다. 농촌이라는 거대한 기회의 공간에 앞장서서 파고든 사람이 바로 마오쩌둥이었다. 그는 이미 토지혁명을 주창하면서 농민운동, 농촌혁명을 끈질기게 일구어오고 있었다.

이제 우리의 여정은 마오쩌둥을 찾아갈 차례다. 마오쩌둥이 태어나고 성장한 후난성 성도 창사로 향하는 비행기에 올랐다. 🔹

2장

마오

—

봉건에서
혁명과 권력으로

마오쩌둥 일생의 대장정이
시작된 곳, 창사

여정의 첫 번째 기착지였던 상하이에서 이륙한 비행기는 묵직한 엔진음을 내며 서쪽으로 날아갔다. 목적지는 후난성 성도 창사長沙. 상하이가 중국 공산당의 탄생지이고 대장정의 계기가 된 쿠데타가 발발한 곳이라면, 창사는 마오쩌둥이 공산주의자로 탄생한 곳으로 마오쩌둥 일생의 대장정이 시작된 곳이다.

대장정은 마오쩌둥의 대장정이었고, 마오쩌둥은 대장정을 통해 신중국을 탄생시켰다. 대장정이 끝난 지 80년이 지난 오늘날에 대장정 혁명 전사의 아들 가운데 한 사람인 시진핑이 중국의 최고 권력자가 되었다. 따라서 대장정이란 지리적인 행군 노선을 따라가기에 앞서, 마오쩌둥의 출생과 공산주의자로 성장해간 과정을 짚어본 다음에 대장정 출발 지점으로 가는 것이 의미가 있을 것이다.

혁명의 발화 지점을 찾아서

답사 지점으로 말하자면, 후난성의 창사와 사오산韶山, 장시성의 평샹萍鄕, 융신永新, 징강산을 거쳐 루이진에 이르는 여정이다. 이 노선은 대장정 출발 직전까지 마오쩌둥의 40년 인생역정과 맞아떨어진다. 마오쩌둥은 1893년 샤오산에서 봉건사회의 시골 촌부 아들로 태어났으나, 그곳을 박차고 나와 창사에서 혁명의 꿈을 키우며 공산당에 투신했다. 농민운동에 진력했고, 1927년 평샹 등지에서 일으킨 추수봉기가 실패하여 징강산으로 숨어들었다. 징강산에서부터 토지혁명과 유격전으로 소비에트를 구축하면서 재기했고, 1931년 중화소비에트공화국이 선포될 때 집행위원회 주석으로 선출되는 등 유력 인물로 부상했다. 그러나 중국 공산당 중앙의 정치적 견제와 박해를 받았고, 건강까지 상한 채 들것에 실려 대장정에 나섰다. 우리는 여기까지의 과정을 더듬어보기로 했다.

비행기가 이륙한 지 두 시간 만에 도착한 창사 공항. 이번 답사 여행의 전용차량을 만난 다음에 창사의 중국인 친구가 베풀어주는 환영 만찬에 참석할 예정이었다.

중국인 기사 쉬단은 쿤밍昆明에서 창사까지 장장 1400킬로미터에 이르는 거리를 혼자서 달려왔다. 1박 2일을 꼬박 운전해야 하는 거리다. 내가 김포공항에서 출국하는 날, 쉬단도 쿤밍을 출발했다. 상하이 공항에서 비행기를 타기 전에 전화를 해보니 전날 밤 늦게 도착해서 우리 일행을 기다리고 있었다.

창사에서의 첫 번째 일정은 마오쩌둥이 아니라 후난성 음식으로 즐기는 저녁식사였다. 후난성은 마오쩌둥을 비롯한 많은 혁명 원로들의 고향이자 상큼한 매운맛이 고급스러운 후난 요리로 유명한 지방이다. 쓰촨이 산초(중국어로는 화자오花椒)의 얼얼한 매운맛이 대표적이라면, 후난은 고추가 주는 상큼한 매운맛이 특징이다. 음식의 색깔을 선명하게 살려내기 때문에 보기에도 먹음직스럽다. 후난성은 우리와 재미있는 우연과 인연이 많은 지방이다. 우리는 호남 지방 음식을 최고로 치는데, 중국에서도 한국 사람 입맛에는 후난 요리가 최고라 할 수 있다. 게다가 후난湖南과 호남의 한자가 같다. 중국 여행에서 돌아와 일주일만 지나면 제일 먼저 떠오르는 것이 바로 후난 음식이다.

중국에서 우리 음식에 대한 관심이 폭발적으로 일어나게 된 계기는 드라마 〈대장금大長今〉인데, 이 드라마를 중국에서는 후난 TV가 수입해서 최초로 방송하고, 이어서 중국 각지에 방송을 내보낸 것이다. 후난 위성 TV는 최근에 〈아빠 어디 가〉와 〈나는 가수다〉의 프로그램 포맷을 수입해서 중국판 〈아빠 어디 가爸爸去哪兒〉와 〈나는 가수다我是歌手〉를 제작해 방송했다. 이 한류 프로그램들은 〈대장금〉에 이어 또다시 공전의 히트를 쳤다. 우연이지만 참 좋은 인연으로 읽힌다.

후난성 창사에 중국인 친구가 하나 있는데, 이 친구 역시 음식 문화와 관련이 있다. 예전에 중국 지방의 음식을 취재할 때 신계숙 배화여대 전통조리학과 교수의 소개로 알게 된 여성 사업가 탕탄충唐潭聰이다. 창사에서 전통적인 후난 음식 전문점과 한국식당을 경영하고 있다. 창사에서의 첫날 저녁은 탕탄충의 식당에서 진한 향미의 후난 음식을 맛보기로 했다.

상하이에서 출발하면서 탕탄충에게 연락했더니 최근 새로 문을 연

시산쭈이위안西山醉園이라는 식당으로 오라는 회신을 받았다. 후난의 고급스러운 전통음식점이었는데 자신이 직접 고른 메뉴로 멋진 상차림을 준비해두고 있었다. 새로운 사람을 사귀는 것도 여행의 즐거움이지만 오랜만에 친구를 만나는 즐거움도 큰 법이다. 겨울비 내리는 창사에서 친구의 따뜻한 마음에 또 한 번 촉촉하게 젖으면서 매콤한 현지 음식으로 하루를 마감했다.

완고한 아버지와 촌뜨기 부인

다음 날 아침 마오쩌둥을 찾아 나섰다. 그러나 전기를 읽듯이 마오쩌둥을 짚어가는 것은 조금 식상하다는 생각이 들었다. 중국에서는 과도한 찬사가 넘쳐 진부하기 짝이 없고, 다른 나라에서는 폄훼와 삐딱한 시선으로 인해 편견에 빠지기 쉽다. 대장정 답사를 준비하면서 발견한 흥미로운 사실은 마오쩌둥의 부인이 넷이나 되는데, 그들 한 사람 한 사람의 삶이 마오쩌둥 개인의 역사와 엇물려 있다는 것이다. 혹자는 '마오쩌둥의 여인'들이니 '영웅호색'이니 하지만, 부인들의 인생역정에 마오쩌둥을 비춰보는 것도 흥미로운 접근 방법이라고 생각했다. 그래서 마오쩌둥의 네 부인 가운데 대장정 이후에 맞아들인 네 번째 장칭江靑을 제외한 세 부인을 하나씩 찾아가 마오쩌둥과의 결혼생활과 혁명 그리고 대장정이 어땠는지 물어보기로 했다.

마오쩌둥의 첫 번째 부인은 뤄이구羅一姑다. 뤄이구는 열여덟 살에 집안 어른끼리 정혼해준 남자에게 시집갔다. 신랑 마오쩌둥은 네 살 아래로 먼 친척의 장남이었다. 신랑은 농사일을 거들면서 사숙(우리나라의 서

1919년 11월 창사에서 찍은 마오쩌둥의 가족사진. 왼쪽부터 마오쩌둥의 동생 마오쩌탄, 부친 마오순성, 백부 마오푸성, 마오쩌둥.

당과 유사)에서 틀에 박힌 중국 고전을 배우고 있었다. 시아버지 마오순성毛順生은 대대로 가난을 물려받았지만 지독한 절약과 타고난 근면으로 논밭을 조금씩 늘렸고, 쌀장사를 하면서 집안을 일으켜 세웠다. 그러나 부자 사이가 아주 나빠 거의 투쟁 수준이었다.

뤄이구는 정성껏 차를 올리고 상을 차리면서 남편을 보살폈다. 그러나 훗날 마오쩌둥이 에드거 스노에게 회고한 바에 따르면 자신은 뤄이구와 동거 자체를 하지 않았다고 한다. 뤄이구는 자식도 없이 시집온 지 3년째 되던 해 병사했다. 봉건시대의 관습 그대로 부모가 정해준 남자에게 시집을 갔으나, 불행하게도 남편의 사랑 한번 받아보지 못하고, 젊은 나이에 병으로 죽고 말았다. 청조 말기 피폐한 시골 구석의 이름 없는 풀과 다를 바 없는 인생이었다.

뤄이구는 허망하게 병사했지만, 그녀가 살았던 집은 민가로서는 오늘날 중국에서 가장 많은 사람이 찾는 관광 명소가 되었다. 바로 사오산의 마오쩌둥 생가다. 마오쩌둥이 열일곱 살에 샹샹현湘鄕縣의 학교에 들어가기 전까지 살았던 집이다. 완고한 아버지와 전통습속에 갇힌 촌뜨기 부인으로 요약되는 봉건주의를 박차고, 새 시대 개혁의 용광로로 뛰어들기 위해 아버지에게 반항하던 바로 그 집이다.

창사의 첫 답사지로 뤄이구의 신혼 아닌 신혼 시절의 집이자 마오쩌둥의 생가를 찾아갔다. 가운데 출입문이 나 있고 좌우에 양 날개처럼 펼쳐진 시골집이다. 겉으로 보기에는 한 채지만 좌우로 구분하여 두 집이 나눠 살았다. 집 앞에는 연못이 있었다. 대처로 나가 공부를 계속하려는 마오쩌둥이, 교육은 사숙에서 배운 것으로 충분하니 그 실력으로 쌀장사를 해서 돈을 벌라는 완고한 아버지와 싸울 때, 빠져 죽겠다고 아버지를 위협했다는 이야기가 전해지는 연못이다. 하지만 동서고금을 막론하고 자식을 이기는 부모는 없는 법이다.

문 안으로 들어서면 좌측이 마오쩌둥이 살던 집이다. 복도를 통해 부모의 침실과 형제들의 침실이 이어지고, 가운데 마당에 창고와 우사를 갖춘 평범한 시골 중농의 민가다.

뤄이구의 흔적은 남아 있지 않다. 어떤 여자가 시집와 살았다는 한 줄의 기록조차 없다. 3년 동안 한 집에서 살았던 아내를 투명인간으로 취급했다고 하니 남편으로서는 '나쁜 놈'이었던 셈이다. 당시 마오쩌둥에게는 완고한 아버지와 억지 부인 뤄이구로 대변되는 봉건시대에서 탈출하는 것이 가장 큰 숙제였다. 뤄이구는 봉건시대에 마오쩌둥 같

마오쩌둥의 생가. 가운데 출입문의 왼쪽이 마오쩌둥의 집이고, 오른쪽은 다른 사람이 살던 집이다(왼쪽).
사오산 마오쩌둥 동지 기념관. 건축 규모에서부터 보는 사람을 압도한다(오른쪽).

은 탈脫봉건적 남성을 봉건적인 방식으로 만났으니, 어쩌면 시대가 그
녀를 버린 것이라고 위로해야 할 것 같다. 그녀는 봉건시대 끝자락에서
봉건적인 결혼제도에 갇힌 채 불행한 삶을 살았던 것이다.

  겨울비가 부슬부슬 내렸지만 마오쩌둥 생가에는 관람객이 끊이지 않
았다. 생가 근처에는 거대한 마오쩌둥 동상이 있는 마오쩌둥 광장과 마
오쩌둥 기념관이 있다. 마오쩌둥 동상 앞에는 화환이 즐비했다. 가족끼
리 온 사람도 있지만 단체로 참배하러 오는 사람도 많았다. 오와 열을
맞춰 단체로 묵념을 하고는 단체사진을 찍고 나서 각자 기념사진을 촬
영하느라 시끌벅적했다. 내가 그동안 관찰한 바에 따르면 중국인에게
마오쩌둥은 오직 나라를 세운 위대한 영도자일 뿐이었다. 그가 얼마나
많은 정적을 죽였는지, 대약진 운동에서 얼마나 심각한 정책 실패를 저
질렀는지, 문화혁명이라는 이름으로 얼마나 심각한 문명 파괴를 자행
했는지 등등에 대해 거론하는 중국인을 본 적이 거의 없다. 다만 마오

쩌둥보다 덩샤오핑鄧小平을 더 좋아한다는 사람은 가끔 만난 적이 있다. 당장 소득이 빠르게 증가하는 시대에 살고 있기 때문일 수도 있고, 지금도 이루어지는 정치적 통제가 개인의 자유로운 생각을 누르고 있기 때문인지도 모른다.

광장 옆에 있는 마오쩌둥 기념관은 웅장하고 화려했다. 대리석으로 감싼 겉모습이나 내부의 화려한 진열관 모두 마오쩌둥 찬양 일색이다. 마치 마오쩌둥이 없었다면 중국은 공중분해됐을 것 같은 분위기랄까. 찬사가 지나치면 진부해진다. 마오쩌둥 기념관에서 거북하고 진부한 느낌이 스멀스멀 피어오르면서 마오 주석의 부인으로 인정받지도 못하는 첫 번째 부인 뤄이구의 소박한 모습이 더욱 초라하게 느껴졌다.

나에게는 거대한 기념관 옆에 있는 농민 야학 구지가 더 눈에 들어왔다. 마오쩌둥이 1925년 고향으로 돌아와 야학을 개설했던 곳이다. 이곳에는 두 번째 부인 양카이후이가 함께했던 흔적이 남아 있다. 🪶

양카이후이와 함께
혁명의 씨앗을 키우다

＼

　마오쩌둥의 두 번째 부인 양카이후이楊開慧. 상하이에서부터 창사까지 우리를 내내 쫓아오던 비가 살짝 그친 다음 날 오전에 그녀를 찾아 갔다. 양카이후이 기념관은 창사 시내에서 북쪽으로 60킬로미터 떨어진 그녀의 고향에 있었다. 양카이후이 기념관은 소박하지만 무게감이 느껴졌다. 기념관 안에는 양카이후이의 일생을 보여주는 글과 그림, 옛 사진 들이 펼쳐져 있었고, 아버지 양창지楊昌濟도 자세하게 소개하고 있었다.

　양카이후이의 생가와 무덤도 있었다. 양카이후이가 스물아홉 살에 총살을 당하자 동네 사람들이 시신을 수습해주었다. 마오쩌둥은 그 소식을 듣고 몰래 장례비를 보내주었다고 한다. 양카이후이의 무덤은 생가 근처에 만들어졌다. 훗날 양카이후이 기념관이 세워지면서 무덤을 가까운 언덕 위에 새로 조성해 이장했다. 그 후에도 원묘의 봉분과 비석은 그대로 남아 있다.

양카이후이가 총살당하자 마을 주민들이 조성해준 원래의 분묘(왼쪽). 훗날 중국 정부가 양카이후이 기념관을 새로 세우면서 이장하여 조성한 묘(오른쪽).

주석의 부인이자 혁명 동지

양카이후이 묘 앞에 아들들도 함께 묻혀 있어 외롭지는 않아 보였다. 장남 마오안잉毛岸英은 소련에서 공부를 했고, 한국전쟁 때 인민지원군 통역으로 참전했다가 미군의 공습에 전사했다. 그의 묘는 북한에 있으며, 이곳의 묘는 그의 유품을 묻은 의관총衣冠塚이다. 차남 마오안칭毛岸靑 부부의 묘도 이곳에 있다. 마오안칭은 공산주의 이론에 밝은 것으로 알려져 있으며, 평생 병치레로 고생했다. 아들이 한 명 더 있었지만 어려서 사망했다. 양카이후이의 조카 양잔楊展의 묘도 있어 가족 열사 능원의 분위기다.

마오쩌둥이 부인의 총살 소식을 듣고 안타까워하며 지었다는 〈접연화蝶戀花〉라는 시가 커다란 석판에 새겨져 있다. 자신을 나비에 비유하고 양카이후이를 꽃에 비유해 애통한 마음을 표현했다. 마오쩌둥은 이미 세 번째 부인과 동거 중이었지만 양카이후이의 사망 소식을 들은 그 날만큼은 애틋한 마음으로 되새겼던 모양이다.

양카이후이는 1901년에 태어났다. 선구적인 개혁파 윤리학자이자 대학 교수였던 양창지의 둘째 딸로, 마오쩌둥과는 여덟 살이나 차이가 났다. 양카이후이가 일곱 살 되던 해, 당시 신학문을 배워 조국을 개혁하겠다는 포부를 가지고 일본에서 유학 중이던 양창지는 아내에게 편지를 보내 딸을 꼭 학교에 보내도록 했다. 덕분에 그녀는 일곱 살에 창사 제40초급소학 최초의 여학생이 되었다.

양창지는 1913년에 귀국하여 창사의 후난사범학교 윤리학 교수로 부임했다. 학식과 인품을 갖춘 존경받는 교수였기에 제자들이 자주 집으로 찾아왔다. 암울한 시대를 논하며 구국의 개혁을 모색하는 열띤 토론이 벌어지곤 했다. 어린 양카이후이는 한쪽 구석에 앉아 귀를 기울였으며, 마오쩌둥, 차이허썬蔡和森, 샤오쯔성蕭子升 등 아버지의 제자들과 자연스레 친교를 나누었다.

마오쩌둥은 창사로 가기 전에 샹샹현의 둥산東山고등소학당에 1년 동안 다녔다. 그곳에서 캉유웨이, 량치차오 같은 개량주의 선구자들의 글을 읽으며 더 넓은 세계로 나가고 싶은 열망을 키웠다. 결국 아버지의 반대에도 불구하고 어머니의 후원에 힘입어 창사라는 대처로 나갈 수 있었다.

양카이후이가 만난 마오쩌둥은, 스승의 신망을 받는 청년으로《신청년》의 열성적인 독자였고, 천두슈와 후스胡適를 존경하는 개혁적인 젊은이였다. 양카이후이는 1918년 6월 베이징대학의 초청을 받은 아버지를 따라 베이징으로 갔다. 그로부터 두 달 후 후난사범학교를 졸업한

양카이후이 기념관 입구에 있는 양카이후이 석상(왼쪽)과 기념관에 전시되어 있는 부친 양창지의 흉상(오른쪽).

마오쩌둥도 베이징으로 갔다. 양창지는 제자인 마오쩌둥을 베이징대학 도서관의 사서 보조로 취직시켜주었다. 이곳에서 마오쩌둥은 리다자오李大釗 등 중국 공산주의의 태두들을 먼발치에서나마 보게 되었다.

객지에서 만난 고향 남녀는 신식 사랑에 빠져들었다. 양카이후이는 아버지가 병으로 죽자 고향으로 돌아왔다. 마오쩌둥 역시 고향으로 돌아와 1920년 11월에 공산주의 소조小組를 만들었다.

두 사람은 1920년 12월에 결혼을 했다. 둘의 결혼은 이상적이고 낭만적인 신식 커플로 창사의 젊은이들에게 널리 회자되었다. 양카이후이는 개혁파 스승의 딸이었고 총명한 여학생으로 유명했기 때문이다. 신혼 시절인 1921년 7월 마오쩌둥은 창사의 공산주의 소조 대표로 중국 공산당 창당에 대의원 13인의 한 명으로 참석했다. 창당 후에는 고향으로 돌아와 중국 공산당 후난성 지부를 만들었고, 후난성의 노동운동을 조직했다. 1922년에 장남 마오안잉이 태어났고, 다음 해에는 둘째 아들 마오안칭이 태어났다. 1924년 마오쩌둥은 국공합작에 따라 국민당에 입당했으며, 농민운동에 주력했다.

양카이후이는 1922년 정식으로 공산당에 입당했다. 남편을 내조하면서 낮에는 후난성 위원회 업무를 했고, 밤에는 야학에 참여하는 열성적인 당원이었다. 그러나 시대의 폭풍은 1927년 양카이후이 부부를 정면으로 덮쳐왔다. 우리가 상하이의 룽화 열사공원에서 찾아보았던 바로 그 상하이 쿠데타가 터지면서 상하이뿐 아니라 곳곳에서 공산주의자와 진보인사에 대한 무자비한 살육이 벌어졌다. 중국 공산당은 무장투쟁에 나서기로 결의했고, 후베이성湖北省 수도인 우한에서 열린 8·7회의에서 추수봉기를 결의했다. 중국 공산당의 독자적인 무장투쟁이 시작된 것이다. 마오쩌둥은 양카이후이를 고향으로 보낸 후 후난성 추수봉기를 조직하기 위해 혼자 움직였다. 그 후 두 사람은 다시 만나지 못했다.

스물아홉 꽃다운 나이에 총살로 끝나

창사로 돌아온 양카이후이는 3년 동안 공산당 지하활동에 매진했다. 그러나 1930년 10월 친정집에 몰래 갔다가 밀고에 의해 국민당 군벌에게 체포되었다. 여덟 살 난 큰아들 마오안잉도 함께 투옥되었다. 국민당에게는 악명을 떨치던 홍비紅匪 두목 마오쩌둥의 부인이었으니 대어를 낚은 셈이었다. 양카이후이는 갖은 고문을 받으면서도 입을 열지 않았다.

후난 군벌 허젠何鍵은, 양카이후이에게 더 이상 마오쩌둥과 부부가 아니라고만 선언하면 살려주겠다고 회유했다. 그때 마오쩌둥은 세 번째 부인 허쯔전賀子珍과 살림을 차린 지 2년이 넘었으니 여자로서 배신감을 느꼈을 법도 하건만 배우자보다 혁명 동지로서의 자세를 조금도 흐트리지 않았다. 타협하지 않았고 결과는 냉혹했다. 스물아홉 한창 나이에 총살을 당했다.

창사 시내의 청수당 안에 복원된 마오쩌둥과 양카이후이의 살림집.

중국에서 양카이후이는 중국 공산당 초기 여성 당원이자 마오쩌둥 주석의 '첫 번째 부인'이며, 죽는 순간까지 신념을 지킨 혁명열사로 추앙받는다. 훗날 그녀의 고향 마을은 카이후이진開慧鎭이라고 이름까지 바꾸었다.

우리는 창사 시내 청수당淸水塘 공원으로 갔다. 이 공원 안에 양카이후이의 신혼 살림집이 복원되어 있다. 집은 당시 소박한 백성의 살림집 그대로다. 혁명의 야망과 신혼의 달콤함이 함께 깃들어 있던 곳이다. 양카이후이가 마오쩌둥과 오붓하게 부부생활을 한 것은 1921년부터 1925년까지였던 것 같다. 이때 마오쩌둥은 후난제1사범부속 소학교의 주사 신분으로 살면서 비밀리에 중국 공산당 후난성 위원회를 맡고 있었다.

양카이후이에게 마오쩌둥은, 첫 번째 부인 뤄이구에게보다 더 나쁜 남편이었다. 양카이후이를 고향으로 보낸 후 마오쩌둥은 1927년 9월 후난에서 추수봉기를 일으켰으나 실패했다. 마오쩌둥은 거사한 지 며칠 만에 실패라는 현실을 바로 인정하고 나머지 부대를 이끌고 징강산으로 숨어들었다. 징강산의 토착 무장세력인 위안원차이袁文才와 왕쭤王佐의 산채에 은거했다. 이때 위안원차이는 마오쩌둥에게 열여덟 살의 열혈 혁명소녀 허쯔전을 현지 방언 통역 겸 생활 비서로 배치했다. 목숨이 걸린 무장봉기를 넘나들어서 그랬을까, 열여섯 살이라는 나이 차이에도 불구하고 두 사람은 금세 연인이 되었다. 만난 지 몇 개월 만인 1928년 5월에 산채의 주요 간부들이 모인 자리에서 조촐한 혼례를 치렀다. 본부인이 시퍼렇게 살아서, 그것도 지하에서 혁명공작을 수행하고 있는데, 열여섯 살이나 어린 소녀를 새 부인으로 맞아들였으니 어찌 나쁜 놈 소리를 피할 수 있겠는가.

양카이후이의 짧은 일생에는 반봉건 반제국주의 혁명이 싹터 오르던 시기의 역사가 새겨져 있다. 양카이후이는 아버지 양창지와 함께 '마오쩌둥'이란 혁명의 씨앗을 배양한 공로자라고 할 수 있다. 중국 역사에는 처가의 돈과 권력을 배경으로 성공한 영웅이 적지 않다. 유방이 그랬고, 마오쩌둥 역시 처와 처의 가족으로부터 동지적 지원을 받았다고 할 수 있다.

우리는 양카이후이와 헤어진 후 후난성 추수봉기의 현장을 찾아 후난성에서 가까운 장시성 핑샹으로 향했다. 핑샹은 마오쩌둥이 세 번째 부인 허쯔전을 만나게 해준 추수봉기의 중심지다. 양카이후이를 배신한 마오쩌둥을 원망하는지, 세 번째 부인 허쯔전의 비극적인 인생을 슬퍼

하는지, 양카이후이를 만나던 반나절 잠시 갰던 하늘이 다시 비를 뿌렸다. 허쯔전의 고향을 벗어날 때까지도 비는 그치지 않고 차창을 촉촉이 적셨다.

펑샹시 중심에는 추수봉기 기념광장이 있다. 비가 내려 아무도 찾는 이 없는 텅 빈 광장이었다. 우뚝 선 추수봉기 기념탑이 큰 키를 자랑하며 우리를 맞아주었다. 높이가 30.9미터. 크고 넓고 높게 만드는 것이 중국적인 것이라고 생각될 정도로 중국인들은 뭐든지 크게 만드는 것을 좋아한다.

기념탑의 기저에 추수봉기를 자세하게 설명해주는 전시관이 있었다. 전시관에서 일하는 차이첸蔡倩이란 여직원은 우리 일행의 행색이 현지인들과 다르다고 느꼈는지 친절하게 어디서 왔는지 물었다. 한국에서 왔다고 대답하자 마치 친척 아저씨를 만난 듯이 활짝 웃으며 열정적으로 안내를 해주었다. 이곳을 찾는 외국인이 적기도 했지만 한국에 대한 중국인들의 호의를 느낄 수 있었다.

1927년 9월 초 중국 공산당 후난성 위원회의 전적前敵위원회 서기였던 마오쩌둥은 이곳에서 펑샹 안위안安源의 철도·광산 노동자를 중심으로 결성돼 있던 안위안 행동위원회와 연석회의를 열고 인근의 혁명 무장세력들을 공농혁명군(홍군) 제1군 1사단으로 개편하기로 했다. 이는 추수봉기를 일으켜 창사를 점령한다는 전략에 따른 것이었다. 이런 연유로 펑샹은 홍군의 주요한 탄생지의 하나로 꼽힌다.

마오쩌둥은 9월 9일 후난성과 장시성 경계 지역에서 봉기를 일으켰다. 그러나 초기 홍군은 무기와 장비가 변변치 않았고 전투 훈련도 제대로 받지 못했기 때문에 곳곳에서 국부군에게 패했다. 마오쩌둥은 승

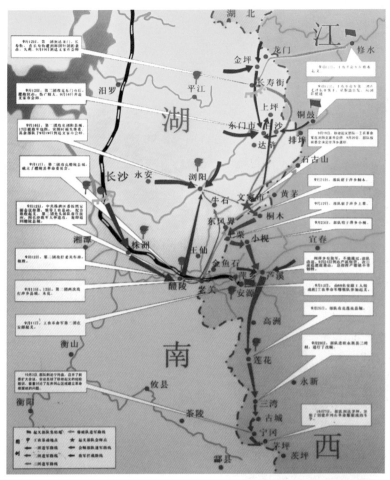

1927년 9월 추수봉기 실패 이후 징강산으로 도주한 경로를 표시한 지도. 위에서부터 내려온 화살표가 10월 7일에 후난성과 장시성 사이의 닝강현寧岡縣 마오핑茅坪 징강산 기슭에 도착했다. 아래 깃발은 당시 공농혁명군 제1군 1사단 군기. 핑샹의 추수봉기 기념관에 전시되어 있다.

산 없는 무장폭동을 중단하는 한편, 창사를 점령한다는 작전을 포기하고 농촌으로 퇴각하기로 결정했다. 그리하여 핑샹과 안위안을 거쳐 징강산으로 들어갔다.

우리는 핑샹의 추수봉기 기념광장을 떠나 차로 30분 거리에 있는 안위안 노광路鑛(철도와 광산) 노동운동 기념관을 찾았다. 마오쩌둥 동상이 비를 맞으며 안위안 시내를 바라보고 있었다. 안위안은 탄광이 많은 지역이라 일찍이 노동운동이 활발했던 지역이다. 추수봉기에서 이곳 노광 노동자들은 새로 창설한 공농혁명군 제1군에서 가장 용감한 부대로서 중핵의 위치를 차지했으나, 국부군의 공세에 밀려 마오쩌둥과 함께 징강산으로 들어갈 수밖에 없었다. 마오쩌둥이 직접 지휘한 최초의 홍군이 바로 안위안에서 탄생한 셈이다.

안위안 노동운동 기념관을 거쳐서 답사 여정은 마오쩌둥의 세 번째 부인 허쯔전의 고향인 장시성 융신현永新縣으로

허쯔전 유적지와 징강산 답사를 안내해준 중국 산수화가 천구이밍 선생이 답사 당시에 스케치한 것을 완성하여 보내주었다.

이어졌다. 융신에서는 나의 특별한 중국인 친구가 기다리고 있었다. 중국 최고의 미술대학인 베이징중앙미술학원을 졸업한 산수화가이자 베이징의 리원禮文 중학교에서 미술교사로 근무하는 친구 이밍陳桂明 선생. 그의 고향이 바로 융신이었다.

내 고향에선 내가 안내해줘야 도리다!

천 선생은 2013년 여름 베이징의 한국인 산수화가 류시호 님의 그림인생을 담은 다큐멘터리를 촬영할 때 알게 된 친구다. 촬영 중에 대장정 답사 계획을 듣고 자기 고향인 장시성에서만큼은 자신이 직접 안내를 하겠다고 나섰다. 그 때는 고마운 덕담이라고만 생각했는데 훗날 겪어보니 액면 그대로였다. 천 선생은 대장정에 참고가 될 만한 자료를 구해서 서울로 보내주기도 하더니, 답사 여행이 시작되자 베이징에서 스물두 시간 넘게 기차를 타고 1600킬로미터를 달려와주었다. 답사 여행이 끝나자 자신

이 그린 징강산 그림 세 점을 보내주기도 했다.

융신현 시내에서 천 선생을 만났다. 대장정 답사 여행에서 만나니 훨씬 더 반가웠다. 이날은 천 선생의 고향 집에 가서 저녁을 먹고 다 함께 하룻밤을 지내기로 했다. 그의 고향은 융신에서 15킬로미터 떨어진 빈장촌濱江村인데, 이름 그대로 작은 강가에 있는 마을이었다. 겨울비가 축축하게 내려 한기가 느껴졌지만 두 동반자 모두 날것 그대로의 시골 체험을 마다하지 않았다.

천 선생의 집은 창강 남부의 전형적인 시골에 있었다. 집 사이의 좁은 골목을 돌아 나오면 바로 밭이다. 제주도보다 훨씬 남쪽이라 겨울에도 텃밭이 초록색으로 살아 있었다. 밭 사이로 무덤들도 눈에 띄었고, 밭과 밭 사이 막돌로 쌓은 축대 사이로 물이 흘렀다.

중국이든 한국이든 시골집은 어릴 때의 아스라한 기억이 떠오르게 하는 정감이 느껴지곤 한다. 담장을 둘러치지 않은 탓에 길에서 문지방만 넘으면 바로 거실이었다. 신발을 신고 드나드는 입식 문화라서 남의 집 거실에 들어서는 게 꽤나 임의롭다. 길로 난 대문의 문짝은 의외로 높이 달려 있었다. 습기가 많은 지역이라 통풍을 위해 천장을 높였기 때문이다. 좁은 골목길로 나서면 붉은 벽돌로 벽을 세우고 자잘한 검은 기와로 지붕을 이은 주택이 대부분이었다. 세월이 묻어 있는 백성들의 집. 손보고 수리하기를 반복하며 수십 년에서 길게는 100년은 된 듯한 농가 주택들이다. 하지만 요즘에는 빈 농가가 늘고 있다. 이농 탓도 있지만, 소득이 늘면서 집을 새로 짓는 경우도 많기 때문이다. 이곳 시골에서도 빠르게 성장하는 경제를 느낄 수 있었다. 천 선생의 부모 역시 새 집을 짓는 중이었다.

시골집에서의 저녁식사. 식탁 아래의 화로가 따뜻한 온기로 감싸주는 것이 정겹다.

시골집에서의 저녁식사는 음식이 화려하지 않아도 다채로웠다. 돼지고기와 닭고기, 채소를 볶은 것 등 네댓 가지 요리가 전부였다. 천 선생의 읍내 친구와 동네 친지들도 자리를 함께했다. 중국인과 식사 약속을 하면 배우자뿐 아니라 친구나 지인을 데려오는 경우가 많다. 귀한 손님이나 색다른 손님일수록 더 그런 것 같았다. 외진 시골에 외국인이 세 명이나 찾아왔으니 구경거리였을 것이다.

귀한 식탁에 반주가 빠질 수 없었다. 창강 지역의 시골에서는 주로 미주米酒를 마신다. 독한 백주와 달리 입술에서부터 향긋하다. 재미있는 점은 식탁 아래 화롯불을 놓아두는 것이다. 식탁에 둘러앉으면 두 무릎에 열기가 스며들어 아랫배까지 따뜻해진다.

밤이 깊어지자 대충 손발을 씻고 잠자리에 들 준비를 했다. 샤워시설이 없어, 주인장이 커다란 대야에 뜨거운 물을 부어주면 가족이든 손님이든 구분 없이 맨발을 담근다. 발을 담그고 수다를 떨기도 한다. 뜨거운 물에 피곤이 녹아내리는 기분이다. 발을 씻고 나서 물에 적신 수건으로 얼굴을 한번 닦으면 잠잘 준비가 끝난다.

잠자리는 삐거덕대는 나무 침대. 갑자기 객지의 아들이 손님을 넷이나 데리고 왔으니 잠자리가 부족할 수밖에 없었다. 작은 침대 하나에 두 사람씩 누웠다. 난방이 없어 한기가 스며들었다. 이런 환경에서 살아온 사람들에게는 익숙하겠지만 겨울에도 집 안에서 반팔 반바지 차림으로 생활하던 한국인에게는 잠 못 이루는 밤이 될 수도 있다. 그래도 시골은 시골이었다. 맑은 공기 속에 정겨운 이야기와 함께 밤이 깊어갔다.

일정을 짜고 다니는 여행이지만 이런 망외의 숙소에서 깜깜한 밤을 지내보는 것도 즐거운 일이다. 내가 어려서 찾아갔던 시골이래야 이모네가 고작이었는데, 바로 이런 시골과 조금도 다르지 않았다. 중국을 여행하다 보면 우리나라의 1950년대부터 2010년대까지의 모습을 전부 볼 수 있다. 혹시라도 우리가 조금 앞서간다고 그들을 우습게 본다면 큰 착각이다. 중국에는 우리보다 앞선 시간대까지 있기 때문이다. 또 우리보다 뒤처진 시간대 역시 빠른 속도로 쫓아오고 있기 때문이다.

혁명소녀 허쯔전의
비극적인 삶

다음 날 아침 천구이밍 선생과 함께 허쯔전을 찾아갔다. 답사를 시작한 지 벌써 7일째였다. 융신현 시내에 있는 허쯔전 기념관은 그나마 그녀의 불행을 위로하는 것 같았다. 기념관 앞에 허쯔전이 마오쩌둥과 함께 서 있는 석상이 있다. 융신에서 징강산으로 가는 중간의 황주령黃竹嶺이란 산골에 허쯔전의 생가가 복원되어 있다. 이곳은 국가에서 복원해준 것이 아니라 홍콩의 한 사업가가 사비를 들여 복원한 것이라고 한다. 허쯔전의 조카뻘 되는 노인 한 분이 근처에 살면서 집을 관리하고 있었다.

허쯔전 기념관 앞에 있는 허쯔전과 마오쩌둥 석상.

毛澤東與賀子珍在永新

황주령에 복원된 허쯔전의 생가와 흉상. 비를 맞고 있는 흉상이 마치 눈물을 흘리는 것처럼 보였다.

혁명 동지를 세 번째 아내로 맞다

허쯔전 기념관에서 그녀의 불행한 일생을 다시 한 번 읽어나갔다. 허쯔전은 장시성 융신현 출신으로 가족이 모두 혁명에 투신했다. 열네 살에 공산주의 청년단에 가입하고 열다섯 살에 공산당에 입당했다. 1927년 오빠와 함께 융신의 무장봉기에 참가했다가 징강산으로 피신했다. 얼마 후에 마오쩌둥이 추수봉기에 실패하고 잔여 부대를 이끌고 징강산으로 들어왔다. 허쯔전은 마오쩌둥의 통역 겸 비서 업무를 맡았다. 두 사람은 만난 지 얼마 되지 않은 1928년 5월 징강산 동지들이 지켜보는 가운데 조촐한 혼례를 치르고 살림을 차렸다. 훗날 허쯔전의 바로 아래 여동생 허이賀怡가 마오쩌둥의 친동생 마오쩌탄과 결혼하면서 두 집안

허쯔전 기념관에 전시된 그림. 허쯔전은 마오쩌둥이 가장 밑바닥으로 추락했을 때 함께 견뎌준 혁명 동지였다.

은 겹사돈을 맺었다.

　마오쩌둥이 징강산을 시작으로 농촌에서 도시를 포위해가는 유격전을 전개하면서 소비에트를 하나씩 건설하던 시절, 허쯔전은 그의 가장 열성적인 동반자였다. 당시 중국 공산당은 상하이 쿠데타가 일어나자 그에 대항하여 난창봉기와 추수봉기를 일으켜 무장투쟁으로 맞섰지만 맥없이 무너졌다. 정면 대결은 승산이 없는 게 엄연한 현실이었다. 농민이 대다수를 차지하는 중국 사회의 특성에 맞춰 농민운동, 농민혁명을 전개해야 한다고 주장해온 마오쩌둥은 농촌으로 들어가 토지혁명을 전개하면서 혁명 근거지를 조금씩 개척해나갔다. 무장투쟁에서는 우호적인 농민의 지지를 받으며 치고 빠지는 영리한 유격전을 펼쳤다.

　1927년 상하이 쿠데타에서 장제스에게 가혹하게 탄압당한 공산당이 곳곳에서 회생하기 시작했다. 중국 공산당은 각지의 혁명 근거지가 성공적으로 뿌리내리기 시작하자 혁명 근거지, 즉 소비에트의 대표들을 소집하여 1931년 11월 중화소비에트공화국 임시정부를 선포했다. 이때

1931년 11월 1일부터 5일까지 루이진에서 열린 제1차 중앙소비에트 당대표대회. 마오쩌둥은 이 회의에서 홍군 지휘부에서 배제되기 시작했다. 중앙의 주석단 가운데 인물이 마오쩌둥이다.

마오쩌둥은 집행위원회(행정부에 해당) 주석으로 선출되었다. 그러나 이런 업적에도 불구하고 당시 상하이에 있던 중국 공산당 중앙은 왕밍王明을 중심으로 좌경 모험주의로 흘렀고, 당 중앙에 비해 현실적이고 신중한 노선을 견지하던 마오쩌둥은 우경 기회주의라는 비판을 받으며 정치적 견제를 받았다. 게다가 말라리아에 걸려 건강도 나빠졌다.

마오쩌둥이 병으로 고생하고 정치적으로 휘청거릴 때 가장 큰 위안이 되어준 사람이 바로 세 번째 부인이자 동지였던 허쯔전이다. 마오쩌둥이 겪었던 정치적 시련은 어떤 것이었을까. 대장정을 시작할 때 마오쩌둥이 정치적 왕따 신세로 전락한 곡절은 이러했다.

마오쩌둥이 집행위원회 주석으로 선출된 제1차 전국소비에트 대표대회가 열리기 직전인 1931년 11월 1일, 공산당 중앙이 제1차 중앙소비에트 당대표대회를 열었다. 그런데 전국소비에트 대표대회를 준비하느라 여념이 없던 마오쩌둥은 당대표대회에서 느닷없이 비판의 대상으로 지목되었다. "혁명은 교과서에 따르는 것本本主義이 아니라 실제 현실에서 출발해야 한다"는 마오쩌둥의 주장은 협소한 경험론이라는 비판을 받았다. 토지혁명을 하면서 지주에게 구량지口糧地라는 이름으로 약간의 땅을 남겨준 것도 부농노선이라는 비판을 받았다. 장제스 반대 세력과의 연대를 주장한 것 역시 우경 기회주의로 몰렸다. 그러면서 소비에트 대표대회 준비 업무가 과중하다는 이유로 마오쩌둥을 공산당 중앙국 대리비서직과 홍군 제1방면군 총전선위원회 서기직에서 해임했다.

마오쩌둥이 잘린 것은 이번이 처음이 아니었다. 1927년 9월 추수봉기에서 공산당 중앙의 승인을 받지 않고 임의로 행동했다는 이유로 중앙정치국에서 제명된 적도 있었다. 그러나 당시 난창봉기와 추수봉기의 연이은 실패와 혼란 속에서 마오쩌둥이 징강산으로 들어가는 바람에 제명 처분이 전달되지 않은 채 유야무야되었을 뿐이다.

창당 이후 상하이 조계에 머무르고 있던 공산당 중앙은 장시성 남부 중앙소비에트의 유력자 마오쩌둥을 정치적으로 견제했다. 당 중앙은 1932년 장제스의 토벌전에 대항하여 장시성에서 몇 번의 군사적 성공을 거두자 이를 과신하여 난창 같은 대도시를 전면적으로 공격하여 조속히 점령하라고 강력하게 주문했다. 국부군과 전면전을 벌이라는 것이었다. 마오쩌둥과 주더朱德의 유격전술에 반하여, 이러한 좌경 모험주의를 진공進攻 노선 또는 왕밍 노선이라 한다. 마오쩌둥을 견제하는 핵심 근거는 당 중앙의 왕밍 노선에 배치된다는 것이었다.

1932년 10월 닝두寧都회의에서 마오쩌둥은 국민당의 통치력이 약한 곳을 공략하자고 주장했다. 하지만 대도시를 조속히 탈취하라는 당 중앙의 방침에 대한 사보타지라는 비판을 받았다. 마오쩌둥은 일시 회복했던 제1방면군 총정치위원직에서 또다시 해임되었고, 임시정부에서도 후방업무만 주어졌다.

허쯔전의 끝없는 시련

더 큰 변화가 밀려왔다. 보구, 장원톈張聞天(일명 뤄푸洛甫), 천윈陳雲 등 상하이에 있던 중국 공산당 중앙정치국 인사들이 신변의 위협을 느끼고 1933년 초 루이진으로 옮겨온 것이다. 중앙소비에트로 내려온 공산당 중앙정치국의 최고 책임자는 스물다섯 살의 혈기방장한 보구였다. 그는 코민테른과 왕밍의 신임을 등에 업고 왕밍 노선을 강력하게 밀어붙였다. 이는 마오쩌둥의 유격전에 대한 정치적 탄압으로 나타났다. 이런 와중에 푸젠-광둥-장시(閩粵贛)성 위원회 서기인 뤄밍羅明이 왕밍 노선에 충실하지 않다는 이유로 비판을 당했다. 이를 계기로 뤄밍과 유사한 성향을 가진 간부들을 '뤄밍 노선'으로 몰아세우며 숙청하기 시작했다.

공산당 내부의 노선 투쟁으로 분위기가 뒤숭숭한 가운데 1934년 1월 22일 제2차 전국소비에트 공농병 대표대회가 열렸다. 마오쩌둥은 이번에도 중앙정부인 집행위원회 주석으로 선출되었다. 그러나 이름만 주석이지 아무런 실무 부서도 실질 권한도 없는 허수아비였다. 허쯔전은 마오쩌둥의 이런 정치적 시련기를 함께 견뎌준 동지였다. 마오쩌둥은 허쯔전의 위로와 내조를 받으며 시련을 견뎌나갔다.

루이진에 있는 중화소비에트공화국 임시정부 청사.

　그러나 대장정이 시작되자 마오쩌둥의 시련이 허쯔전에게로 옮겨갔
다. 허쯔전은 어린아이를 마오쩌탄 부부에게 맡기고 임신한 몸으로 대
장정을 시작했다. 1935년 2월 대장정 행군 중에 구이저우성의 바이먀
오촌白苗村이란 곳에서 딸을 출산했으나, 홍군의 대장정 규정에 따라 인
근 주민에게 아이를 맡겨야 했다. 낳자마자 생이별이었다. 허쯔전은 자
신이 낳은 6명의 자식을 전부 혁명을 위해 떼어놓거나 생이별을 하거
나 어려서 병사하는 불행을 감수해야 했다. 훗날 다시 만난 아이는 단
한 명뿐이었다.

　허쯔전은 아이를 출산한 지 얼마 되지 않아 국부군의 폭격에 파편을
맞아 온몸에 심각한 부상을 입었다. 한 달 동안 들것에 실려 다니면서
고통에 몸부림쳐야 했다. 차라리 죽여달라고 애원할 만큼 극심한 고통

이었다. 허쯔전의 남동생도 대장정에서 전사했다.

혁명의 동지에서 부부가 되었으나, 남편 마오쩌둥은 대장정이라는 지독한 고난이 끝나자 시련의 동반자 허쯔전을 멀리했다. 허쯔전이 지척에 있는데도 노골적으로 한눈을 팔았다. 옌안에서는 통역이자 무도 파트너였던 우리리吳莉莉에게, 그다음에는 상하이에서 찾아온 스물두 살 연하의 미녀 배우 장칭에게 빠져들었다. 1937년 허쯔전을 병 치료를 이유로 모스크바로 보내고, 그다음 해 장칭과 결혼했다.

네 번째 부인 장칭은 양카이후이나 허쯔전 같은 혁명의 동지가 아니었다. 당시 중국 공산당 최고 권력자가 중국 최고의 미녀 배우를 취한 것이니 '권력의 여자'였을 뿐이다. 공산당 중앙 성원들은 처음에 마오쩌둥의 재혼을 말렸으나 소용이 없자 부인이 정치에 관여하지 않고 자식을 낳지 않는다는 조건으로 결혼에 동의했다. 하지만 이 약속은 지켜지지 않았다. 중앙 성원들이 우려한 대로 장칭은 나중에 혁명가가 아닌 권력자 마오쩌둥의 정치적 불쏘시개가 되어 4인방의 일원으로 문화혁명의 최전선에 나섰다. 마오쩌둥 사후에는 1976년 반혁명 혐의로 체포되어 어두운 감옥에 갇혀 있다가 1991년 자살로 생을 끝맺었다.

남편의 배신을 감수해야 했던 허쯔전은 온몸의 병을 떼어내지 못한 채 옌안에서 마오쩌둥과 헤어진 지 22년이 지난 1959년 여름, 루산廬山의 마오쩌둥 거처에서 전 남편을 딱 한 번 만났을 뿐이다. 당시 광경이 또 처연하다.

허쯔전은 누구를 만나는지도 모르는 채 접견실로 안내되었다. 잠시 후 누군가가 접견실로 들어오자 그를 알아본 허쯔전은 한참 동안 통곡했다. 그런 다음에야 천천히 이야기를 나누었다고 한다. 그래봐야 고작 한 시간 남짓이었고, 그 뒤 마오쩌둥을 다시 만난 것은 마오쩌둥 사망 3주년이 되던 1979년 베이징의 마오쩌둥 기념관에서였다. 허쯔전은 1984년 74세를 일기로 세상을 떠났다.

허쯔전은 지금도 위대한 혁명투사로 불리지만, 한 여인으로서는 혁명과 권력, 전쟁과 사랑 속에 산산이 부서진 삶이었을 것이다.

허쯔전의 생가 앞에 허쯔전의 흉상이 있다. 상하이에서부터 답사 여정 내내 따라온 겨울비가 허쯔전을 적시고 있었다. 빗물이 허쯔전의 뺨을 타고 흘러내렸다. 그녀가 울고 있었다. 찾지 못한 자식들을 생각하며 흘리는 눈물일까. 아니면 자신의 기구한 운명을 슬퍼하는 눈물일까.

혁명은 인민의 밥그릇에서 시작한다

7일째 되던 날 허쯔전 기념관을 거쳐 드디어 혁명의 산채 징강산에 도착했다. 허쯔전 대신 울어주던 겨울비는 징강산에 이르자 아름다운 눈으로 변했다. 차도 양옆으로 눈이 쌓여갔지만 다행히 차가 다니는 데는 큰 지장이 없었다. 창밖으로 설경이 펼쳐지니 그야말로 서설이 아닌가 싶었다.

징강산에 도착하니 천구이밍 선생의 현지 지인들이 주차장까지 나와서 환영해주었다. 이들 역시 외국인의 대장정 답사에 엄지를 치켜세웠다. 이들의 소박한 환영 오찬 후에 징강산 혁명박물관으로 갔다. 징강산 혁명박물관도 규모의 미학을 자랑했다. 새로 지은 현대식 건물이 크기와 규모로 보는 사람을 압도했다.

전날 밤 우리가 어디 있는지 확인한 베이징의 이경석 사장이 징강산으로 날아와 합류했다. 이날 저녁에는 이경석 사장이 답사 여행을 격려하는 뜻으로 만찬을 열어주었다. 20년 가까이 중국에서 사업을 해왔지만 일반인들이 이런 장기 답사를 하는 것은 생각지도 못했다고 했다. 천 선생에 이어 이경석 사장까지 합해 6명이 되자 식탁은 더없이 풍성해졌다. 거기에 이경석 사장의 호의가 더해지니 느긋하게 호사를 누릴 수 있었다.

이경석 사장과 답사 일행 세 사람, 중국인 둘이 자연스럽게 역사 토크를 이어갔다. 우리말과 중국어를 섞어가며 대장정에 관한 이야기에 흠뻑 빠져들어갔다. 누구는 양카이후이의 장렬한 희생을, 누구는 허쯔전의 인간적 비극을 이야기하고, 누구는 마오쩌둥의 '나쁜 놈' 행적을 힐난했다.

"지주를 타도하여 호박을 먹자"는 소박하고도 절실한 홍군 전사들의 자연발생적 구호와 혁명박물관에 전시된 호박을 떠올리며 밥이 하늘이란 이야기도 나누었다. 호박을 먹자는 구호에서 황인성 교수는 혁명의 자생성과 토착성에 대해 깊이 있는 이야기를 들려주었다.

"상하이의 와이탄에서 시작해 창사를 거쳐 추수 폭동의 현장을 거쳐 징강산에 이르는 답사 여정에서, 오늘의 중국과 당시 혁명의 흔적을 한꺼번에 둘러보았습니다. 오늘의 중국과 역사를 생각해보면 혁명은 수출할 수 있는 것이 아니고 그 지역과 주민의 삶과 희망이 엮어내는 역사적인 산물일 수밖에 없다는 생각이 듭니다. 그리고 추상적인 아이디어와 이론이 아니라, 현지 주민의 삶 속에 녹아서 재창조된 이론과 전략, 정책이 아니고서는 혁명이란 생명력을 갖기 힘들다는 사실을 대장정이 가르쳐주고 있는 것 같습니다."

징강산 혁명 유적지 입구에 있는 기념 조형물.

또 다른 이야기도 이어졌다. 역사의 흔적을 찾아다니는 답사 여행은 승자의 기록을 살피게 되는 것이지만 패자의 그늘 속에 희생된 백성들에 대한 언급도 가슴을 울렸다. 홍군 전사들 중에 이념을 학습해서 전사가 된 경우도 있겠지만, 토지혁명에 의해 토지 소유라는 현실적 이익을 얻게 된 가족 가운데 누군가 홍군에 입대한 경우가 많았을 것이다. 시대의 격랑 속에 시기와 우연과 밥그릇이 홍군으로 쏠렸기 때문에 그들은 승자가 되었다. 국부군 병사들 역시 이념이 투철해서 입대했겠는가. 전장에서 똑같이 죽었으나 국부군의 패배라는 멍에로 인해 위령탑 하나 없으니 그들도 측은하지 않느냐는 것이다.

그렇게 생각해보면, 우리도 패자에 대한 위령탑 하나쯤은 생각할 때도 되지 않았나 싶다. 강원도 양구에 펀치볼이라는 지역이 있다. 한국전쟁 때 치열한 전투가 벌어졌던 곳이다. 우리도 희생이 많았지만 중공군의 희생은 더 컸다. 이제는 그런 전적지에 '이긴 우리 편'이 아닌, '상대방의 희생자'들을 위한 소박한 위령비 하나 세울 수는 없을까. 시진핑이 한국과 중국 공동의 상대인 일본을 겨냥하여 하얼빈역 역사 일부를 개조하여 안중근 의사 기념관을 만들었다. 우리는 한 발 더 나아가 펀치볼에서 죽어간 수많은 혼령들을 위해 위령비 하나 세우면 어떻겠냐는 것이다. 한중 관계는 물론 남북 관계 회복에도 큰 의미가 있고, 중국 관광객을 위한 훌륭한 관광자원으로도 활용할 수 있지 않겠는가.

징강산의 밤이 깊어가고 새벽에는 눈발이 굵어졌다. 다음 날 아침 징강산의 설경 속에 눈을 떴다. 눈이 생각보다 많이 내렸다. 징강산은 홍군 유적지가 많은 지역인데, 대부분 출입이 통제되었다는 전갈이 현지

징강산 깊은 계곡의 룽탄 폭포. 눈이 내리는 바람에 징강산의 혁명 유적지는 돌아보지 못하고 그 대신 징강산에서 설경에 취했다.

의 지인들로부터 날아들었다. 아쉽지만 혁명 유적은 접어두고 차량 통행이 허용된 가까운 징강산 설경을 찾아 나섰다. 징강산 주봉으로 가서 오를 수 있는 만큼 천천히 걸어 올라갔다. 계곡이 깊어 적은 병력으로도 적의 공격을 막아내기에 유리해 보였다. 그러나 펑펑 쏟아지는 설경 속에서 혁명이니 역사니 하는 생각은 사라지고, 우리는 감성이 이끄는 대로 탁 트인 공간으로 빠져나갔다.

징강산의 룽탄龍潭 폭포를 찾아갔다. 도보 통행을 허용할지 말지 망설이던 공원 관리자는 몇 번이나 조심하라는 당부를 하고 나서야 문을 열어주었다. 겨울철 비수기인 데다가 눈까지 내려 계곡에는 우리밖에 없었다. 신선이 된 기분으로 비명에 가까운 감탄사를 내지르며 두어 시간 가까이 설경 속을 걸었다. 룽탄 폭포는 장관이었다. 흰 눈과 초록 나

루이진의 중국 혁명 근거지 역사박물관. 중앙 상단에 '인민공화국이 이곳에서 나왔다'라는 구호가 있고, 계단 가운데는 '공화국 요람'이라는 구호가 화단의 나무 위에 장식되어 있다. 중국 현대사에서 루이진의 위상을 압축해서 보여준다.

뭇잎이 한데 어우러지고, 쏟아지는 폭포수 앞으로 춤추는 눈발은 경이로운 풍경이었다.

징강산에 눈이 더 쌓이면 다음 일정에 차질이 생길 것 같아 조금 일찍 하산하여 루이진으로 갔다. 여행을 시작한 지 9일 만에 파란 하늘이 나타났다.

루이진은 중국 혁명의 홍색고도紅色故都다. 1927년 상하이 쿠데타로 타격을 입고 추수봉기와 난창봉기가 실패하면서 위기에 처한 중국 공산당은 곳곳에서 혁명 근거지를 일구면서 서서히 회복했다. 마오쩌둥이 주도했던 장시성의 소비에트는 지역과 인구 면에서 규모가 가장 컸기 때문에 중앙소비에트로 불리기도 했다. 1931년 11월 7일부터 25일까지 제1차 전국소비에트 대표대회가 열리면서 루이진은 중화소비에트공화국 임시정부의 수도가 되었다.

중국 공산혁명에서 루이진을 묘사하는 한마디는 '인민공화국이 이곳에서 나왔다(人民共和國從這里走來)'는 것이다. 루이진 시내 한복판에 세워진 중앙혁명 근거지 역사박물관의 정면 상단에도 이 문구가 걸려 있다. 그 아래에는 마오쩌둥을 중심으로 혁명 원로들과 인민들이 힘차게 걸어 나오는 거대한 석상이 멋지게 장식되어 있다.

1931년 중국 공산당과 임시정부 중앙기관 대부분은 루이진의 교외인 예핑촌葉坪村에 있었다. 그러나 이곳의 위치가 국부군에게 알려지자 1933년 4월에 사저우바沙洲壩로 옮겼다. 예핑촌과 사저우바는 현재 혁명 유적지 공원으로 조성되어 있다. 이곳을 거닐어보면 중국인이 자신들의 혁명에 대해 얼마나 자긍심을 느끼는지 실감할 수 있다.

승승장구하던 장제스, 공산당 토벌에 목숨 걸다

훗날 마오쩌둥의 정치적, 군사적 경쟁자가 되는 장제스는 마오쩌둥이 대장정을 시작할 무렵 어땠을까.

장제스는 1930년 공산당 토벌전에 나서기 전까지는 승승장구하여 그야말로 천상천하 유아독존이었다. 1926년부터 1928년까지 북벌전쟁에서 북양군벌을 굴복시켰고, 1927년 강절재벌과 제휴하면서 상하이 쿠데타를 일으켜 공산당을 축출했다. 우한에 국민정부가 엄연히 존재했지만 난징에 독자적인 국민정부를 따로 수립했고, 몇 달 만에 우한의 국민정부를 굴복시켜 흡수해버렸다. 1929년과 1930년에 다시 일어난 군벌혼전에서도 연달아 승리했다. 그는 중국을 통일했고 장제스 대권은 굳건해졌다. 그러나 제일 먼저 잘라냈던 공산당 홍군이 조금씩 살아나기 시작했다. 10여 개 지역에서 크고 작은 소비에트가 수립되었고 홍군의 병력은 10만 명 수준을 회복했다.

장제스는 1930년 12월 10만 명의 군대를 동원해서 장시성 남부 루이진을 중심으로 마오쩌둥과 주더가 주도하는 중앙소비에트를 집중 공격했다. 이른바 빨갱이 토벌전을 벌인 것이었다. 1차 토벌전은 홍군의 유인작전에 넘어가 실패했다. 장제스는 체면이 구겨졌고, 이후 귀신에 홀린 듯이 공산당 토벌에 목숨을 걸었다. 일본 제국주의의 만주 침략을 방관하면서까지 오직 멸공에만 전력했다. 1931년 2월 20만 명의 병력을 동원하여 2차 토벌전에 나섰으나 이번에도 실패였다. 1931년 7월에서 9월까지 3차 토벌전이 벌어졌다. 이번에는 독일, 일본, 영국의 군사고문까지 불러들여 30만 병력이 3만 병력의 홍군과 격돌했으나 장제스는 다시 한 번 실패했다. 1933년 2월부터 3월까지 국부군 40만 명을 동원한 4차 토벌전도 성과 없이 끝났다.

이때 장제스는 안팎으로 홍군과 일본이라는 두 적과 동시에 맞서 싸워야 하는 상황이었다. 공산당을 포위 공격했으나 매번 홍군의 홈그라운드로 당당하게 진입했다가 꼴사납게 옆구리를 찔린 채 후퇴를 거듭했다. 1931년 9월 18일 일본이 류탸오거우柳條溝 사건을 구실 삼아 만주를 침략했다. 그런데 장제스는 장쉐량의 동북군에게 일본군과의 전면적인 전투를 피하고 뒤로 빠지라고 명령했다. 일본군에게 만주를 그냥 내주다시피 했던 것이다.

두 적과 대치하는 상황에서 장제스는 공산당 때려잡기부터 시작했다. 외부의 적과 대결하기 전에 내부를 먼저 안정화해야 한다(攘外必先安內)는 것이 그의 명분이었다. 일본은 나중에 미국과 영국이 나서서 견제해줄 수 있지만, 인민대중 속으로 파고들어가는 공산당은 자신이 직접 제거해야 한다고 생각했던 것일까.

장제스는 5차 토벌전을 대대적으로 준비했다. 미국에서 5000만 달러의 차관을 들여와 항공기 150대를 구매했다. 60개 사단 50만 명의 병력을 동원하여 서남북 세 방향에서 중앙소비에트를 포위했다. 이번에는 봉쇄선에서 사람과 물자의 이동을 완전히 차단하여 중앙소비에트의 밥줄을 조여 들어갔다. 공산당의 혁명 근거지는 점점 쪼그라들었다.

결국 중국 공산당은 전략전이라는 이름으로 탈주를 감행하게 된다. 이것이 대장정이다. 그러나 중앙홍군은 대장정을 시작한 지 얼마 되지 않아 참담한 패배를 당했다. 우리는 대장정 답사의 다음 여정지인 참패의 현장 샹강湘江으로 향했다. 🔖

3장

참패

—

핏물로 범람한
상강

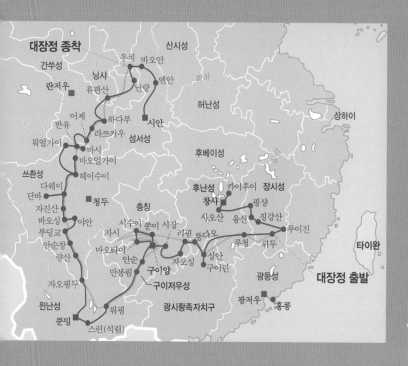

대장정 종착

간쑤성　산시성

란저우　닝샤　우치　바오안
류판산　　엔안
어제　하다푸　난량
반유　라쯔커우　시안
뤼얼가이　바시　섬서성
쓰촨성　마오얼가이
다웨이　헤이수이
단바　청두　충칭
자진산
바오싱　아안　허난성　카이후이　장시성
루딩교　시수이　쭌이　시장　창사　핑샹
안순창　자시　리핑　사오산　융신　징강산
량산　마오타이　퉁다오　루청　루이진
자오핑두　안순　자오싱　싱안　위두
원난성　만봉림　구이양　구이린
쿤밍　뭐핑　구이저우성　광둥성
스린(석림)　광시좡족자치구　광저우　홍콩

후베이성

후난성

상하이

타이완

대장정 출발

대장정 노선
답사 경로

후베이성

장시성

후난성

쭌이　리핑　퉁다오　루이진
구이양　룽지　싱안　루청　위두
　　　　구이린
구이저우성　　광둥성

광시좡족자치구

신중국을 지탱하는 힘,
열사능원

대장정 이전의 혁명 근거지이자 수도였던 루이진을 둘러보고 다음 날인 10일째 아침에 출발하여 위두와 대장정 출발 도강 지점을 거쳐 광시좡족자치구廣西壯族自治區의 싱안興安으로 이동하기로 했다. 그곳이 바로 홍군 최악의 참패 현장인데, 위두에서 약 500킬로미터 거리다.

'음모와 선전'으로 만들어진 나라가 아니다

홍군은 위두하에서 싱안까지 약속대로 광둥 군벌이 내준 길을 따라 서진했다. 뒤늦게 홍군의 탈주를 알아차린 장제스의 명령에 따라 그 지역의 국부군이 세 번의 봉쇄선을 쳤지만 수만 명에 이르는 홍군의 서진을 저지할 수는 없었다. 우리는 이 구간을 그대로 통과해서 위두현 서쪽 200킬로미터 정도에 있는 루청汝城에서 하루를 묵었다.

이튿날 아침 루청 시내의 가파른 언덕 위에 있는 혁명열사공원을 올랐다. 가파른 계단을 올라가는데 대리석 표지석에 열사의 이름이 죽 나열되어 있었다. 대혁명(1926~1927년), 토지혁명 전쟁(1927~1937년), 항일전쟁(1937~1945년), 해방전쟁(1945~1949년), 중화인민공화국(1949년 이후) 등 시기별로 구분되어 있는데, 숫자를 세어보니 총 435명이다. 지금 인구가 36만 명이니 해방 이전에는 10만 명 정도였을 것이다. 이런 작은 현에 열사가 자그마치 435명, 그나마 이름이 확인되지 않은 희생자는 제외한 숫자다.

열사 명단이 새겨진 비석 다음에는 참한 인상의 젊은 여성의 흉상이 나타났다. 1926년에 홍군 유격대에 합류했다가 국부군에 체포된 인물이었다. 체포된 후 무자비한 매질에다 철사로 유방을 꿰는 잔인한 고문을 받다가 끝내 17세 청춘으로 생을 마감한 주춘룽朱春榮이란 소녀다. 현지인이 아니면 알기 힘든 이런 사람들의 희생과, 그 희생을 기록해둔 후손들이 있기에 지금의 중국이 있는 것이 아닐까. 권력에는 그늘이 있게 마련이지만, 우리가 현실로 마주하고 있는 중국은, 결코 음모의 밀실정치나 선전선동, 개인 숭배로 만들어진 우스꽝스러운 나라가 아니다. 시대의 광풍 속에 신념을 위해 목숨을 바친 수많은 사람들의 희생을 딛고 두 다리로 서 있는 나라다.

중국에는 열사공원 또는 열사능원이 현縣마다 있고, 예외 없이 시 중심에 자리 잡고 있다. 엄숙주의가 무겁게 흐르지도 않는다. 아침에 시민들이 찾아와 태극권이나 체조를 하고, 오후에는 선남선녀가 데이트를

루청 열사공원의 주춘룽 흉상.

즐긴다. 열사공원을 가만히 들여다보면, 엄마의 고생을 모르던 철없는 아이들이 어느새 부모가 되어 철없는 자식을 품어주듯, 지금은 후손들에게 살아가는 공간으로 내어주고 있다는 느낌을 받는다. 중국이 공산당 일당독재 체제라지만 결코 사상누각이 아니라는 것을 루청의 열사공원에서 새삼 느꼈다.

루청에서는 예정에 없던 중국 경찰과 진한 데이트를 하게 되었다. 위두까지 답사 일정이 순조롭게 진행된 덕분에 비상용으로 챙겨둔 하루를 여유롭게 쓸 수 있게 된 것이 사건의 발단이었다. 여분의 하루를 이용해서 유네스코 세계자연유산으로 지정된 광둥성의 단샤산丹霞山을 다녀오기로 했다. 루청에서 남쪽으로 두어 시간이면 가는 거리였는데 후난성에서 광둥성으로 넘어가는 경계선에서 자동차보험 스티커를 차량에 부착하지 않은 것이 단속경찰에게 적발되었다. 공교롭게도 보험가입 서류도 없고, 윈난성雲南省에서 가입한 자동차보험 기록이 후난성에서 조회되지도 않았다. 운전기사도 경찰도 난감한 상황이었다.

경찰서 널찍한 마당에 차를 유치당한 채 반나절을 허비하게 되었다. 나는 일행에게 사정을 설명하고는 해가 지기 전에 어떻게든 해결될 터이니 경찰서 마당에서 차라리 느긋하게 쉬자고 했다. 일행은 햇살을 쬐며 책을 읽기도 하고, 좌석을 펼치고 낮잠을 즐기기도 했다. 내가 기사와 함께 문제를 해결하기 위해 루청 시내로 나가 있는 동안 경찰들이 와서는 구내식당에서 함께 식사를 하자고 팔을 잡아끌기도 했다고 한다. 해가 기울어가는데도 운전자 측에서 뾰족한 해결책이 나오지 않자 경찰은 나름의 해결 방법을 만들어 내부 보고서를 만들고는 약간의 벌금만 부과하고 차를 풀어주었다.

중국 공안이라고 하면 중국인이든 외국인이든 꺼리게 된다. 그러나 외국인 여행객에게 가장 안전하고 친절한 도우미는 바로 경찰이다. 길을 물을 때 노트를 내밀고 약도를 그려달라고 해도 친절하게 응해준다. 작은 도시에 밤늦게 도착해 숙소를 찾지 못할 때 경찰서로 들어가 외국인이 묵을 수 있는 숙소를 찾아달라고 부탁한 적이 꽤 있다. 이때 길을 못 찾겠다고 엄살을 부리면 경찰차로 데려다주는 친절도 몇 번 경험했다.

보험 스티커 사건으로 아까운 하루를 깔끔하게 털어먹고는 다시 루청으로 돌아왔다. 다음 날 아침 9시에 상쾌한 날씨 속에 샹강 전투 유적지인 싱안으로 직행했다.

루청에서 싱안으로 가는 고속도로는 개통한 지 얼마 되지 않았다. 우리는 넓은 고속도로를 거의 전세라도 낸 듯이 달렸다. 노면이 깨끗해서 승차감도 최고였다. 중간에 교통표지판 3개가 한 묶음으로 눈에 들어왔다. 천자령 터널 1818미터, 황마오령 터널 2207미터, 링수 고가도로 270미터. 4.3킬로미터의 고속도로가 2개의 터널과 하나의 고가도로로 이어진다는 뜻이다. 기존의 도로를 고속도로로 확충한 것이 아니라 산과 계곡을 뚫어 일직선으로 도로를 새로 건설해버린 것이다. 효율성으로 따지면 이런 곳에 고속도로가 꼭 필요한지 의아할 정도였다. 몇 년 전까지만 해도 중국은 '공사 중'이었는데, 이제는 공사를 마치고 '개통 중'인 곳이 많았다. 이번 답사에서 중국 최대의 검색 포털 사이트 바이두百度의 지도에도 없는 고속도로를 몇 번이나 통과했다. 새로 개통한 구간이 많다 보니 제때에 반영되지 않은 것이다.

이런 고속도로는 주행에는 그만이지만 자칫 낭패를 겪을 수도 있다. 휴게소나 주유소 표지가 있어도 막상 가보면 공터만 있는 경우도 있기 때문이다. 휴게소라고 해도 화장실만 있거나 광주리 아주머니들이 간식 정도를 파는 곳이 있을 뿐이다. 이런 고속도로로 장거리 이동하려면 연료를 가득 채우고 비상식량과 간식을 준비하는 것이 필수다. 우리도 싱안 가는 고속도로에서 미리 준비한 '전투식량' 비빔밥과 중국 컵라면으로 점심을 때워야 했다. 그렇게 싱안현을 향해 종일 달리고 또 달렸다.

참패로 기록하고 돌파라고 읽는다?

고속도로 460킬로미터를 여섯 시간 가까이 달려서 싱안현에 도착했다.

해가 기우는 시간이지만 샹강 전투 기념탑을 먼저 찾아보았다. 싱안 시내에 '홍군 장정 샹강 돌파 기념비원'이 있었다. 계림산수桂林山水에서 보던 봉긋한 봉우리 위에 높은 기념탑을 세운 것이었다. 국부군은 5차 토벌전에서 도주하는 적을 추격해 대승을 거둔 것이고 홍군에게는 전무후무한 참패였지만, 기념비는 샹강을 '돌파'한 것에 초점을 맞추고 있었다. 역사는 승자의 기록이라는 말이 맞는 것이다.

이런 기념관은 대부분 입장료가 무료지만 신분증을 보여주고 이름과 주소 등을 간단하게 적어야 한다. 한국인들이 찾는 관광지가 아닌 탓에 관리원은 외국인의 여권을 받아들고는 신기한 듯 뒤적였다. 내가 한국인이라고 하자 대뜸 큰 목소리로 반겨주었다. 원래 돈을 지불해야 하는 상근 해설사가 따라 나와 안내를 자처해주어 더욱 반가웠다. 대장정 답사 내내 현지인들은 자신들의 역사를 답사하는 우리 일행을 환영해주었다. 무슨 큰 행사를 요란하게 치러야만 민간 교류가 되는 것이 아니다. 웃으면서 먼저 인사하고 덕담 한마디 해주고, 마음으로 환영해주고, 그들의 역사에 관심을 표시하는 것, 이보다 더 좋은 민간 교류가 어디 있겠는가.

기념비원 마당에서는 샹강 전투 전황 지도를 새로 도색하고 있었다. 가만히 들여다보고 있자니 일하는 손을 멈추고는 편하게 보고 촬영하게 해주었다. 나는 지도를 보며 당시 전투 장면을 상상해보았다. 다른 색깔의 화살 2개가 만나는 조그만 불꽃으로 표시한 곳이 전투가 벌어졌던 지역이다. 불꽃 하나마다 수백 수천 명이 죽었다. 국부군이건 홍군이건 수많은 생명이 죽었건만 그림은 참으로 간단하다. 역사란 그런 것 같다. 백성들이 하루하루 살아간 일상의 행복은 역사가 되지 않는다.

구이린시 싱안현에 있는 홍군 장정 상강 돌파 기념비원. 석상에서 묘한 기운이 느껴진다. 웃는 얼굴도 아니고
우는 얼굴도 아니라 어떤 의도로 만들었는지 궁금하다. 한동안 바라보다가 상강 전투의 참담한 패배를 떠올
리자 그때의 슬픈 이야기로 느껴지기 시작했다.

많은 사람이 죽어야 역사 기록에 남는다. 그래서 역사는 애당초 무거운
것인지도 모른다.

기념탑으로 오르는 계단 입구에 커다란 석상이 좌우로 늘어서 있다.
아이도 있고 남자도 여자도 있는데, 모두 눈을 감고 있다. 머리카락이
바람에 길게 날리는 묘한 두상들. 한동안 쳐다보았지만 무엇을 묘사한
것인지 감이 잡히지 않았다. 그러다가 상강 어딘가에서 알 수 없는 기

운이 흘러 나의 상상력을 일깨워주었고, 석상의 슬픈 이야기가 느껴지기 시작했다.

살며시 눈을 감고 있는 여자의 묘한 표정은, 어디선가 들리는 낭군의 마지막 가느다란 숨소리를 환청으로 듣는 것만 같았다. 시선을 약간 내리깔고 있는 남정네는, 마지막 순간에 아내의 숨결과 아이의 눈망울을 떠올렸을 것이다. 남자의 표정은 슬프지 않았지만 보는 이를 슬프게 했다. 여자의 묘한 표정 역시 보는 이를 슬프게 했다. 이번 답사에서 본 여느 기념 조형물과는 사뭇 달랐다. 대부분의 유적지 기념 조형물들이 거칠고 투박한 사회주의 예술로서 혁명의 힘과 성공을 강조한 것에 비하면 상당히 다른 느낌을 주었다. 슬프면서 기묘한 이야기를 간직한 전설을 형상화한 것으로 다가왔다. 봉우리 위에 하늘을 찌를 듯이 큰 키를 자랑하는 기념탑은 몰살에 가까운 참패라는 사실에 견주자면 오히려 오만한 인상을 주었다.

봉우리 꼭대기에 높이 솟은 기념탑으로 올라갔다. 높은 곳에서 계림 산수를 굽어보는 기념탑, 해는 서쪽으로 떨어져 하늘을 붉게 물들이고 있었다. 기념탑을 올려보기보다는 그곳에 올라가서 샹강 유역에 지는 석양을 바라보니 샹강 전투에서의 참패가 더 처연하게 느껴졌다.

허리가 잘려버린
참혹한 패배

80년 전의 그날 이곳 샹강은 참담했다. 홍군은 1934년 11월 하순 샹강을 건너면서 추격군에게 후미를 잡히고 측면으로는 협공을 당하며 허리가 잘리다시피 했다. 홍군은 사투를 벌였으나 결과는 끔찍했다. 겨우 전멸을 면했을 뿐, 8만 6000여 명에서 3만여 명으로 폭삭 줄었다. 샹강에는 시체가 쌓여 핏물이 범람했다. 언덕은 폭격으로 사라지고 시체 언덕들이 새로 생겨났다.

군벌 틈새를 성공적으로 통과했으나

위두하를 건넌 지 한 달여 만에 국부군의 봉쇄선 세 곳을 무사히 돌파한 중앙홍군은 네 번째 봉쇄선에서 장제스의 추격 포위망에 제대로 걸려들었다. 그전까지 500여 킬로미터는 순조로웠다. 광둥성 군벌이 길을 내주기로 한 밀약과 장정 노선에 대한 비밀이 잘 유지된 덕분이었다.

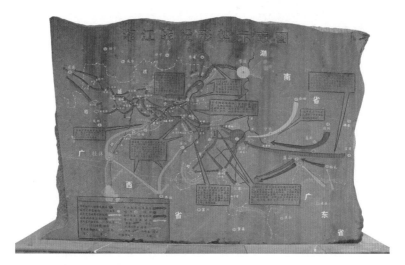

샹강 전투 기념비원에 있는 전투 상황도. 서북 방향으로 그려진 가운데 붉은색 화살표가 홍군의 이동 경로이고,
아래 위에서 공격하는 노란색과 초록색 화살표는 국부군이다. 샹강은 왼쪽 아래에서 오른쪽 위로 흘러간다.

홍군의 하급 병사들은 어디로 가는지도 제대로 알지 못했다.

홍군은 성과 성의 경계 지역을 넘어 서진했다. 출발하자마자 장시 -
광둥의 경계선을 넘어 후난-광둥의 경계 지대를 지났다. 그런 다음 후
난-광시의 경계를 흐르는 샹강을 건너 후난 서북부로 갈 계획이었다.
성의 경계는 정치적으로 의미 있는 틈새였다. 각 지방의 군벌은 장제스
의 중앙군과 이해관계가 엇갈렸고, 군벌끼리도 반목과 연합으로 갈렸
기 때문에 홍군이 비집고 들어갈 정치적 틈새가 있었던 것이다.

뒤늦게 주력 홍군의 탈출을 파악한 장제스는 길길이 날뛰면서 추격
을 시작했다. 세 번째 봉쇄선까지는 사실상 말이 봉쇄선이지, 홍군의 주
력부대를 저지하기에 역부족이었다. 장제스는 직속 중앙군을 이끌고
후미를 추격하는 한편, 바이충시白崇禧의 광시군을 북으로 이동시키고,

광시의 군벌 바이충시. 장제스의 명령으로 샹강 도강 예상 지점 인근을 먼저 장악하고 있던 바이충시는 장제스의 중앙군이 광시로 밀고 들어올 것을 염려하여 후퇴해버렸다. 이때 바이충시의 광시군이 후퇴하지 않았다면 홍군은 샹강을 건너지 못하고 완전히 포위되었을 것이다.

허젠의 후난군을 남으로 이동시켰다. 광시에서 후난으로 북상하는 홍군이 샹강을 건너기 전에, 직할 중앙군이 동쪽에서, 광시군과 후난군이 남북에서 협공하려는 것이었다.

장제스의 명령대로 되었다면 중앙홍군은 샹강에서 끝장났을지도 모른다. 마오쩌둥은 재기하지 못하고 역사의 무대에서 사라졌을 수도 있다. 광시 군벌 바이충시는 장제스의 명령에 따라 본거지를 비운 채 광시성 북부 샹강 지역으로 군대를 파견했다. 그러나 바이충시는 이것이 장제스의 음흉한 계략일지도 모른다고 의심했다. 장제스의 중앙군이 홍군을 광시 방향으로 몰아붙이고 홍군을 추격한다는 이유로 광시성 깊숙이 들어와서 눌러앉으면 광시성을 통째로 빼앗길 수 있다는 것이다. 장제스로서는 지방 군벌이 이기면 홍군을 제압하는 셈이 되고, 홍군이 승리해도 지방 군벌 하나를 없애는 것이 되므로 손해 볼 게 없었다. '빨갱이' 토벌전은 장제스에게는 꽃놀이패였다.

바이충시는 결국 홍군이 도착하기 7일 전에 이미 구축한 샹강 포위망을 포기하고 군대를 남쪽으로 후퇴시켰다. 장제스가 무전을 쳐서 당장 복귀하라고 명령했으나 교활한 바이충시는 일부 병력만 다시 보내고는 시치미를 뗐다. 그 결과 취안저우全州부터 싱안까지 30킬로미터의 샹 강이 이빨 빠진 빈 공간이 되었다.

이 소식을 들은 북쪽의 후난군은 광시군이 빠져나간 곳으로 급히 군 대를 진격시켰다. 그러나 중앙홍군이 한 발 먼저 도착했다. 1934년 11 월 25일 홍군 선두가 싱안 부근에 도착해서 도강 지점을 확보한 것이 다. 홍군 선두는 강을 건넌 후 강을 따라 북쪽으로 40킬로미터 거리에 있는 취안저우를 점령하려고 했다. 홍군 본대가 도강하는 동안 취안저 우의 성에 기대어 남하하는 후난군을 저지하려고 했던 것이다. 그러나 후난군이 간발의 차이로 취안저우를 먼저 장악했다. 그 바람에 홍군은 불리한 곳에 자리를 잡고 남하하는 후난군의 공격을 막아야 할 처지가 되었다.

사지의 입구가 된 샹강

홍군은 취안저우를 확보하는 데는 실패했지만 남쪽으로 싱안의 광화푸 光華鋪에서부터 취안저우 남쪽의 빙산屏山이라는 나루터까지 점령하여 샹강 30여 킬로미터를 도강 구간으로 확보했다. 이때가 11월 27일 새벽 이었다. 그런데 중앙종대의 행군 속도가 너무 느린 게 문제였다. 중앙종 대는 중앙정부와 군사위원회의 인원과 상당한 물자가 포함되어 있었기 때문이다. 도강 지점을 점령한 지 이틀 뒤인 11월 30일 중앙종대가 샹 강에 도착해 그날 황혼 무렵에 도강을 끝냈다.

그러나 중앙종대의 동쪽 후미와 남북 측면의 전세는 이미 심각한 상 황이었다. 홍군은 중앙종대의 도강을 엄호하면서 국부군의 압도적인 화력을 온몸으로 막아내야 했다. 홍군이 중앙종대를 동과 남북 세 방향에서 호위하면서 서쪽으로 강을 건너는 삼각형을 이루었는데, 국부군은 더 큰 삼각형으로 포위하여 공격해온 것이었다.

국부군은 지세가 유리했지만 공격하기가 수월한 것만은 아니었다. 우세한 병력과 화력으로 홍군을 밀어붙였으나 홍군 전사들은 죽는 순간까지 한 발도 물러서지 않았다. 마치 죽이고 또 죽여도 죽지 않는 귀신과 싸우는 듯했다.

중앙종대의 북쪽 측면을 엄호한 홍군 제1군단의 피해는 처절했다. 닷새 밤낮으로 전투가 계속되었고, 중앙종대가 도강을 완료했을 때는 병력의 과반수가 전사한 뒤였다. 이후 제1군단도 전투를 하면서 서서히 철수하기 시작했다. 천하의 명장이라는 린뱌오林彪와 쭤취안左權은 지휘소까지 탈취당하는 바람에 하마터면 포로가 될 뻔했다. 이 전투는 그야말로 중앙종대의 도강을 위해 홍군 전사들을 그 자리에서 차례대로 희생시킨 죽음의 작전이었다.

남쪽 측면을 엄호한 제3군단도 이틀 밤낮을 탁 트인 개활지에서 광시군의 공격을 맨몸으로 받아내야 했다. 화력이 열세인 데다가 몸을 숨길 곳도 없었다.

중앙종대 동쪽 후미의 제5군단, 제8군단, 제9군단의 상황은 더 심각했다. 이들은 중앙종대가 건너간 후 샹강의 부교를 건너야 했다. 그러나 국부군이 근접해오자 부교는 생존의 출구가 아니라 사지의 입구가 돼버렸다. 부교를 건너는 홍군 전사들은 그대로 표적이 되었다. 강 양쪽에서 또는 공중에서 보호막 하나 없이 공격을 받았다. 죽은 전사들은 부교 위에 쌓이거나 강물로 떨어졌다. 부교 위에는 시체가 쌓여 시체 더미를 이루었고, 병사들은 시체를 딛고 건너는 형국이 되었다. 강에는 시체가 떠내려갈 새도 없이 쌓여 핏물이 넘쳤다.

제5군단 중에서도 제34사단이 가장 처참했다. 사단장 천수샹陳樹湘은 1920년 마오쩌둥이 조직한 창사의 공산주의 소조에 가입하여 공산주의 청년단을 거쳐 추수봉기에 참여한 인물로 전투 경험이 풍부했다. 제5군단의 본대는 이미 샹강을 건넜으나 후미를 맡았던 제34사단은 11월 29일부터 12월 2일까지 4일 동안 끼니도 제대로 챙기지 못한 채 치열한 전투를 치렀다. 4일째 되는 날 사방이 완전히 포위되어 무수한 포탄이 떨어졌다. 두 시간의 전투 끝에 5000명의 병력 가운데 1000여 명만 남았다. 제5군단 본부에서는 제34사단이 본대에 합류할 수 없다고 판단하고는 오던 길로 되돌아가 장시성에서 유격전을 벌이라는 명령을 내렸다. 천수샹은 문서를 태우고 무전기를 폭파한 뒤 자신도 보병무장을 한 채 병사들을 이끌고 본대와 반대 방향으로 포위를 돌파해나갔다. 그러나 그는 총상을 입고 200여 명의 병사들과 함께 포로가 되었다. 국부군은 일반 병사는 도살했으나 장교들은 살려두었다. 천수샹은 포로로 끌려가봐야 반공 선전에 이용될 것이라는 사실을 알았기에 총상 자국을 자기 손으로 찢어 목숨을 끊었다. 비참한 최후였다.

제9군단은 부교를 포기하고 얼음같이 차가운 강물에 몸을 던져 건너라는 군단장의 명령 덕에 사상자가 적었다. 가장 피해가 컸던 것은 제8군단이었다. 제8군단에는 대장정 결정에 따라 서둘러 모병한 신참들이 많았다. 그들은 군사훈련도 사상 교육도 제대로 받지 못했기 때문에 폭격을 받고 우왕좌왕했다. 지휘관의 명령에도 아랑곳하지 않고 뿔뿔이 흩어졌다. 흩어진 군대는 적군의 사냥놀이에 표적이 될 뿐이었

광화푸 열사능원(왼쪽)과 맞은편에 있는 광화푸 조격전 구지(오른쪽). 시 외곽에 있어 찾아오는 사람이 거의 없었다.

다. 샹강 전투가 끝난 후 제8군단의 1만여 병력은 1000명의 소부대로 쪼그라들었다.

샹강을 건너 살아남은 중앙홍군은 겨우 3만여 명이었다. 그중 반가량은 홍군 전사가 아닌 중앙종대였다. 공산당 최고 책임자였던 보구는 이 처참한 참패에 권총을 쏘아 자살하려고 했으나 저우언라이가 말렸다는 이야기도 있다. 1927년 난창봉기와 추수봉기의 실패 이후 차근차근 성장해온 홍군에게 이런 참패는 전무후무한 것이었다. 중앙소비에트를 포기하고 후난 서북부로 전략전이를 하는 것만으로도 심각한 패배인데, 거기에다 날개를 꺾인 채 산기슭에 내동댕이쳐진 꼴이었다.

장제스 입장에서는 머리가 빠져나가기는 했지만 허리를 동강내어 반토막 이상을 박살냈으니 다 잡은 것과 다를 바 없다고 만족할 만했다.

다음 날 샹강 전투의 현장인 광화푸 전적지와 제서우진界首鎭의 홍

샹강 전투가 치열하게 벌어졌던 곳에 세워진 제서우 대교. 계단을 따라 아래로 내려가면 샹강 전투 지역임을 알리는 표지석이 있다.

군 도강 지휘소를 찾아 나섰다. 샹강의 북쪽에서 강물과 나란히 달리는 322번 국도 가장자리에 광화푸 열사능원과 광화푸 조격전阻擊戰 구지가 있었다. 국도변에서 노점상을 하는 사람들에게 물어물어 찾아갔다.

제3군단이 남쪽에서 밀고 올라오는 광시군을 저지하며 시체로 참호를 만들다시피 하면서 지켰던 전장이다. 조격전 구지는 도로를 내면서 생긴 낮은 언덕의 절단면을 이용해 만든 것이었다. 열사능원은 구지 건너편 구릉이지만 관리 상태가 그리 좋지 않았다. 경작지에 둘러싸인 야산이라 찾아오는 사람도 거의 없었다.

이곳에서 북쪽으로 6킬로미터 거리에 제서우진이 있다. 제서우 대교가 있는 지역이 홍군이 도강했던 지점이다. 이곳을 흐르는 샹강은 폭이 100미터는 되어 보였다. 제서우 대교 근처에는 노점상들이 늘어선 시골장터가 있었다. 제서우 대교 서쪽 교각에서 계단을 통해 다리 아래로 내려서니 제서우 고진이 있었다. 허름한 옛 집들이 늘어선 이곳에 '샹강 전투 구지'라는 표지석이 있는데, 표지석의 북쪽에 홍군의 도강 지휘소 가 있었다. 대장정 당시에는 삼관당三官堂이라는 서당이었는데, 지금은 홍군당으로 이름이 바뀌었다. 그러나 문이 잠겨 있어 들어갈 수 없었다.

마오얼산의 장정고도

중앙홍군은 샹강을 건넌 다음에 광시에서 제일 높은 해발 2141미터의 마오얼산猫兒山을 넘었다. 마오얼산 역시 동북에서 남서 방향으로 병풍 처럼 둘러쳐진 산맥으로 1800미터의 산봉우리들이 60킬로미터 정도 길게 이어진다. 중앙홍군은 이 산을 넘으면서 꽤나 고생을 해야만 했 다. 산길이 좁고 가파른 탓에 절벽에서 추락한 병사들도 있었고, 밤에 는 길이 너무 좁은 탓에 더 가지 못하고 서거나 앉은 채로 밤을 새우기 도 했다.

우리는 마오얼산을 오르기로 했다. 마오얼산 공원에 도착했는데 예 상치 못한 상황이 기다리고 있었다. 공원에서 유료로 운행하는 전용 차 량만 올라갈 수 있다는 것이었다. 중국에서 산수가 좋은 관광지는 대개 입장권 이외에 버스표를 사서 전용 차량을 이용해야 하는 경우가 많다. 대량의 관광객 입장을 허용하면서도 차량 통행을 제한하는 효과는 있 으나, 여행객에게는 불편을 준다. 게다가 비수기라 바로 출발하지 않고 관광객이 어느 정도 차기를 기다려야 했다.

시외버스가 도착했으나 다른 관광객은 아무도 없고 우리 일행 세 사

마오얼산 능선에 있는 장정고도와 입구의 안내 표지석. 위두를 출발한 홍군이 넘은 첫 번째 산으로 매우 가파르다.

람과 공원 관리인 둘이 전부였다. 공원의 전용 승합차에 타려는데 빙설 때문에 끝까지 가지 못할 수도 있다고 하는 게 아닌가. 공원 입구는 해발 800미터이지만 마오얼산의 능선은 1800미터에서 2100미터를 넘나들기 때문이다. 산 위에는 기념탑이 있고, 홍군이 지나갔던 산길 일부가 '장정고도'라는 이름으로 보존되어 있다고 했다. 나는 이 옛 산길 소로를 꼭 걸어보고 싶었다.

차가 출발하자 가파른 산길이 꼬불꼬불 이어졌다. 전용차 기사는 익숙한 길이라 잘도 올라갔다. 한참 올라가 능선에 다다르자 멀리 공원 입구가 내려다보이고 깎아지른 절벽이 눈에 들어왔다. 아래서 볼 때는 잘 몰랐는데 병풍 같은 산이란 말이 실감났다. 해가 들지 않는 북사면의 아스팔트길에는 얼음과 눈이 두껍게 쌓여 있었다. 다행히 장정고도

마오얼산 가는 길에서 만난 홍군교. 홍군이 통과한 지역에는 홍군교라는 이름의 다리가 많은데, 이번 답사에서 첫 번째로 만난 홍군교다.

까지는 차가 올라갔다. 우리는 장정고도를 걷기로 했다. 친절한 기사는 아래쪽에서 기다리기로 했다.

30분 남짓 아스팔트길을 따라 내려왔다. 두견회랑이란 팻말이 보였다. 양옆으로 두견화가 넘쳐나고, 대나무가 무성했다. 곧이어 '장정고도 홍군정長征古道紅軍亭'이라는 팻말이 보였다. 이곳 사람들이 오래도록 오르내린 산길이니 고도가 맞지만 80년 전의 장정에 고도라는 말을 붙이니 조금 어색하긴 했다. 홍군은 국부군의 추격을 따돌리느라 목숨 걸고 강행군을 한 길이지만 우리에게는 숲이 우거져 상쾌한 길이었다. 중간에 조그만 정자를 만났는데, '홍군정'이란 작은 편액을 달고 있었다. 잠시 마오얼산의 능선을 감상하다가 산길을 걸어 내려와 차를 타고 하산했다.

싱안으로 돌아오는 길은 대나무 숲이 아름다웠다. 중간에 계곡을 건너가는 이공교二拱橋(교각의 아치가 2개로 만들어진 다리)가 나왔는데, 이름이 홍군교였다. 장정이 지나갔던 지역에서 심심찮게 발견할 수 있는 이름이다. 다리 한쪽 구석에 놓인 표지석은 1971년에 콘크리트로 만들어져 세월의 때가 내려앉았지만 홍군교라는 이름은 그들의 자랑스러운 현대사에서 따온 것이다.

또 하나의 비극, 잔류자들에 대한 보복 학살

중앙홍군이 두고 온 루이진을 비롯한 장시성과 푸젠성의 혁명 근거지에서는 샹강 전투에 못지않은 비극이 벌어졌다. 장제스는 국부군 30만 대군을 몰아 홍군의 피로 샹강의 강물을 물들인 다음에, 20개 정규 사단을 동원해 한 달 만에 중앙소비에트 지역을 쓸어버렸다.

보구와 오토 브라운은 장정을 떠나면서 중앙국 서기 딩잉項英을 잔류 홍군의 총책임자로 임명했다. 홍군에서는 제24사단과 일부 독립 연대가 잔류했고, 지방의 병력까지 합해야 고작 3만여 명이었다.

딩잉은 보구의 왕밍 노선에 충실한 인물이었다. "토지혁명의 성과와 소비에트를 보호하고 중앙홍군이 돌아올 때까지 기다리라"는 보구의 훈령을 그대로 받들었다. 심지어 중앙홍군이 전략전이를 명분으로 떠난 사실조차 지방 간부나 지역 주민들에게 제대로 공표하지 않았다. 천이陳毅 등 잔류하게 된 다른 간부들이 신속하게 부대를 분산시켜 유격전으로 맞서자고 했지만 딩잉은 왕밍 노선의 전면전을 고집했다. 오히려 모든 중앙정부 업무를 정상적으로 돌리고 《홍색중화紅色中華》라는 관보도 계속 발행하게 했다.

잔류하고 있던 홍군 제24사단은 11월 22일 루이진 북부에서 국부군 1개 여단을 격파하는 전과를 올렸다. 그러나 그게 유일한 승전보였다. 이 전투를 통해 홍군 전투력이 약하다는 것을 확인한 국부군은 물밀듯이 밀고 들어왔다. 두 달 만에 잔류 3만 병력은 5000~6000명으로 폭삭 주저앉았다. 전투 중 죽거나 패전으로 흩어졌다. 홍군의 근거지는 대장정 출발지인 위두 부근의 일부만 남게 되었다. 천이는 유격전을 벌이자고 계속 건의했지만, 딩잉은 무전기만 바라보고 있었다. 묵묵부답이던 당 중앙으로부터 무려 석 달 만인 1935년 2월에 무전이 날아왔다. 중앙소비에트의 잔류 홍군들은 유격전으로 전환하라는 명령이었다. 홍군의 지휘권이 보구와 오토 브라운에서 마오쩌둥으로 넘어간 다음이었다. 그러나 중앙소비에트는 이미 국부군에 의해 뭉개진 상태였다.

중앙소비에트에서는 1935년 2월 5일 잔류자들이 중앙국 확대 회의를 열고 유격전으로 전환하기 위한 구체적인 계획을 세웠다. 곧이어 천이가 중앙정부 명의로 군중대회를 소집하여 혁명이 위기에 처했음을 알리고 2000여 명의 부상병을 한 사람씩 데리고 가서 치료해달라고 호소했다. 지역 인민들은 홍군의 기대를 저버리지 않았다. 위험을 무릅쓰고 부상병들을 데려다 보살펴주었다. 부상병들은 건강을 회복하자 홍군 유격대를 찾아 산으로 들어갔고, 유격대는 훗날 신4군을 창설하는 근간이 되었다. 당시 홍군이 지역 주민들과 얼마나 밀착되어 있었는지를 보여주는 대목이다.

잔류 홍군은 몇 갈래로 나눠 국부군의 포위를 돌파하기로 했다. 딩잉

과 천이 역시 중요한 서류를 불태워 없애고 무전기를 파괴한 다음 400
여 명을 인솔하고 국부군의 포위를 돌파해나갔다. 수차례 국부군과 교
전을 치른 끝에 급기야 4~5명만 남는 상황에 이르렀다. 그런데 뤄밍 노
선으로 비판받아 노동개조 징계를 받은 한 간부와 야산에서 조우하는
행운이 찾아왔다. 그의 도움으로 밤을 틈타 다른 곳으로 몸을 숨길 수
있었다.

그러나 행운은 이들뿐이었다. 다른 고위 간부들은 전사하거나 포로
가 되어 비참한 죽음을 맞아야 했다. 양창지 문하에서 마오쩌둥과 동문
수학했던 허수헝何叔衡, 학자로 더 유명했던 취추바이瞿秋白, 마오쩌둥의
동생 마오쩌탄 등은 포위를 뚫지 못하고 희생되었다. 백성들은 공산당
간부나 홍군 전사보다 더 비참했다. 국부군과 함께 지주와 향신들이 눈
에 핏발을 세우고 돌아온 것이다. 이들이 만든 환향단還鄕團이란 조직은
차라리 나은 편이었다. 빨갱이를 대패로 깎아내고 삽으로 찍어버린다
는 뜻의 산공단鏟共團이 곳곳에서 만들어졌다. 이들은 홍군이나 지방 유
격대 전사의 가족들에게 조직의 이름만큼 무참한 보복을 가했다. 토지
와 재산을 빼앗긴 원한이 있던 터라 국부군보다 훨씬 잔인했다. 닥치는
대로 죽이고 걸리는 대로 보복을 했다. 장제스는 소비에트 지역의 모든
백성들은 이미 적화분자가 되었다는 이유로 이러한 보복 행위를 방관
하거나 두둔했다. 때려 죽이고 찔러 죽이고, 돌을 매달아 물에 빠뜨리는
보복의 광기와 증오의 피가 산하를 물들였다.

탈주한 중앙홍군은 홍군대로 참패했고, 중앙소비에트는 소비에트대
로 잔인한 보복에 죽어나갔다. 장제스는 이제 공산당을 거의 박멸했다
고 생각할 수도 있었다. 1927년 징강산으로 들어간 이후 농촌에서부터

도시를 포위해 들어오던 중국 공산당이 1932년부터 기세 좋게 대도시로 나가려다가 국부군의 봉쇄선에 막혀서 사정없이 내동댕이쳐졌다가 척박한 산골로 쫓겨난 것이다.

구사일생으로 사지를 빠져나간 천이는 이때의 비극을 다음과 같이 노래했다.

나라의 반이 피바다에 빠져들고(半壁山河沉血海)

얼마나 많은 동지들이 모래벌레처럼 흩어졌는가(幾多知友化沙蟲)

좡족과 야오족의 룽성 지나
퉁다오로 향하다

참패의 현장 싱안을 둘러본 후 구이린桂林 시내로 이동했다. 구이린에서는 동반자가 교대하기로 했다. 답사 14일째 인천에서 구이린으로 오는 비행기에는 최치영 사장과 정일섭 교수가 타고 있었고, 그 비행기가 돌아갈 때 황인성 교수는 귀국할 예정이었다. 황인성 교수는 상하이에서 시작해 대장정의 내륙 코스로 이어지는 2주간의 답사를 마치고 아쉬움을 남기고 귀국했다. 답사 일행은 기사까지 5명으로 늘어났다.

답사 15일째, 우리는 홍군의 대장정 코스에서 약 30킬로미터 떨어진 룽성龍勝으로 갔다. 광시, 구이저우, 윈난으로 이어지는 중국 서남부에는 다양한 소수민족들이 살고 있다. 상강 전투의 참혹한 현장을 이틀이나 둘러봤으니 잠시 쉬어갈 겸 소수민족 마을에서 이국적인 정취에 젖어보기로 했다.

이국적인 정취에 잠시 쉬어가다

룽성은 좡족壯族과 야오족瑤族이 사는 산골이다. 계단식 논이 장관을 이루는 곳이다. 중국에 사는 좡족은 1700만여 명으로, 광시는 좡족의 자치구다. 옛날에는 남월南越이라 불렸고, 송대 이후 1949년까지는 좡족僮族이라 표기했다. '僮'은 족칭에서는 '좡(zhuang)'이라 읽지만 일반적으로 '퉁(tong)'이라 읽기도 한다. 그러나 '퉁'은 '어린아이' 또는 '종'이란 뜻이므로 어감이 좋지 않다. 이를 감안하여 1965년 저우언라이가 제의하여 '훌륭하다', '장하다'는 뜻의 '壯'으로 바꾸었다. 전통시대 중국에서는 소수민족의 족칭을 음역하여 한자로 표기하면서, 벌레(남만의 만蠻)나 짐승(서융의 융狄), 더럽다(예맥의 예濊), 비천하다(선비의 비卑), 노예(흉노의 노奴)와 같은 비칭을 사용한 것이 많다.

좡족은 중국 남부 도작문화稻作文化의 주인공이다. 경사가 심한 산비탈에 촘촘하게 계단식 논을 만들어 산 위의 물을 끌어다 벼농사를 지어온 것이다.

중국 서남부의 전통적인 간란식干欄式 주택도 눈길을 끈다. 간란식은 집을 반층 정도 올려서 짓는 것을 말한다. 비가 많이 내리고 습도가 높은 지방에서 자주 보는 건축 양식으로, 습기를 막고 동물이나 벌레 등을 차단하기 위한 것이다. 룽성 같은 지방에서는 가파른 경사면에 기대어 기둥을 세워 지탱하는 모양이라 해서 조각루弔脚樓라고도 부른다. 허술한 1층은 축사나 창고로 쓰고, 2층은 일상적인 생활공간으로 사용한다. 3층은 주로 저장 공간으로 사용한다. 출입문은 골목과 지형에 맞춰 1층이나 2층으로 연결하는데, 대부분 문짝이 없다. 닭이나 오리가 들어

룽성의 계단식 논은 가파른 소로를 타고 올라가야 볼 수 있다. 쌀농사를 산꼭대기까지 끌고 간 수백 년의 노고에 잠시 말을 잇지 못했다(위).

이 지역의 시골집은 전통적인 조각루가 대부분이다. 가파른 경사에 나무기둥을 세워 몸체를 받치는 방식으로 지은 집이다. 룽성에서 만난 쫭족, 야오족은 물론 이후에 만나게 되는 먀오족, 둥족의 집들도 대동소이하다(아래).

가는 것을 막기 위해서 무릎 높이의 가림 문을 설치하는 정도다.

재미있는 것은 조상의 위패를 모시는 2층의 당옥堂屋이다. 간란주택은 공간을 나눠서 사용하기 때문에 당옥 역시 2층 중앙의 한 공간을 차지한다. 당옥에는 조상의 위패를 모시기도 하지만, 커다란 마오쩌둥 초상화를 건 집도 많다. 관공서도 아닌 일반 가정집에 웬 마오쩌둥인가 싶은 생각이 들기도 한다. 중국인에게 마오쩌둥은 잘잘못을 따지는 대상이 아닌, 신중국을 세운 국부國父로 인식되는 게 보통이다.

룽성에서는 계단식 논이 장관이다. 산 위에 오르면 계단식 논이 한눈에 들어온다. 마을의 허름한 식당에서 간단하게 식사를 하고 마을 뒷산을 오르기로 했다. 어느 방향이든 산으로 난 길을 따라 올라가면 전망대가 나오게 마련이다. 산길을 따라 오르자 계단식 논이 모습을 드러내기 시작했다. 경사가 50도 되는 곳에도 논이 있었다. 폭 1미터의 논 뒤로 높이 1~2미터의 흙벽이 있고, 그 위에 다시 폭 좁은 논이 이어진다. 그렇게 만들어진 논이 산비탈을 덮고 있다.

계단식 논 사이로 난 좁은 산길을 오르다 보면, 한 뼘의 논을 얻기 위해 수백 년 동안 대를 이어 쏟아온 그들의 노고에 찬탄을 금할 수 없다. 이 마을의 계단식 논은 원대元代에 일구기 시작해 오늘에 이른 것으로 700여 년의 역사를 갖고 있다. 대지의 예술, 노동의 예술이란 말로 묘사하기도 하는데, 예술이라 말하기엔 수백 년의 노고가 너무나 측은하다고나 할까.

계단식 논은 봄에 모내기 전 물을 담았을 때, 모내기를 할 때, 가을에 황금빛이 되었을 때, 추수할 때 각기 다른 풍경을 보여준다. 산골마을에 하루 유숙하면서 이른 아침 햇살이 부서지는 계단식 논을, 그 위에 빠

야오족 모자가 운영하는 객잔에서 맛본 토종닭 훠궈. 광시 북부나 구이저우, 윈난의 시골에서는 우리의 닭백숙과 비슷한 닭 훠궈를 많이 먹는다. 이곳에서도 양계장에서 기른 육계에 비해 시골집에서 놓아 기른 토종닭이 훨씬 비싸다.

르게 흘러가는 구름과 안개를, 능선으로 넘어가는 석양을 바라보고, 여전히 전통을 지키며 살아가는 그들의 일상을 느껴보는 것도 꽤나 아름다운 여행이다.

평안平安이라고 하는 좡족 마을의 가장 높은 곳에 자리 잡은 객잔에 숙소를 정했다. 20대 후반의 아들이 어머니와 함께 운영하는 숙소였다. 창문을 열면 계단식 논이 훤히 내려다보였다. 수백 년에 걸쳐 만들어진 계단식 논이 이제는 관광상품이 된 탓에 농사보다 수익이 좋은 객잔으로 돌아섰다. 주인 아들이 만들어온 토종닭 훠궈火鍋(샤브샤브)는 맛이 일품이었다. 독한 백주를 한잔 곁들이니 속세의 번잡함이나 과거 역사의 무게는 물론이요, 여행의 긴장과 피로까지 사라지는 것 같았다. 창밖에 걸린 하현달이 은근한 취기를 타고 동화 속에 들어온 듯 정겨운 밤이었다.

퉁다오에서 활로를 찾다

다음 날인 답사 17일째 다시 대장정 답사 코스로 복귀했다. 중앙홍군은 광시 북단의 마오얼산을 넘은 다음 서북쪽으로 행군해서 후난성 서

남단의 퉁다오通道를 거쳐 구이저우성 동쪽 끝자락인 리핑黎平으로 갔다. 퉁다오는 광시, 후난, 구이저우 3개의 성이 만나는 곳이다. 퉁다오라는 지명 그대로 교통의 요지였다. 룽성에서 퉁다오까지는 100킬로미터가 조금 안 되는 거리, 그곳에서 40킬로미터를 더 가면 퉁다오 전병회의轉兵會議가 열렸던 공성서원恭城書院이 있다. 이날은 퉁다오까지 이동하고, 답사 18일째에 공성서원을 거쳐 구이저우의 리핑까지 가기로 했다.

퉁다오 전병회의지 입구. 홍군이 이곳에서 북으로 행군하여 후난으로 가지 않고 서쪽으로 방향을 바꿔 구이저우로 들어간 것을 '전병'이라고 한다.

차가 퉁다오현 시내로 들어서는데 불쑥 솟은 기이한 암봉이 우리를 맞아주었다. 다음 날 아침 암봉을 올랐다. 이름은 독암獨岩. 몸통은 깎아지른 절벽이고, 봉우리 부분은 둥근 밥사발을 엎어놓은 모양새다. 주변의 호수 위로 물안개가 피어올라 신비한 분위기를 연출했다. 가파른 길을 올라보니 또 다른 장관이 펼쳐졌다.

마오얼산을 넘어 국부군의 추격권을 벗어난 중앙홍군은 거친 숨을 돌리면서 퉁다오에 도착했다. 이때 중앙홍군에는 중앙소비에트를 버리고 떠나온 데 이어 샹강 전투의 참패로 인한 암울한 자괴감이 원혼처럼 떠돌고 있었다.

보구와 오토 브라운, 저우언라이 3인단을 지도자로 삼아 밤낮으로 강

퉁다오 시내에 있는 독암의 새벽 풍경. 기이한 계림산수가 새벽 물안개와 어울려 한 폭의 그림 같다.

행군을 해왔으나, 샹강 전투에서 동지들을 3분의 2나 잃어버리는 참담한 패배를 당했다. 국부군의 1~4차 토벌전에서는 상당한 전리품을 거둬들이면서 승리했는데, 어찌 된 일인지 5차 토벌전부터 계속 밀리면서 심각한 위기에 빠졌던 것이다. 이것은 당 중앙 3인단의 리더십의 위기이기도 했다. 뤄밍 노선을 주장한 100여 명의 간부를 징계하고 왕밍 노선을 밀어붙였으며, 유격전을 소심한 우경 기회주의라고 깎아내리면서 국부군과 전면전을 벌였는데 탈주와 참패로 귀결되었으니 위기의식과 함께 회의가 들 만도 했다.

중앙국 회의에 상당 기간 참석하지 못했고, 행정부 주석이지만 실권이 없고, 홍군에 대한 지휘권도 없었던 마오쩌둥 주위에 사람들이 모이기 시작했다. 장원톈과 왕자샹王稼祥이 바로 그들이었다. 왕자샹은 모스크바 중산대학 출신으로 보구와 친분이 있었다. 국부군의 4차 토벌전 때 복부에 총상을 입고 대장정 초기의 마오쩌둥과 마찬가지로 들것 신세가 되었다. 장원톈은 1933년까지 상하이에서 공산당 중앙정치국 위원으로 활동하다가 중앙소비에트로 들어온 인물이었다. 일본과 미국 유학을 한 뒤 귀국했다가 다시 모스크바 중산대학에 들어갔다. 제2차 소비에트 대회에서는 인민위원회 주석에 선출되는 등 대장정 당시 공산당 최고 책임자였던 보구와 함께 모스크바 그룹의 핵심인물이었다.

장원톈과 왕자샹은 마오쩌둥과 자연스레 많은 이야기를 나눌 수 있었다. 두 사람은 인맥이나 출신 배경이 마오쩌둥과 달랐고, 게다가 왕밍 노선에 속했다. 그렇지만 이들은 특정인이나 특정 파벌을 맹목적으로 추종하지는 않았다. 유격전이나 전략전이에 대해 마오쩌둥의 의견에 공감하게 되었다. 훗날 이들을 보구, 오토 브라운, 저우언라이의 당중앙 3인단에 견주어 재야 3인단 또는 들것 3인단이라고 불렀다.

또 하나의 우연이 마오쩌둥에게 미소를 보냈다. 대장정 출발 한 달 전에 코민테른과 비밀 통신을 주고받던 상하이의 무선통신 조직이 국민당 경찰에게 체포되어 와해되었다. 이로써 대장정 대부분의 기간 동안 중국 공산당과 코민테른 사이에 연락이 두절되었다. 당시 코민테른과의 국세 공조에 의존하고 있던 보구와 오토 브라운에게는 나쁜 징조였다.

수만 명의 동지를 한꺼번에 잃어버린 참패, 보구와 오토 브라운의 좌절, 코민테른과의 연락 두절, 공산당 중앙의 리더십에 대한 회의, 재야 3 인단 사이에 형성된 공감대 속에서 중앙홍군은 퉁다오에 도착했다. 퉁다오通道, 지명 그대로 중앙홍군은 이곳에서 새로운 출구를 모색했다. 🦚

4장

부활
—
마오쩌둥의
반격

대장정 종착

간쑤성
란저우

닝샤
류판산
우처
바오안
산시성
난량
엔안
하다푸
시안
라쯔커우
섬서성
어제
반유
뤼얼가이
바시
마오얼가이
헤이수이
쓰촨성
다웨이
단바
자진산
바오싱
루딩교
아안
안순창
량산
자오핑두
원난성
쿤밍
스린(석림)
뤄핑
만봉림
마오타이
안순
구이양
구이저우성
광시좡족자치구

청두
충칭

허난성

후베이성

후난성
창사
샤오산
융신
핑샹
징강산

카이후이
장시성
루이진
위두
루청

상하이

타이완

대장정 출발

광둥성
광저우
홍콩

시수이
쯔니
시장
리핑
퉁다오
자시
싱안
구이린
자오싱

쓰촨성

후난성

시수이
쯔니
자시
마오타이
구이양
시장
자오싱
리핑
퉁다오
싱안

원난성

구이저우성

광시좡족자치구

대장정 노선
답사 경로

저우언라이의 도움으로
재기의 발판을 다지다

17일째 아침이 밝아왔다. 눈을 뜬 곳은 길이 통한다는 퉁다오通道였다. 퉁다오는 후난성 서남부 끝이지만, 남쪽으로는 광시의 싼장三江 및 룽성과 접하고 서쪽으로는 구이저우 리핑으로 통하는 지역이다. 3개의 성이 한데 만나는 교통의 요지다. 어디로 갈 것인가. 홍군에게는 중차대하고 절실한 질문이었다. 국부군의 추격에 덜미를 잡혀 샹강에서 참담한 패배를 당한 홍군이 사투 끝에 험준한 산길을 넘어오니 이곳 퉁다오였던 것이다. 어디로 갈 것인가. 이는 행군 노선을 넘어 중국 공산당의 리더십에 관한 문제 제기였다.

절실한 질문, 어디로 갈 것인가

활로를 찾아야 했다. 전략전이 계획은 원래 샹강을 넘은 다음 강을 따라 북쪽으로 올라가서 후난성 서부의 홍군 제2방면군과 합치는 것이었으나 그 길은 이미 막혀버렸다. 게다가 코민테른과 통신이 두절된 지도 이미 몇 달째였기 때문에 이곳 퉁다오에서 중앙홍군은 스스로 새로운 길을 찾아야 했다.

첫 단추를 푼 사람은 저우언라이였다. 그는 인맥이 넓은 마당발이었고 조직 곳곳으로 통하는 신경세포의 결합체 같은 존재였다. 프랑스 유학을 다녀와 국제 정세에도 밝았고 난창봉기를 주도할 정도로 조직과 무장투쟁 등 다방면에 경험이 풍부했다. 북벌전쟁이 한창이던 1927년 초에는 노동자 봉기를 일으켜 상하이시 임시정부를 만들어 장제스의 북벌군이 무혈 입성하는 것을 도왔다. 1927년 8월에는 장제스의 상하이 쿠데타에 대항해 난창봉기를 주도했다. 대장정 준비와 실행 지휘권을 위임받은 3인단의 한 사람이 될 만큼 코민테른의 신임을 받았다. 3인단에서 보구와 오토 브라운이 결정하면, 저우언라이는 당·정·군 전체 조직의 집행을 총괄했다. 저우언라이의 촘촘한 연결망은 왕따 마오쩌둥에게도 이어져 있었다. 마오쩌둥을 들것에 실어서라도 대장정에 참가하게 했고, 마오쩌둥의 부탁을 받고는 장원톈, 왕자샹과 같은 종대에 배치되도록 손을 썼다. 그는 전면에 나서지 않으면서 누군가를 내세우는 연출력을 발휘했다.

저우언라이는 퉁다오에 진입한 다음 날인 1934년 12월 12일에 공산당 정치국 긴급회의를 소집했다. 3인단 회의를 열 수도 있었지만, 중국 공산당의 최고 의사결정 기구인 정치국 회의를 대장정 이후 처음으로 소집했던 것이다. 그리고 최근 1년 동안 중요한 당정회의에 한 번도 참석하지 못했던 마오쩌둥을 참석시켰다. 조직의 분란을 야기하지 않으면서 명분도 있고, 새로운 리더십을 끌어내기 위한 절묘한 수였다.

공산당 정치국 긴급회의가 열렸던 퉁다오 공성서원에 당시 회의실을 재현해놓았다. 대장정을 출발한 이후 처음 열린 이 정치국 회의에서 마오쩌둥은 정치적 재기를 위한 첫걸음을 내딛었다.

    대장정을 시작할 당시 공산당 최고 책임자였던 보구(당시 직책은 정치국 총부책總負責)와 독일인 군사고문 오토 브라운은, 정치국 회의를 소집한 것도, 마오쩌둥을 참석시킨 것도 못마땅하게 생각했다. 대장정에 관해서는 중국 공산당 정치국이 보구, 오토 브라운, 저우언라이 3인단에게 전권을 위임했으니 셋이서 모여 결정하면 그만이었기 때문이다. 게다가 우경 기회주의라는 비판을 수차례 받으며 밀려난 인물을 대면하는 것도 껄끄러웠을 것이다. 그러나 저우언라이는 정치국 위원이며 집행위원회 주석인 마오쩌둥을 당정회의에서 배제하는 것은 당규에 어긋난다며 밀어붙였다.

    정치국 회의는 보구가 주재했다. 보구가 안건을 소개하며 개회를 선언하자, 오토 브라운이 이어받았다. 오토 브라운은 홍군이 샹강 전투 이후 상당히 피로한 상태이므로 휴식을 취해야 하며, 후난성 서부의 홍군 제2방면군과 합류하기 위해 북으로 진군한다는 기존 방침을 재차 언명했다.

마오쩌둥이 즉시 반대 의견을 내놓았다. 왕따 마오쩌둥은 1년 만에 참석한 정치국 회의에서 조금도 주눅 들지 않고 서진입검西進入黔(黔은 구이저우의 약칭)으로 요약되는 전병轉兵을 주장했다. 즉 북쪽의 후난성이 아니라 서쪽으로 방향을 바꿔 구이저우성으로 가자는 것이었다. 장제스가 이미 홍군의 행군 방향과 의도를 파악하고 후난성으로 가는 길목에 매복하고 있을 터이니 국민당의 힘이 덜 미치는 구이저우성으로 들어가 새로운 출구전략을 모색하자고 주장했다. 마오쩌둥의 반격이 시작된 것이었다.

마오쩌둥은 서진의 근거를 다음과 같이 설명했다.

첫째, 적이 예상하지 못한 방향으로 병사를 움직이면 적들이 구축해 둔 수많은 토치카들이 무용지물이 된다. 둘째, 구이저우성은 국민당의 통치력이 약한 곳이고, 병력도 1개 군단밖에 없다. 셋째, 구이저우의 왕자례王家烈가 이끄는 국부군 제25군은 장병들이 총과 함께 아편을 피우는 긴 담뱃대를 하나씩 더 갖고 다녀서 쌍창병雙槍兵이라 불릴 만큼 아편쟁이가 많고, 그만큼 전투력이 약하다.

저우언라이와 장원톈 등이 마오쩌둥의 의견에 찬성했다. 그전부터 저우언라이는 마오쩌둥의 의견을 자주 경청했다. 장원톈은 한때 마오쩌둥처럼 들것 신세가 된 적이 있었고, 당의 전략에 대한 비판과 대안에서 마오쩌둥과 의견을 같이했다.

마오쩌둥의 갑작스러운 제안에 대해 오토 브라운은 신경질적인 반응을 보였을 뿐 제대로 반박하지 못했다. 보구는 상강 전투에서 참패한 후 크게 위축되어 있었다. 보구는 코민테른이 비준한 전략전이를 쉽게 바꿀 수 없다고 결론을 내리면서도, 일단 서쪽으로 이동하여 휴식을 취한 다음 다시 북상하기로 했다. 기존 방침을 견지하면서도 마오쩌둥의 전병 주장을 적절하게 수용한 셈이었다. 퉁다오 정치국 긴급회의가 끝나자 전선에서 보고가 올라와 있었다. 마오쩌둥이 예상한 대로 후난성 서부로 향하는 길목에 국부군 20~30개 사단이 집결하고 있다는 소식이었다.

퉁다오회의는 발언록이나 결의문을 남기지는 않았다. 그러나 숙청되다시피 했던 마오쩌둥이 1년 만에 정치국 회의에 참석해 당 중앙의 기존 방침에 반하는 새로운 전략적 대안을 제시하여 상당한 공감을 얻은 것은 큰 정치적 변화였다. 저우언라이가 3인단 회의가 아닌 정치국 회의를 소집함으로써 3인단의 전권 수임 체제를 스스로 깬 것은 마오쩌둥에게 재기의 신호탄이 되었다. 이를 계기로 마오쩌둥은 3인단이라는 공산당 지도 그룹을 밀어내고 공산당의 실권과 홍군의 지휘권을 장악해나가기 시작했다.

저우언라이와 마오쩌둥은 서두르지 않았다. 정치적 반격을 할 때도 단판승부로 몰아가지 않았다. 한 사람씩 설득하여 한 단계씩 추진해나갔다. 사실 새로운 전략에 대한 사전 작업은 장정의 행군 종대에 마오쩌둥을 장원톈, 왕자샹과 함께 배속시켜 '들것 3인단'이 만들어질 때부터 시작되었다고 해도 과언이 아니다. 어떤 일이든 '어느 날 갑자기' 일어나는 법은 없다. 오래전부터 준비해온 것이 어느 날 수면 위로 올라올 뿐이다.

구이저우로 기수를 틀어라

우리는 퉁다오 시내에서 하루를 묵고 다음 날 북쪽 40킬로미터 거리에 있는 공성서원을 찾아갔다. 어떤 자료에는 왕씨 민가에서 퉁다오회의를 했다고 나오는데 현지에서 확인해보니 민가가 아니라 서원이었다. 공성서원 정문 기둥에 '공농홍군 장정 퉁다오 전병회의 회지'라는 푯말이 번듯하게 걸려 있다.

송나라 시대인 1105년에 세워진 공성서원은 둥족侗族의 서원으로는 가장 잘 보존된 것이다. 그러나 정문의 현판만 공성서원일 뿐, 내부는 퉁다오회의를 기념하고 대장정을 설명하는 전시관이다. 900년의 묵향이 80년의 혁명사에 가려진 것이다. 당시 회의실을 재현한 방에는 테이블 하나에 보구, 오토 브라운, 저우언라이, 장원톈, 주더, 왕자샹, 마오쩌둥 7명의 명패와 7개의 의자가 놓여 있다. 누군가의 회고에 따르면 퉁다오회의에서 마오쩌둥 혼자만 등받이 없는 의자에 앉았다고 하는데, 전시관에는 그렇지 않았다.

공성서원 근처의 큰길은 설날 대목을 앞두고 차가 다니기 어려울 정도로 시끌벅적한 장터가 되어 있었다. 폭죽과 장난감, 옷가지와 신발, 과자와 설날 용품들이 노점상 좌판에 넘쳐났다. 길일이었는지 웬만한 식당은 전부 결혼식 단체손님이 차지하고 있었다. 중국은 결혼식장이 따로 없고, 손님들을 식당으로 초대해서 간단한 의례를 가진 뒤에 식사 대접을 한다. 우리는 쥐가 나올 것 같은 허름한 식당에서 국수 한 그릇으로 점심을 때우고는 리핑으로 향했다.

후난성 퉁다오에서 구이저우성 리핑으로 가는 길은 한적한 시골길이

통다오에서 리핑으로 가는 길에 본 고기잡이배들.

었다. 노면이 나빠 차가 심하게 덜컹거렸지만, 창밖의 시골 풍경이 편안하고 정겨웠다. 통다오회의의 무게감이나 긴박감은 어느새 사라졌다.

가는 길에 쪽배 예닐곱 척이 협동해서 물고기를 잡는 광경을 보았다. 강의 아래위 양쪽에서 그물을 쳐서 가로막고는, 가운데로 들어간 쪽배에 있던 사람이 긴 장대로 수면을 내리치자 놀란 물고기들이 빠르게 헤엄쳐 도망가다 그물에 걸려들었다. 동네 남자들이 모여서 나름대로 설날을 준비하는 것 같았다. 어디에서나 명절은 사람의 마음을 넉넉하게 해주는 법이다. 카메라를 들고 차에서 내렸다. 장대로 내리칠 때마다 튀기는 물방울이 멋지게 사진에 담겼다.

리핑에 도착하여 숙소를 찾기로 했다. 교통경찰이 알려준 4성급 호텔은 얼마 전 개업한 현대식 호텔이었는데, 비수기라 숙박비가 저렴했다.

탄핵의 장이 된 리핑회의

중앙홍군은 국민당의 통치력이 취약하다는 이유로 퉁다오에서 북상하지 않고 서쪽으로 행군하여 리핑에 이르렀다. 홍군은 리핑을 손쉽게 점령했다. 홍군이 온다는 소식에 왕자례의 구이저우군은 싸워보지도 않고 도망쳤다. 리핑 점령 3일째인 1934년 12월 18일 중국 공산당 정치국 확대 회의가 소집되었다. 보구, 저우언라이, 마오쩌둥, 장원톈, 왕자샹, 리푸춘 등이 참석했고, 오토 브라운은 몸이 좋지 않다는 이유로 불참했다.

퉁다오회의가 마오쩌둥의 무대 재입장을 알렸다면, 리핑회의는 보구, 오토 브라운의 기존 전략과 마오쩌둥의 서진입검 전병이 본격적으로 정책 대결을 벌인 회의다. 이번 회의는 저우언라이가 주관했다. 보구가 먼저 발언했다. 퉁다오에 이어 리핑까지 점령하면서 전황이 상당히 호전되었으니 곧장 후난성으로 북상하여 홍군 제2방면군과 합치자고 주장했다. 이는 중화소비에트공화국과 코민테른이 이미 결정한 전략 방침이라고 강조하면서 거수로 표결할 것을 요구했다.

마오쩌둥은 정면으로 반박했다. 홍군의 전략전이가 이미 장제스에게 간파된 상황에서 북상하여 후난성 서부로 들어가는 것은 장제스의 20여 개 사단이 만들어놓은 함정으로 스스로 걸어 들어가는 것이라고 주장했다. 후난성 서부로 가려던 계획을 포기하고, 먼저 쓰촨과 가까운 구이저우 북부의 쭌이遵義를 중심으로 새로운 혁명 근거지를 구축한 뒤, 적절한 시기에 홍군 간부들도 참여하는 정치국 확대 회의를 열어 국부군의 5차 토벌전에서 패배한 원인과 교훈을 분석하자고 주장했다.

리핑 중심지에 있는 차오가. 당시 공산당 지도부는 이곳의 민가에 머물렀다. 지금도 고풍스러운 분위기가 살아 있어 여행객이 즐겨 찾는 곳이다.

전략의 변경에만 머물지 않고, 패전의 원인과 책임을 분명히 밝히자고 주장함으로써 당정군을 지휘한 보구와 오토 브라운의 리더십에 대해 날 선 반격을 가한 것이었다. 정치국 성원 대다수가 마오쩌둥의 제안으로 기울자 보구는 코민테른 대표인 오토 브라운이 불참한 회의에서는 결의를 할 수 없다고 버텼다. 그러자 논쟁이 더 확대되었다. 마오쩌둥은 중국 공산당의 정치국 회의는 아무 문제가 없으며, 이번 회의는 군사회의가 아니기 때문에 코민테른이 군사고문으로 파견한 오토 브

리핑회의 기념관 정면. 북진하여 후난성으로 들어가려던 당초의 노선에서 서쪽 구이저우성으로 바꾼 것을 위대한 전절轉折이라고 표현하고 있다.

라운이 불참한 것은 당연하다고 맞받아쳤다. 평가 분석과 함께 책임과 전략을 둘러싼 논쟁이 격렬하게 벌어졌다. 그러나 종국에는 결론을 지어 문건으로 작성되었다. 후난성 서부에 혁명 근거지를 만든다는 기존의 방침은 실현이 불가능해졌으니 장제스 중앙군과의 정면 대결을 피해 쓰촨 남부와 구이저우 북부에 걸쳐 새로운 혁명 근거지를 구축하기로 하고, 이를 위해 쭌이로 진군하고, 다시 정치국 확대 회의를 열어 장제스에게 패한 원인을 규명하기로 결의했다.

이는 보구와 오토 브라운, 저우언라이 3인단, 특히 보구와 오토 브라운에 대한 탄핵 결의와 다를 것이 없었다. 사실 최고 책임자는 결과로 말해야지 과정에 대한 어떤 변명도 통하지 않는 것이 상식이다. 홍군은 5차 토벌전에 나선 국부군에 쫓겨 탈주해야 했고, 탈주해서도 목표에

도달하기는커녕 샹강에서 끔찍한 참패를 당했으니 우두머리가 책임을 지는 것이 당연했다. 저우언라이는 3인단의 일원으로서 스스로 탄핵의 장을 열어주었고, 마오쩌둥과 장원톈 등이 탄핵으로 몰아간 셈이었다. 결과를 분석하고 책임을 묻는 것은 조직에 필요한 건강한 자기치유의 방법이다.

또 하나 돋보이는 것은 보구가 기존 방침을 고수하면서도 반대 의견을 용인했고, 탄핵조차 토론을 통해 제기될 수 있게 허용했다는 사실이다. 보구의 이런 유연한 태도는 훗날 장궈타오가 보여준 권력 지향적이고 이기적인 태도와 극명하게 대비된다.

인민들이 만들어준 홍군교

리핑에 숙소를 잡고 나서 리핑회의가 열렸던 곳을 찾아 차오가翹街까지 걸어갔다. 차오가는 뱀의 몸통처럼 좌우로 휘어진 고풍스러운 거리다. 늦은 오후에 이 길을 걸으니 시간의 향기가 더욱 가슴에 와 닿았다. 리핑회의는 리핑시 중심지에 있는 청대 민가에서 열렸다. 길가 쪽으로 상점을 내고 안쪽에 창고 겸 주거 공간이 있는 전형적인 상가 주택이다. 근처에는 홍군이 리핑에 주둔할 때 마오쩌둥, 천윈 등이 묵었던 집임을 알리는 표지가 있었다.

차오가에는 리핑회의 기념관도 있다. 입구 한쪽에 있는 표지석을 보니 예전의 장시江西회관을 기념관으로 개조한 것이었다. 리핑의 인구와 소득, 경제에 비해 기념관이 터무니없이 커 보였다. 마오쩌둥의 재등장과 공산당의 부활 지점이라는 의미와는 어울릴지 모르겠다. 기념관 본관 정면에 새겨진 '위대한 전환이 이곳에서 시작되었다(偉大轉折從這裡開始)'라는 문구가 손님들을 맞아주었다. 안에는 다른 기념관과 비슷하게 대장정을 설명하는 내용이었다. 늦은 오후에 입장하여 관람 시간이 지났지만 직원에게 양해를 구해 끝까지 둘러보고 나왔다.

오랜만에 호텔 식당의 밝은 조명 아래 풍성한 식탁에 마주 앉았다. 식탁은 곧 그날 돌아본 대장정 유적에 대한 프리토크 시간이었다. 샹강 전투에서의 참패가 마오쩌둥에게 회생의 기회가 된 것은 천운이었다는 이야기도 나왔다. 역사에 큰 족적을 남긴 인물은 하늘이 내린다는 말이다. 그러나 하늘이 내려준다고 해서 누구나 영웅이 되는 것도 아닐 터이다. 마오쩌둥은 과연 하늘이 낸 인물일까?

다음 날 아침 기념관보다 더 생생한 대장정 유적지를 찾아보기로 했다. 호텔에 비치된 관광정보 소책자를 보니 리핑 시내를 조금 벗어난 시골에 꽤 유명한 홍군교가 있었다. 리핑 시내에서 23킬로미터 북쪽에 있는 가오툰진高屯鎮 인근의 사오자이少寨라는 마을에 있다는 것만 알고 찾아 나섰다. 가오툰에 도착하여 현지인들에게 물어봤지만 설명이 정확하지 않아 두 번이나 왔다 갔다 반복하다가 겨우 찾아냈다. 두 사람은 큰길에서 내려 찾아보기로 하고, 나는 멀리 돌아가는 찻길로 가기로 했다. 안진홍 선생님과 정일섭 교수는 따뜻한 봄 햇살을 받으면서 들길을 걸어 찾아왔고, 나도 차를 타고 접근하는 길을 찾아내 홍군교에서 만났다.

홍군교는 동네 사람 아니면 설명하는 게 쉽지 않은 곳에 있었다. 난간도 없는 작은 나무 다리였다. 다리 아래로 맑은 물이 흘렀다. 폭 1미터, 길이 70미터가량의 다리는 두 사람이 마주치면 조심스레 비켜주어야 했다. 다리 한쪽에 홍군교의 연원을 설명한 표지가 있었다. 1934년

답사 여행에서 자주 마주치게 되는 홍군교. 대부분의 다리는 단순히 홍군 대오가 통과한 것이지만, 리핑의 홍군교는 주민들이 홍군을 위해 급하게 놓아준 다리이기에 깊은 인상을 준다. 대장정은 홍군이 국부군의 추격에 쫓겨 도주하는 행군이었지만, 인민들에게 공산당과 홍군을 널리 홍보하는 효과를 톡톡히 누렸다.

12월 국민당 군대가 접근해오는 홍군을 저지하려고 다리를 끊어버렸다. 홍군이 차가운 개천 물을 건너려고 하자, 인근 주민들이 널빤지와 각목 등을 가져다 밤새 다리를 만들어주었다고 한다. 그 덕분에 홍군은 겨울의 추운 강물에 뛰어들지 않아도 되었다. 이때부터 마을 사람들은 이 허름한 다리를 홍군교라고 불렀다.

한 젊은 농부가 다리 아래 강물에서 밭에서 거둔 무를 씻고 있었는데 특이하게도 빨간 무였다. 가볍게 인사를 건네고는 무 몇 개를 사서 날로 먹어보니 상큼한 맛이 그만이었다. 하나씩 더 먹으라고 건네는 농부의 손길에서 넉넉한 농부의 마음이 느껴졌다.

이때 정일섭 교수가 말을 꺼냈다. 무 하나 더 건네는 이 농부의 마음과 다리를 놓아주던 당시 농민의 마음이 같을 것이라고. 힘겨운 삶을 살면서도 다른 사람에게 작은 마음을 베푸는 것이 그때나 지금이나 같다는 것이다. 답사 여행을 전부 마치고 뒤풀이를 하는 자리에서도 정 교수는 리핑의 홍군교가 가장 인상 깊었다고 말했다. 홍군교를 찾아 논둑을 걸어갈 때 맡았던 시골의 냄새도 그랬고, 세상이 바뀌기를 바라는 마음으로 홍군에게 자발적으로 협조한 농부의 마음도 그대로 느껴지더라는 것이다. 소수인 홍군이 다수인 국부군을 막아낸 동력이 바로 그것이 아니겠냐고 했다.

정 교수가 느낀 대로 홍군은 국부군에 비해 규율이 잘 잡혀 있었다. 소비에트를 구축할 때나 대장정 행군을 할 때나 지역 주민들에게 폐를 끼치지 않으려 했고, 그런 마음 때문에 오히려 인심을 얻었다. 볼품없는 홍군교지만 인민과 홍군의 정치적, 군사적 이해관계뿐 아니라 정서적 교감이 담겨 있기에 더없이 귀하게 다가왔다. 리핑회의 기념관 같은 거대한 건축물은 승자의 오만이 묻어 나오지만, 소박한 홍군교는 백성과 전사의 교감이 담겨 있기에 감동을 주는 것 같다.

그에 비하면 강제로 징집된 국민당 군대는 많이 달랐다. 촌락별로 징집 인원이 할당되었고, 도주할까 봐 밧줄로 묶어 끌고 가기도 했다. 군대에 입대하는 것이 아니라 범죄자를 압송하는 풍경이었다. 장교와 일반 사병의 차별이 심했고 일상적으로 구타를 당했다. 이렇게 몸에 밴 폭력성 때문일까, 국민당 군대가 진주하면 하급 병졸까지 주민에게 행패를 부리곤 했으니, 이것이 홍군교는 있어도 국민교는 없는 이유다. 🪨

자오싱의 둥족과
카이리의 먀오족

퉁다오나 리핑 등 후난, 광시, 구이저우가 서로 인접하는 지역에는 소수민족 둥족이 살고 있다. 둥족은 인구 300만 명 정도로, 중국 55개 소수민족 가운데 인구수가 11위이지만, 전통문화는 국가대표급에 속한다. 풍우교風雨橋나 고루鼓樓와 같이 처마가 촘촘한 둥족의 전통 건축, 수십 명이 반주나 지휘자 없이 독특한 발성과 화음으로 부르는 둥족의 대가大歌는 이 지역을 처음 여행하는 동반자들을 위해서라도 그냥 넘어갈 수 없다.

소수민족 마을의 향기와 야경

홍군은 리핑에서 쭌이로 갈 때 서북 방향으로 험한 산지를 직선으로 통과했다. 우리는 리핑 80킬로미터 남쪽의 자오싱肇興에서 둥족 마을을 둘러보고, 새로 개통한 고속도로를 타고 서쪽으로 크게 돌아 카이리凱里

둥족 마을의 고즈넉한 아침 풍경. 둥족의 전통 건축은 촘촘한 처마가 색다르다(위).
자오싱 둥족 마을의 광장에서 여행객을 위해 둥족의 전통적인 합창인 대가를 들려준다. 둥족 언어로 부르기
때문에 중국인도 제대로 알아듣지 못한다(아래).

인근의 먀오족苗族까지 돌아본 뒤 쭌이로 가기로 했다.

자오싱의 둥자이侗寨는 사방이 산으로 둘러싸인 분지 안에 고즈넉이 자리 잡은 대표적인 둥족 마을이다. 마을 외곽의 버스 터미널에 내려서 전용 전동카트를 타고 들어가야 한다.

마을 입구에서부터 둥족 특유의 멋지고 화려한 풍우교가 외지인들을 맞아주었다. 마을 안으로 들어서자 둥족의 진한 향기가 온몸을 적셔왔다. 이 마을은 원래 육씨陸氏 집성촌으로 5개 구역으로 나뉘어 있고, 구역마다 고루가 화려하면서도 날렵한 자태를 뽐냈다. 실개천 위에도 작은 풍우교가 걸려 있고, 마을 곳곳의 고루는 주민들이 모여 담소와 간식을 즐기는 사랑방 역할을 했다. 밤이 되자 조명이 더없이 아름다웠다. 황색 기운이 도는 나트륨 조명등이 촘촘한 처마를 비추니 환상의 전설 속으로 들어온 느낌이었다.

다음 날 자오싱을 출발하여 카이리 인근의 시장첸후西江千戶 먀오족 마을로 향했다. 시장첸후까지는 일반도로를 이용하면 240킬로미터이고, 새로 개통한 고속도로로는 340킬로미터나 돌아가야 하지만 훨씬 빠르다.

시장첸후 먀오족 마을에 사는 주민은 9000여 명으로, 먀오족이 모여 사는 마을로는 가장 크다. 산기슭에 따로 따로 생긴 작은 마을들이 커지면서 큰 마을을 이루게 되었다. 낮에는 골목마다 먀오족 향기가 진하게 풍겨 나오고, 밤이면 독특한 야경이 멋진 곳이다. 집집마다 2층 처마 밑에 백열등을 하나씩 켜두어, 멀리서 보면 거대한 부챗살을 펼친 듯 아름답다. 관광지나 대도시에서 흔히 보는 경관 조명과는 아주 다르다. 산등성이 높은 객잔의 평상에 앉아 야경을 내려다보면서 닭백숙 비슷

시장첸후의 야경. 중국의 시골 마을 가운데 가장 특색 있고 아름다운 야경으로 꼽을 만하다.

한 훠궈에 향기가 진한 백주 한 잔을 곁들이니 신선놀음이 따로 없었다.

시장첸후는 먀오족 문화의 살아 있는 박물관이다. 먀오족의 문화와 역사와 전통생활을 보여주는 박물관도 있다. 중국에 사는 먀오족의 인구는 900만 명으로 쫭족, 만족滿族에 이어 세 번째로 인구가 많은 소수민족이다. 치우천왕蚩尤天王의 후예라는 이야기도 있지만 이것은 중원의 역사 기록이나 먀오족의 전설에 비추어보면 억지로 꿰어맞춘 것 같다. 오히려 당나라에 끌려간 고구려 유민이 남하하여 현지인과 결합하면서 형성된 저항적인 민족이라는 주장이 훨씬 설득력 있다(김인희, 《1300년 디아스포라 고구려 유민》, 푸른역사, 2011). 조선시대 후기부터 압록강과 두만강을 건너간 조선인들을 중국에 심어진 모세관이라 한다면 먀오족은 고구려 시대에 미리 갈래를 쳐둔 우리 역사의 머나먼 신경세포 인지도 모른다.

쌍창병을 뚫고 우강을 건너다

중앙홍군은 리핑을 떠나 신속하게 쭌이를 향해 서북쪽으로 진군하여 1935년 1월 1일 우강烏江 남안의 웡안현甕安縣을 점령했다. 선발대를 파견해서 쭌이로 가기 위해 우강을 건널 준비를 하는 동안 본대는 잠시 휴식을 취했다. 이때 보구와 오토 브라운이 홍군 지휘부가 있는 허우창진猴場鎭으로 와서 저우언라이에게 강을 건너지 말고 강변을 따라 북상하여 후난성 서부로 갈 것을 또다시 요구했다. 우강의 양안이 절벽처럼 가파르고 강물의 유속이 빨라 적의 공격을 받으면 큰일이라는 것이 이유였다. 그러면서 셋이서 합의하면 3인단 회의가 되므로 바로 당의 결정이 된다고 주장했다.

그러나 저우언라이는 3인단이 리핑에서 결의한 내용을 번복할 권한이 없다며 거절했다. 저우언라이는 보구의 요구를 거절하면서도 당내 정치국 성원들 사이의 이견을 해소하기 위해 다시 정치국 회의를 소집했다. 이것을 허우창회의라고 한다.

회의에서 보구의 요구는 다수의 의견에 묻혀버렸다. 상강을 건널 때에는 장제스 군대가 먼저 포위망을 구축해 조여오는 틈새를 뚫어야 했기 때문에 손실이 컸지만 지금은 추격군이 3일 거리 뒤에 있어 상황이 다르다는 것이었다. 우강을 따라 북상하는 것은 장제스가 쳐놓은 함정에 제 발로 걸어 들어가는 꼴이라고 반박했다. 허우창회의는 리핑회의의 결의를 재확인하면서 보구와 오토 브라운이 3인단의 이름으로 휘둘러오던 군사 지휘권을 무력화했다.

우강은 지형이 워낙 험한 탓에 중앙홍군이 도강 지점을 확보하기가 어려웠다. 그러나 쌍창병이라고 불리던 구이저우군은 해가 진 후에 초소 안에서 아편에 취해 있다가 대나무 뗏목을 타고 건너온 특공대에게 맥없이 생포되었다. 우강 북안의 초소를 점령한 홍군은 부교를 만들어 성공적으로 도강했고, 1월 4일 중앙종대까지 도강을 완료했다.

우리는 시장첸후 먀오족 마을에서 나와 쭌이로 가기 전에 구이양으로 들어갔다. 최치영 님과 정일섭 교수가 귀국하고 엄문희 님과 일곱 살 아들 동섭 군 그리고 교육계 출신인 김영준 님이 새로 합류할 예정이었다.

최치영 님이 귀국하기 전날 일행을 위해 미식가답게 구이양의 고급 식당에서 만찬을 베풀어주었다. 그동안 소수민족을 포함해 산간 마을들을 지나오면서 다소 거친 식사를 했던 탓에 더욱 고급스럽게 느껴지는 만찬이었다. 최치영 님은 음식을 가리지 않고 취향이 다양한 데다 값싸고 낯선 음식도 꺼리는 법이 없었다. 어떤 음식도 맛있게 먹었으며, 끼니마다 가지로 만든 요리를 하나씩 먹어보자는 재미있는 제안을 하기도 했다. 나도 기꺼이 호응하여 가지 요리를 하나씩 주문했는데, 같은 가지라도 식당마다 요리법이 달라서 다들 즐거워했다. 여행지에서 먹는 음식은 하루 세 끼 이상의 의미를 가진다. 낯선 체험이고 그곳 사람들의 삶을 직접 공감할 수 있는 기회이기 때문이다. 이런 면에서 답사 주제인 대장정과는 전혀 무관할 것 같은 미식가가 동반해준 것도 일행에게는 행운이었다.

구이양에서 고속도로를 타고 쭌이로 향했다. 중간쯤 지날 때 큰 다리가 하나 나왔는데 홍군이 건넌 지점은 아니었지만 우강이었다.

새로운 혁명 근거지, 쭌이

홍군이 우강을 건너자 우강 북쪽의 쭌이에서는 일대 혼란이 일어났다. 구이저우군 부군단장인 허우즈단侯之担은 우강 봉쇄선이 뚫렸다는 소식을 듣자마자 금은보화를 챙겨서 군대를 끌고 충칭으로 도주해버렸다. 장제스는 구이저우군의 허약한 대처에 격노했다. 허우즈단을 구금하고 그의 군대는 중앙군에 흡수해버렸다. 장제스에게 홍군 토벌전은 홍군 토벌이건 군벌 흡수건 어쨌든 남는 장사였다.

우강을 건넌 홍군은 쭌이 인근까지 파죽지세였다. 이제 후난과 가까운 구이저우 제2의 도시 쭌이를 공략할 단계에 이르렀다. 홍군은 쭌이에 명승고적이 많은 점을 고려하여 강공을 펴기보다는 속임수를 쓰기로 했다. 먼저 쭌이를 방어하기 위해 성 밖에 주둔하고 있는 부대를 야간에 습격했다. 대대장을 포함해 십수 명의 지휘부 장졸들은 마작을 하며 시간을 보내고 있다가 쥐도 새도 모르게 들이닥친 홍군에게 사로잡혔다. 홍군은 이들에게 홍군의 포로 정책부터 설명했다. 홍군은 국부군 포로를 잡으면 공산당 이념에 대해 가르치고 나서, 귀향을 원하면 여비를 주어 돌려보내고 홍군으로 전향하는 자들은 그대로 받아주었다. 부대장은 홍군의 선전과 사상교육에 감화되어 부대원들에게도 홍군에게 협력하도록 했다.

구이저우군에게서 탈취한 복장으로 위장한 1개 대대 병사들이 포로 15명과 함께 쭌이의 성벽으로 접근했다. 밤 11시경 포로들이 다급하게 성문을 두드렸다. 그들이 관등성명을 대며 홍군에 포위되었다가 겨우 탈출해왔다고 말하자 수비군은 의심하지 않고 성문을 열어주었다. 홍군이 무사히 진입한 다음 돌연 총칼을 들이대자 수비군들은 그대로 얼어붙었다. 순식간에 성문을 점령한 홍군은 전선을 절단해 성내의 전등을 모두 꺼버렸다. 곧이어 홍군 본대가 들이닥치자 쭌이는 끓는 솥을 엎지른 듯한 혼란에 빠져들었다. 홍군은 우왕좌왕하는 구이저우군들을 포로로 잡아들였다.

홍군은 피 한 방울 흘리지 않고 쭌이를 점령했다. 병력과 무기가 아닌 정신력에서, 마작 노름을 하며 시간을 죽이던 구이저우군과 혁명을 위해 목숨을 바친 홍군은 상대가 되지 않았다. 병력이 비슷한 수준의 일대일 전투에서는 거의 매번 이런 식이었다. 규율과 사기 같은 정신적인 무장이 얼마나 중요한지를 보여준다.

1935년 1월 8일 쭌이는 홍군의 수중에 들어갔고, 구이저우군 군단장 왕자례는 쭌이 북쪽 30킬로미터의 러우산관婁山關으로 도주했다. 러우산관을 국부군이 장악하고 있는 한, 쭌이의 안전을 확보하기 어렵다고 판단한 홍군은 계속해서 러우산관으로 치달았다. 러우산관은 해발 1400미터의 가파른 산으로 구이저우에서 쓰촨과 충칭으로 가는 중요한 길목이었다. 홍군은 세 시간의 격전 끝에 러우산관을 함락시키고 20킬로미터를 더 북진했다. 이로써 홍군은 쭌이의 북쪽 대문까지 완전히 걸어 잠금으로써 안온한 거처를 확보했다.

우리는 22일째에 쭌이에 도착했다. 쭌이회의가 열렸던 곳과 인근의 혁명 유지들을 돌아보았다. 홍군의 자취가 쭌이시의 중심지를 화려하고 당당하게 장식하고 있었다.

1935년 1월 8일 중앙홍군은 쭌이의 지하당 책임자가 지휘하는 군중의 환영을 받으며 입성했다. 1월 9일에는 공산당 중앙과 군사위원회 종대가 군중 만여 명의 환영 속에 남문으로 입성했다. 지도부는 왕자례 등 구이저우군 군벌 장군들이 중서합벽中西合璧 양식으로 호화롭게 지은 공관들을 접수하여 지도부 사무실과 거처로 사용했다. 1월 12일에는 만인대회라는 군중집회를 열고 쭌이 혁명위원회 구성을 선포했다.

쭌이 혁명위원회 선포와 함께 쭌이를 혁명 근거지로 개조하기 시작했다. 지주와 관리들의 재산을 몰수해 토지는 빈농들에게 나누어주고, 기타 재산은 공화국 국고로 귀속시켰다. 공산당 선전활동에 열을 올리는 한편, 지원자들을 홍군 전사로 받아들였다. 국가은행이 문을 열어 공산당 화폐를 유통시키고, 주민들이 필요로 하는 물품을 풀기도 하고 홍군에게 필요한 물품을 사들이기도 했다. 대장정은 단순히 군대가 이동한 것이 아니라 중화소비에트공화국 중앙정부가 함께 이동한 사건임을 보여주는 장면이다.

쭌이에서 부활한
마오쩌둥

쭌이를 점령한 중국 공산당은 정치국 확대 회의를 소집했다. 쭌이회의는 퉁다오회의와 리핑회의 그리고 허우창회의의 연장선으로, 마오쩌둥 부활의 결정판이다. 1935년 1월 15일, 위두에서 시작한 장정이 91일째였고, 보구가 25세의 나이로 중국 공산당의 최고 책임자(정치국 상임위원 또는 정치국 총부책)가 된 지 3년 4개월이 지난 시점이었다. 회의는 2박 3일 동안 이어졌다.

정치국 확대 회의의 뜨거운 논쟁

회의 장소는 쭌이시 중심의 인쯔로尹子路에 있는 2층 대저택이었다. 며칠 전까지만 해도 구이저우의 국부군 제25군 2사단장의 사저였으나, 홍군이 사령부 용도로 접수했다.

중국 공산당과 홍군 수뇌부가 전부 모였다. 당과 정부에서 중국 공산

쭌이회의 참석자 20명. 상단 왼쪽부터 마오쩌둥, 장원톈, 저우언라이, 왕자샹, 류사오치, 류보청, 리푸춘, 중간 왼쪽부터 린뱌오, 녜룽전, 펑더화이, 주더, 천윈, 보구, 덩파, 하단 왼쪽부터 허커취안, 양상쿤, 리줘란, 덩샤오핑, 리더, 우슈취안(통역).

당 최고 책임자 보구, 중앙정부 집행위원회 주석 마오쩌둥, 인민위원회 주석 장원톈, 전국총공회(노총) 위원장 류샤오치, 전국총공회 서기 천윈, 정치보위국장 덩파鄧發, 청년단 중앙서기 카이펑凱豊이 참석했다. 홍군에서는 홍군 총사령관 주더, 군사위 부주석 겸 홍군 총정치위원 저우언라이, 군사위 부주석 왕자샹, 총참모장 류보청劉伯承, 제1군단장 린뱌오와 정치위원 녜룽전聶榮臻, 제3군단장 펑더화이와 정치위원 양상쿤, 제5군단 정치위원 리줘란李卓然과 총정치부 대리주임 리푸춘李富春이 참석했다. 군사고문 오토 브라운은 표결권 없이 통역과 함께 참석했다. 그리고 정부기관지인 《홍성紅星》의 편집주간 덩샤오핑이 회의 기록자로 참석했다. 모두 20명이었다.

퉁다오나 리핑에서 열린 정치국 회의에 비해 홍군 지휘부의 참석자가 늘어났다. 보구가 먼저 당의 총수로서 그동안의 경과 등을 보고했다. 보구는 당 중앙이 코민테른의 영도 아래 올바른 정치노선을 견지하여 적지 않은 성공을 거두었으나 최근의 5차 반토벌전과 샹강 전투는 적의 50만 병력 대 홍군 8만 병력이라는 현격한 전력의 차이와, 소비에트 지역의 경제력 열세로 인해 실패했다고 설명했다. 제3자가 설명했다면 객관적 분석으로 들릴 수 있었겠지만, 최고 책임자가 말하면 변명으로 들릴 수 있는 내용이었다.

그다음으로 저우언라이가 보고를 하면서 본격적인 논쟁이 시작되었다. 저우언라이는, 1930년 12월부터 네 차례에 걸친 장제스의 홍군 토벌전에 대항해서는 병력과 무기와 경제력이 열세임에도 불구하고 승리했지만 5차 토벌전과 샹강 전투에서 참패한 것은 지휘부 3인단의 중대한 착오 때문이라며 자폭과 다름없는 발언을 쏟아냈다. 적군을 끌어들여 분산시킨 다음 아군의 전력을 집중해서 각개격파하던 기존의 유격전 전술을 버리고, 진지전으로 정면대결을 벌여 소모적인 전투를 했다는 것이다. 보구와 오토 브라운의 지휘 결정이 잘못되었고, 자신은 그 잘못된 지휘를 그대로 집행한 책임이 있다고 하면서 마오쩌둥에게 홍군의 지휘를 맡기자고 제안했다.

바로 반대 의견이 나왔다. 모스크바 유학생 출신으로 보구의 지지자인 카이펑이었다. 그는 마오쩌둥의 유격전은 러시아 혁명의 귀중한 가르침을 모르고 《삼국지연의》와 《손자병법》에서 배운 것을 응용한 낡은 전술이라고 깎아내렸다. 그러자 이번에는 카이펑을 반박하는 의견이 꼬리를 물었다. 마오쩌둥의 전술이 구체적으로 어떤 면에서 잘못되었

대장정 행군 중에 의견을 나누는 마오 쩌둥과 장원톈을 묘사한 그림. 쭌이의 기념관에 전시되어 있다.

는지를 따져 물었고, 심지어 《손자병법》이 몇 장 몇 절로 되어 있는지는 아느냐는 면박까지 나왔다. 카이펑은 제대로 답변하지 못하고 시간을 끌었다. 침묵이 이어졌다.

이때 '붉은 교수'라는 별명을 가진 학자풍의 장원톈이 일어났다. 장원톈은 홍군의 전략에 대한 분석과 평가를 1만 자 분량(200자 원고지 150장 정도)의 메모로 준비해왔다. 그는 장장 두 시간 동안 조목조목 분석하고 날카롭게 비판했다. 보구와 오토 브라운을 그야말로 잘근잘근 씹었다. 요즘말로 하면 끝장토론이라고나 할까.

장원톈이 발언을 끝내자 여전히 들것 신세를 지고 있던 왕자샹이 몸을 일으키더니 3인단 지휘부를 몰아붙였다. 보구와 오토 브라운을 지휘부에서 하차시키고 마오쩌둥에게 홍군의 지휘권을 맡기자는 것이었다. 왕자샹과 장원톈은 모두 모스크바 유학파 출신으로 마오쩌둥과 개인적인 친분이 없었고 대장정 이전에는 왕밍 노선 지지자였기에, 보구에게는 더더욱 뼈아픈 비판이었다. 뜨거운 논쟁이 계속 이어져 회의는 새벽 2시에야 끝났다.

다음 날 다시 회의가 속개되었다. 이번에는 마오쩌둥이 발언했다. 마오쩌둥은 저우언라이의 책임 있는 자세를 높이 평가하면서 군사적인 측면에서 오토 브라운을 집중적으로 비판했다. 지휘자는 마땅히 조사 연구를 해야 하는데 주관적 추측에 의존하고, 지피지기해야 하는데 적도 모르고 홍군도 제대로 모르니 어떻게 이기겠느냐고 비판했다. 또한 부정확한 지도 위에 직선으로 작전 노선을 그어놓고는 전사들에게 잠자고 밥 먹을 시간도 주지 않고 임무를 완수하라는 명령을 내리기 일쑤였다고 비난했다.

마오쩌둥과 저우언라이가 세운 새로운 지휘부

마오쩌둥은 또 한 가지 중요한 문제를 제기했다. 중국 공산당이 몇 년 동안 지속된 무장투쟁 속에서 군사 지휘 역량을 갖춘 간부를 많이 배출했음에도 중국 사정을 모르는 외국인에게 지휘권을 맡긴 것은 중대한 실책이었다고 주장했다. 이는 코민테른을 비난하는 것과 다름없었다.

다시 왕자샹의 까칠한 발언이 이어지고, 다른 참석자들도 마오쩌둥과 같은 의견을 내놓았다. 오토 브라운은 집중적으로 비판을 받았지만 반박하지 않고 담배만 피워댔다.

쭌이회의는 장시간 토론과 논쟁 끝에 네 가지를 결의했다. 첫째, 마오쩌둥을 정치국 위원에서 상임위원으로 신분을 변경하고, 왕자샹을 정치국 후보위원으로 삼는다. 둘째, 장원톈이 회의 결의문을 작성한 뒤 정치국 상임위원의 심사를 거쳐 예하 부서와 홍군에게 보내 각급 지휘관을 교육한다. 셋째, 정치국 상임위원의 업무를 새로 분장하되, 마오쩌둥을 군사 지휘권을 행사하는 저우언라이의 조력자로 삼는다. 끝으로 3인단에게 지휘권을 일임한 것을 취소하고, 최고사령관 주더와 당의 위임을 받은 저우언라이가 홍군에 대한 최고 지휘권을 행사한다.

이 네 가지 결정은 보구, 오토 브라운, 카이펑 세 사람만이 반대했을 뿐 나머지 참석자들의 지지를 받으며 통과되었다. 기존 3인단이라는 당 중앙을 해체하되 그 가운데 저우언라이를 존속시킴으로써 리더십의 연속성을 유지하고, 마오쩌둥을 지휘선으로 끌어올려 저우언라이의 조력자로 규정함으로써 정치적으로는 유화적인 안배를 한 것이다. 이 같은 지도부 구성은 그동안 지속되어온 코민테른의 지배에서 벗어나는 획기적인 조치였다. 만일 코민테른과의 무선통신이 끊어지지 않았다면 쭌이회의가 어떤 방향으로 흘러갔을지 알 수 없다. 소련과 코민테른은 여전히 중국 공산당의 주요 자금줄이자 상급기관이었기 때문이다.

쭌이회의가 끝나갈 무렵 류보청이 중요한 의제를 추가로 제기했다. 구이저우는 전반적으로 농업 생산성이 낮아 혁명 근거지로 일으켜세우기에는 한계가 있고, 쭌이는 북으로 창강, 남으로 우강이 막고 있어 국부군의 포위 공격에 취약하니 쓰촨성으로 북진하여 제4방면군과 합치자는 주장이었다. 쓰촨성 지역에는 청두 평원이 있어 농업 생산성이 높기 때문에 대규모 군대를 유지할 수 있고, 정치적으로도 장제스의 국민당과 쓰촨의 군벌 세력이 충분히 통합되지 않은 탓에 홍군이 비집고 들어갈 틈이 있다고 했다. 마오쩌둥이 그의 의견에 공감하자 다른 사람들도 동의했다. 이로써 후난성에 있던 제2방면군을 통합해 후난성 서부에 혁명 근거지를 세운다는 대장정의 목표는 쓰촨성에 있던 장궈타오의 제4방면군과 합쳐 쓰촨성 서부에 혁명 근거지를 세우는 것으로 바뀌었다.

마오쩌둥을 왕따 신세에서 홍군 지휘부로 부활시킨 쭌이는 오늘날 어떤 모습일까. 앞서 가보았던 쭌이회의 회지는 중서합벽 양식으로 지은 멋진 이층 건물로 당시에는 호화로운 집이었다. 원래는 구이저우군 사단장의 사저였으나 홍군 총사령부가 접수했다. 인근에는 국가은행 유지, 홍군 총정치부 구지 등 대장정 유적지가 많았다. 그런데도 쭌이회의 전시관을 새로 짓고 있었다. 마오쩌둥에게는 쭌이가 아주 중요한 전환점이었고, '쭌이회의 회지'라는 편액도 직접 썼을 만큼 애착과 자부심이 깊었다는 점을 감안하면 이해할 만도 했다.

나에게는 국가은행 유지가 가장 인상적이었다. 대장정은 단순히 공산당 또는 홍군이라는 무장집단의 군사작전이 아니었다. 대장정은 중국 공산당과 공산당이 세운 정부가 공산당 군대의 호위를 받으며 이전한 것이었다. 공산혁명이란 무장투쟁만으로 성공할 수 있는 것이 아니다. 인민의 밥그릇 문제를 어떻게 해결하느냐에서 출발하여 어떻게 밥그릇을 안정적으로 확보하느냐로 귀결되는 과정이다. 이 밥그릇을 보호하기 위해 홍군도 필요했던 것이다. 이런 물질적 토대를 잘 보여주는 것이 국가은행이다.

중국 공산당은 1927년 상하이 쿠데타 이후 무장투쟁을 벌이면서 곳곳에서 해방구, 즉 소비에트를 만들었다. 그것은 홍군의 배후지이자 근거지였지만 독립적인 경제 단위이기도 했다. 1931년 11월 중화소비에

쭌이회의 회지. 쭌이회의는 마오쩌둥의 부활이자 중국 공산당이 코민테른으로부터 독자적으로 성장해가는 시원이 되었다.

트공화국 임시정부를 선포하면서 그 조치의 하나로 국가은행의 설치가 포함되었고, 설립 준비는 마오쩌둥의 친동생인 마오쩌민이 맡았다.

1932년에 국가은행이 창설되었다. 창설에 동원된 인원은 고작 5명이었고 그들의 경험이래야 은행 창구에서 입출금 업무를 본 것이 고작이었다. 은행 경력이라지만 금융 업무가 아닌 육체노동을 했던 사람도 있었고, 지폐 발행은 구경조차 못한 이들이었다. 은행 설립은 화폐 발행을 위한 대규모 자금이 필수적인데, 이 또한 빈손으로 시작했다. 이들은 하나하나 배우고 연구하면서 소비에트 경제의 동맥으로 자리를 잡아갔다. 국가은행의 인력과 자금과 지식은 영국이나 미국에 비하면 보잘것 없었겠지만 성공적이었다. 루이진이나 옌안에서뿐만이 아니라 대장정이라는 아주 어려운 상황에서도 이들은 국가은행 역할을 수행해냈다.

쭌이 국가은행 구지에 전시된 홍색 화폐들. 마오쩌민의 국가은행은 지폐 제조조차 스스로 방법을 찾아내야 했다. 초기에는 인쇄술이 조악한 탓에 국민당 쪽에서 위폐를 찍어 유통시키기도 했다.

쭌이에서도 그랬다.

국가은행은 장정 이후 3개월 만에 쭌이에서 다시 문을 열었다. 공산 당이 발행하는 홍색 화폐로 식량을 비롯한 각종 군수물자를 구매하는 동시에, 공매소를 통해 소금을 판매하되 홍색 화폐만 받게 했다. 이 단 순한 유통구조를 통해 짧은 시간 안에 쭌이의 시장경제가 돌아가게끔 했다. 공산당이 발행하는 화폐가 신용을 얻고 유통되는 것은 공산당과 군중의 관계에서 볼 때 큰 의미가 있었다. 군대의 존재는 총이라는 강 제력으로 지지를 강요하지만, 화폐가 군중의 신용을 얻으면 일상의 경 제생활 속에서 더욱 광범위한 신뢰를 얻게 된다. 이를 통해 중국 공산 당은 인민의 자발적인 지지를 이끌어냈다. 인민의 자발적인 지지는 기 부금의 출연이나 홍군 자원 입대 같은 한 단계 더 높은 지지를 포함해

국가은행 구지의 마당에 설치된 재정인민위원 린보취와 국가은행장 마오쩌민의 동상.

서 국가체제를 공고하게 했다. 결국 혁명은 밥그릇에서 시작해 밥그릇
으로 귀결되는 것이 아니겠는가.

　쭌이의 국가은행 구지는 쭌이회의 회지 뒤편에 남아 있다. 인민위원
회의 재정 인민위원(재무부장관) 린보취林伯渠와 국가은행장이었던 마오
쩌민이 담화를 나누는 모습의 동상이 마당에 있었다. 그 외의 전시물은
당시 사무실을 재현한 책상과 의자, 구식 주판과 붓, 각 지역에서 발행
한 홍색 화폐 정도다. 이처럼 소박한 소비에트의 국가은행은 장제스의
쟁쟁한 금융가 인맥이나 상하이 와이탄의 화려한 은행 건물들과는 대
조적이다. 그러나 중요한 점은 규모나 세련됨의 차이가 아니라 국가가
은행을 통해 무엇을 했느냐는 것이다. 이 점은 마오쩌둥의 성공과 장제
스의 실패라는 결과에서 극명하게 드러난다.

장제스의 은행이란, 겉만 번지르르하고 속은 장제스를 비롯한 쿵샹시孔祥熙(장제스의 손위 동서), 쑹쯔원宋子文(장제스의 처남), 천궈푸陳果夫, 천리푸陳立夫 등 이른바 중화민국 4대 가문이 중국 전체의 부를 빨아먹는 도구였다. 심지어 미국의 원조자금까지 은행에 넣어두었다가 마음대로 빼돌렸고, 빼돌린 돈은 은행의 채무로 남겨둠으로써 국민 전체에게 떠넘겼다. 훗날 트루먼 미국 대통령이 육두문자를 써가면서, 중화민국에 제공한 전시지원금 38억 달러 가운데 7억 5000만 달러를 장제스와 그 일가가 횡령했다고 폭로할 정도였다.

이에 비해 공산당의 국가은행은 통치 지역 내의 경제와 재정을 운용하는 작은 도구에 지나지 않았다. 이처럼 '인민을 위한 은행'과 '4대 가문의 치부용 은행'은 큰 차이가 있었다. 은행과 금융을 통해 국민의 재산을 착취한 장제스의 은행 시스템과, 소박하고 어설프지만 자급경제를 뒷받침한 홍색 은행의 차이가 곧 장제스와 마오쩌둥의 성패를 갈랐다고 할 수 있다. 전쟁은 눈에 보이고 발등에 떨어진 문제라 명쾌하게 보이지만 경제, 특히 은행과 금융이 문제가 되면 소리 없는 해일이고 외상 없는 당뇨병처럼 국가 전체를 병들게 한다. 장제스의 중화민국 은행들의 문제는 중국이 낙후해서 일어난 일이 결코 아니다. 오늘날에도 월스트리트는 초고도 비만 환자가 된 반면, 서민들은 더욱 빈곤에 빠지는 현상이 반복되고 있지 않은가. 오죽하면 '월스트리트를 점령하라'는 시민운동이 벌어지겠는가. 전시에는 총이고 평시에는 돈이다. 이것을 어떻게 관리하고 제도화하느냐가 국가 운영의 핵심이다. 쭌이에 남아 있는 국가은행의 흔적을 보면서 국가가 무엇인지, 금융이 무엇인지를 새삼스럽게 생각해보았다.

쭌이 시 중심 홍군가에 있는 대전절 호텔. 호텔 이름치고는 조금 어색했으나 대장정 답사 여행의 숙소로는 나름대로 의미가 있었다.

이름 없는 홍군 무덤에도 사연이

오늘날 쭌이는 도시 전체를 쭌이회의라는 혁명 역사로 포장한 느낌이다. 곳곳이 혁명과 마오쩌둥으로 장식되어 있다. 쭌이회의가 중국 공산혁명에서 마오쩌둥을 부동의 권력자로 부활시킨 일대 전환점이 되었다는 뜻의 '전절轉折'이란 구호도 흔히 볼 수 있었다. 심지어 시내 한복판에 있는 4성급 호텔의 이름까지 대전절大轉折이었다. 우리는 객실 요금이 조금 비싸디라도 의미 있는 이름을 가진 이 호텔에서 하루 묵기로 했다. 차가 다닐 수 없는 홍군가 끝에 있는 3층짜리 고즈넉한 호텔이었다.

대전절 호텔 근처를 흐르는 샹강(우강의 지류로 샹강 전투가 벌어진 곳과는 다르다) 건너에는 쭌이 혁명열사능원이 있었다. 늦은 오후에 산책도 할 겸 걸음을 옮겼다. 시내 중심의 작은 산 중턱에 높은 기념탑이 있는데 여느 열사능원과 다르지 않았다. 그런데 기념탑 근처에 홍군 여전사가 아이를 보살피는 동상이 서 있는 홍군분紅軍墳이 눈에 들어왔다. 그곳에 기록된 사연은 사뭇 감동적이었다.

쭌이에 입성한 홍군 가운데 젊은 위생병이 있었다. 쭌이에 주둔하는 동안 민간인도 치료를 해주었기 때문에 주민들의 평판이 좋았다. 어느 날 밤 위생병이 웨령月嶺이라는 고개 너머 산골 마을에 환자가 있다는 소식을 듣고 왕진을 갔다. 진료가 늦어져 그다음 날 아침에야 귀대해보니 소속 부대는 밤사이 급히 이동해버린 뒤였다. 위생병은 부리나케 부대를 쫓아가다가 국부군에게 붙잡혀 죽임을 당했다. 마을 주민들은 위험을 무릅쓰고 몰래 시신을 수습해 묻어주었다. 위생병의 이름도 몰랐기에 그저 홍군분이라는 조그만 비석을 세워주고는, '샤오훙小紅' 또는 '홍군 보살'이라 부르면서 제사도 지내주었다. 1953년 쭌이에 열사능원이 세워질 때 홍군분을 이곳으로 이장했다. 그리고 여성 홍군 위생병이라고 전해지는 이야기대로 어린아이를 진료하는 여성 전사의 동상을 세웠다.

이야기는 여기서 끝이 아니다. 1965년 중유황鐘有煌이라는 인민해방군 소속 의과대학 학장이 학생들을 인솔하고 이곳에 왔다가 홍군분을 보게 되었다. 중유황은 대장정 당시 제3군단 5사단 13연대 군의관으로 이곳 쭌이를 거쳐갔다. 그는 실종된 위생병이 누군지를 수소문하기 시작했다. 인민해방군과 쭌이 시정부가 보관하고 있는 자료들과 당시 전우들의 기억을 더듬어 홍군분의 주인이 2대대 위생병 룽쓰취안龍思泉이라는 것을 알아냈다. 그는 광시의 바이써白色 출신으로 아버지에게 의술을 배웠고, 1929년 고향의 무장봉기에 참여하면서 홍군에 입대한 남자였다. 그는 1935년 1월 19일 부대가 이동하는 와중에 따로 떨어졌고, 열여덟 살 꽃다운 나이에 적군에게 희생당했던 것이다.

홍군분 앞에는 홍군 여전사가 어린아이에게 약을 먹이는 동상과 무덤의 주인이 누군지를 밝혀내기까지의 이야기가 담담하게 기록된 비석이 함께 서 있다. 홍군이 주민들과 '어수정심魚水情深', 즉 물에 담긴 채 살아가는 물고기처럼 교감했다는, 그래서 민심과 동떨어진 장제스에게 승리할 수 있었음을 보여주는 이야기다.

지긋이 쳐다보던 김영준 님이 영국 BBC 다큐멘터리 한 대목을 이야기했다. 현대 중국의 발전은 결코 마오쩌둥이나 지휘부가 아닌, 오래전부터 국민의 사랑을 받았던 '풀뿌리 중국 공산당 조직'에서 비롯되었다는 것이다. 홍군분의 일화가 바로 BBC가 주목한 현대 중국의 근간이 아니겠느냐는 이야기였다.

그러나 승리는 더 훗날의 일이다. 쭌이회의에서 홍군 지휘권을 부여받아 부활한 마오쩌둥은 과연 장제스에 대항하여 수세에서 회

쭌이 혁명열사능원의 홍군 위생병 동상. 누군가가 동상에 붉은 스카프를 걸어주었다.

복할 수 있을 것인가. 마오쩌둥의 첫 번째 시험대가 열렸으나 쓰촨으로 북상하는 길목의 츠수이赤水에서부터 난관에 부닥쳤다. 츠수이에서는 국부군의 추격과 포위를 뿌리치기 위해 같은 강을 네 번이나 건너는 일대 혼전을 겪었다. 이를 사도적수四渡赤水라고 하는데, 그 혼전의 현장을 찾아갈 차례다. 🐚

5장

질주 1
—
강한 적을
현란하게 속이다

아군조차 어지러운 기만작전, 사도적수

답사 23일째 쭌이를 떠나 구이저우 북부의 시수이習水, 마오타이茅台 등지에서 사도적수의 혼전 현장을 돌아보고, 서쪽으로 이동하여 윈난 성 수도 쿤밍으로 들어갔다가 36일째에 진사강金沙江 도강 지점을 거 쳐, 38일째에 루딩교 전투의 현장을 돌아보았다. 이 구간에서 마오쩌둥 이 지휘권을 잡은 홍군은 빛의 속도로 어지럽게 질주하면서 국부군의 추격을 따돌리게 된다.

빛의 속도로 질주하다

1935년 1월 홍군이 쭌이를 떠날 때 쭌이회의 결의에 따라 마오쩌둥이 홍군의 지휘권을 쥐게 되었다. 국부군이 추격하고 홍군이 도주하는 상 황은 그대로였지만 대장정의 본질에서는 엄청난 변화였다. 무엇보다도 홍군의 전술이 유격전으로 바뀌었다. 마오쩌둥은 유격전 스타일로 현란한 작전을 구사했고, 홍군은 빛의 속도로 어지럽게 질주했다. 홍군은 도주하다가 갑자기 되돌아서서 국부군의 뺨따귀를 기습적으로 갈겨댔고 국부군의 볼때기는 벌겋게 달아올랐다.

하루에 80킬로미터를 뛰기도 했으니, 그것은 목숨을 건 구보였다. 화력과 병력의 열세를 오로지 열정과 몸으로 때웠다고나 할까. 오죽하면 린뱌오가 진사강을 넘어 국부군의 추격을 따돌리고 숨을 돌리자마자 마오쩌둥을 탄핵하려 했겠는가. 홍군의 선두를 많이 맡았던 린뱌오는 실제 필요한 행군 거리보다 1000킬로미터는 더 돌았다면서 마오쩌둥의 작전은 홍군을 혹사시키고 물자를 낭비한 것이라고 강력하게 항변했다.

다시 80년 전의 장정 스토리로 돌아가보자. 1935년 1월 19일 중앙홍군은 쭌이를 떠나 북상하기 시작했다. 쭌이에서 북쪽으로 150~200킬로미터에 창강이 있고, 창강을 건너면 쓰촨성(지금의 행정구역으로는 충칭)이다. 그러나 장제스는 홍군의 의도를 간파하고는 20만 병력을 동원해서 창강 일대에 동서로 봉쇄선을 치는 한편, 창강의 남쪽 지류인 츠수이하赤水河 동서 양쪽에서 홍군을 저지하기 위해 포진하고 있었다.

국부군의 동향을 제대로 파악하지 못한 홍군의 선두는 1월 26일 츠수이현 투청土城에서 국부군과 조우하자 치열한 전투를 벌였다. 홍군은 상당한 손실을 감수하면서 작심한 듯 강공을 펼쳤지만 서서히 밀리는 형국이었다. 투청의 칭강포青杠坡라는 고지를 두고 치열한 전투를 벌일 때에는 군사위원회 직속 부대까지 투입할 정도였다. 심지어 총사령관 주더가 직접 전투를 지휘하면서 전사들을 독려하기까지 했다.

츠수이하는 북쪽으로 흘러가다 창강과 합쳐지는 지류다. 멀리 새로 뚫린 고속도로가 보인다. 홍군은 이 강을 네 번이나 건너는 혼전을 겪어야 했다. 이를 사도적수라고 한다.

그러나 홍군은 생포한 국부군 병사를 심문하면서 애당초 잘못된 정보를 기초로 작전을 세웠다는 것을 알게 되었다. 상대는 쓰촨군 2개 여단이 아니라 4개 여단이었고 3개 여단의 지원군이 곧 전선에 도착한다는 사실이 밝혀졌다. 1월 29일 4000여 명의 사상자가 발생하자, 마오쩌둥은 긴급회의를 소집해 츠수이하를 건너 서쪽으로 철수하기로 결정했다.

1월 29일 홍군은 츠수이하를 서쪽으로 건넜다. 이것이 츠수이를 네 번이나 건넌다는 사도적수四渡赤水의 첫 번째 도강이었다. 츠수이하를 건넌 홍군은 곳곳에서 국부군의 공격을 받았다. 그곳에도 이미 쓰촨군이 기다리고 있었던 것이다. 홍군은 서쪽으로 더 가서 윈난성의 동북 끝자락인 자시扎西(현재의 웨이신현威信縣)까지 들어갔다. 홍군은 2월 9일 자시에서 정치국 회의를 열었다.

첫 번째 안건으로, 장원톈이 쭌이회의의 결의 사항을 문건으로 만든 것을 심사해서 확정하기로 했다. 중국 공산당은 치열한 전투 속에서도 5차 반토벌전과 샹강 전투의 패배에 대한 자기반성을 문서화했던 것이다.

두 번째 안건은 투청 전투에 대한 평가였다. 마오쩌둥이 먼저 정보와 작전의 실패로 인해 투청 전투를 소모전으로 끌어온 과오를 인정했다. 마오쩌둥이 제시한 대로 츠수이허를 다시 건너 쭌이를 공격하기로 결정했다.

마지막으로, 쭌이회의에서 탄핵당한 보구를 대신해서, 중국 공산당 정치국 최고 책임자로 장원톈을 선출했다. 그러나 보구의 정치국 상임위원직은 유지하기로 했다.

회의를 준비하는 과정에서 저우언라이, 장원톈 등은 마오쩌둥이 당의 총수를 맡아야 한다고 주장했으나 마오쩌둥이 반대했다. 자신은 현장에 복귀한 지 얼마 되지 않은 데다 투청 전투에서 상당한 손실이 있었고, 특히 정치국 성원 가운데 자신을 반대하는 사람이 있기 때문이라고 했다. 결정적으로 당시 중국 공산당은 엄연히 코민테른의 중국 지부였고, 중국 공산당 총수의 선출은 코민테른의 비준을 받아야 하기 때문이었다. 코민테른은 지난 몇 년 동안 마오쩌둥을 곱게 보지 않았다. 따라서 나중에 코민테른과 통신이 정상화되었을 때 갈등이 야기될 수도 있었다. 장원톈을 최고 책임자로 선출한 것은, 그가 쭌이회의에서 실질적으로 마오쩌둥을 내세운 주역이었고, 모스크바 유학파로서 코민테른에서도 반대할 이유가 없다는 점을 고려한 결정이었다.

1932년 2월 중순 홍군은 츠수이허를 다시 건널 준비를 했다. 준비 작업으로 일종의 정신교육이 이루어졌다. 중앙혁명군사위원회가 소책자를 제작해서 지휘관들에게 돌리고 마오쩌둥은 각 군단의 지휘관 회의에 참석해 향후의 전략과 전술을 직접 설명하면서 공감대를 만들어갔다. 장정을 출발할 때에는 비밀주의에 경도되어 상당수의 간부가 그때그때 하달되는 명령을 수행했던 것과는 대조적인 모습이었다. 마오쩌둥은 적의 전력이 우세한 상황에서는 유격전이 필요하다고 강조했다. 유리한 시기를 택해 유리한 곳을 차지하고 적군을 한 갈래씩 갈라내어 각개로 격파한다는 것이다. 동으로 가든 서로 가든, 큰길로 가든 소로로 가든, 적을 유인해서 갈라놓고 하나씩 섬멸할 것이니, 어떤 명령이든 잘 따라달라고 당부했다.

1935년 2월 19일과 20일, 중앙홍군은 두 번째로 츠수이허를 건넜다. 26일에는 러우산관을 점령하고, 27일에는 쭌이의 신성을, 28일에는 쭌이의 구성을 연이어 점령했다. 국부군 2개 사단을 섬멸하여 포로 3000여 명을 잡아들였다. 다량의 무기와 탄약 그리고 군수물자를 전리품으로 획득했다. 쭌이대첩이라고 부르는 이 전투에서 중앙홍군은 장정 이후 최대의 승리를 거두었다. 복귀한 마오쩌둥이 첫 번째 전투를 대승으로 장식한 것이었다.

현란한 도주로 장제스를 속이다

홍군은 쭌이를 두 번째 점령하면서 총사령부에 전선을 총괄하는 전적사령부前敵司令部를 설치하고, 주더를 총사령으로 마오쩌둥을 정치위원으로 선출했다. 이제 홍군의 작전 명령서에 주더와 마오쩌둥의 서명이

새로 구성된 3인 소조. 왼쪽부터 마오쩌둥, 저우언라이, 왕자샹.

동시에 들어가게 되었으니, 마오쩌둥의 이름이 문서상으로도 부활한 것
이었다. 마오쩌둥에게 쭌이는 감회가 깊은 곳이었다. 쭌이에서 정치적으
로 회생했고, 쭌이에서 징강산 유격대 시절의 '주마오군朱毛軍'이 정식으
로 작전 명령서상으로도 부활했다. 그래서인지 수많은 대장정 기념관 가
운데 마오쩌둥이 직접 현판을 써준 유일한 곳도 쭌이다.

3월 11일 공산당 정치국은 홍군의 작전권을 마오쩌둥, 저우언라이,
왕자샹으로 구성되는 3인 군사 지휘 소조小組에 위임하기로 결의했다.
군사작전은 정치국 회의에서 다수결로 결정할 사안이 아니라 그때그때
순발력 있게 대처해야 한다는 의미였다. 이로써 대장정 초기까지 중국
공산당의 핵심이던 보구, 오토 브라운, 저우언라이 3인단 체제는 마오
쩌둥, 왕자샹, 저우언라이 3인 소조로 완전히 교체되었다.

홍군이 쭌이를 점령한 후 홍군 대 국부군의 전선은 일시 교착상태에
빠졌다. 장제스는 쭌이를 포위하고 봉쇄선마다 토치카를 구축하기 시
작했다. 마오쩌둥은 기동전으로 속임수를 쓰기로 했다. 츠수이허를 동
에서 서쪽 방향으로 건넜다가 일부 부대를 보내 츠수이허 서안을 휘젓

는 동안, 주력 부대는 다시 동쪽으로 츠수이하를 되건너와 남으로 기수를 돌려 구이양을 공격한 다음 서쪽으로 방향을 바꾸어 윈난으로 가기로 했다.

3월 15일 홍군은 루반창魯班場이라는 거점을 공격하면서 마오타이주로 유명한 마오타이진茅台鎭에 2개의 부교를 설치했다. 그날 밤부터 이튿날 정오까지 중앙홍군은 동에서 서로 츠수이하를 건넜다. 사도적수의 세 번째 도강이었다. 도강 직후에 주력 홍군은 울창한 숲으로 숨고, 1개 연대를 북상시켜 대로를 휘젓고 다니게 했다. 홍군의 이동을 노출시켜 홍군이 곧 창강을 건널 것처럼 속였다.

장제스는 홍군이 북상할 것이라고 오판하여 츠수이하 서쪽, 창강 남쪽에서 홍군을 포위하기 위해 쓰촨과 구이저우 군대는 물론 윈난군까지 총동원했다. 3월 24일 장제스는 부인 쑹메이링末美齡까지 대동하여 충칭에서 구이양으로 날아왔다. 그 시각 마오쩌둥은 네 번째 츠수이하 도강을 위해 부교를 설치하라고 명령했다. 3월 21일, 닷새나 숨어 있던 주력 홍군이 은밀하게 서에서 동으로 츠수이하를 건넌 다음 남쪽 쭌이 방향으로 행군하기 시작했다. 이로 인해 홍군 주력은 남으로 향하고 국부군은 북으로 이동하면서 대로에서 마주치기도 했다. 그러나 홍군은 복장이 똑같지 않았고 국부군 옷을 입은 병사도 적지 않았기 때문에, 국부군은 홍군을 보고서도 방어 임무를 교대하는 아군으로 착각했다. 심지어 홍군 부상병이 국부군 위생병에게 치료를 받기도 했고, 국부군 막사 안으로 들어가 조리 중인 고기를 집어먹는 일까지 있었다.

3월 31일 홍군은 쭌이 성내로 들어가지 않고 쭌이 남쪽의 우강을 건너 곧장 구이양을 향해 치달았다. 그제야 장제스는 홍군이 츠수이하 서쪽에서 북상할 것처럼 먼지만 피우다가, 남쪽으로 질주해 구이양 가까이까지 쳐들어온 것을 알아챘다. 그러나 이미 늦었다. 구이양에는 4개 연대밖에 없었고, 그나마 2개 연대는 성 외곽에 배치돼 있어 자신의 안전마저 위태로웠다. 장제스는 구이양 경찰국장에게 경비사령관 직무를 맡기며 자신과 쑹메이링을 경호하도록 명령했다.

마오쩌둥은 일부 홍군을 구이양 북쪽에 남겨둠으로써 구이양을 공격할 것처럼 위장하고는 주력 부대를 계속 남쪽으로 진군시켰다. 그리고 길거리에 "구이양을 탈취하고 장제스를 사로잡자"는 표어를 써 붙이도록 각급 부대에 명령했다. 이 역시 속임수였다. 4월 5일 장제스는 홍군이 구이양 동남쪽의 공항에 나타났다는 보고를 듣고 기겁할 수밖에 없었다. 놀란 그가 소수 정예의 호위병과 말과 마차를 준비하라고 명령을 내릴 정도였다. 비행장이 점령당할 경우 말을 타고 구이양을 탈출할 생각이었다. 그날 밤 장제스와 쑹메이링은 불안감에 잠을 이루지 못했다.

이런 속임수를 쓴 이유는 윈난 군대를 구이양으로 불러들이기 위해서였다. 윈난의 군벌 룽윈龍雲은 웬만해서는 자신의 군대를 윈난성 밖으로 내보내지 않지만, 장제스가 위기에 처할 경우 윈난 군벌에게 차출 명령을 내릴 것이라고 예상했다. 과연 장제스는 좌불안석이 되어 윈난 군을 출동시키라는 명령을 내렸다. 룽윈은 쑨두孫渡를 지휘관으로 임명하고 윈난 주력 부대를 구이양으로 급파했다. 밤낮없이 달려온 군대를 보고서야 장제스는 가슴을 쓸어내렸다. 장제스는 쑨두에게 3만 위안의 상금과 돼지고기 수천 근, 식량 수만 근을 포상으로 내렸다. 마오쩌둥에게 속아서 포상까지 내린 것이다.

마오쩌둥은 1개 연대를 파견하여 구이양 동쪽 마장麻江에서 일부러

움직임을 노출했다. 그곳은 구이저우에서 장시성으로 가는 길목이었다. 장제스는 구이양 북쪽의 군대는 자신을 속이기 위한 것이었고, 실제로는 홍군이 장시로 돌아가는 것이라고 판단했다. 이번에도 속은 것이다. 그리하여 장제스는 쑨두에게 1개 여단 병력을 끌고 홍군을 뒤쫓도록 했다. 그러나 구이양 동쪽 30킬로미터 지점에서 매복 공격을 당해 쑨두마저 포로가 될 뻔했다. 이때 홍군은 구이양을 남쪽으로 돌아 윈난을 향해 빠른 속도로 서진하기 시작했다.

이렇게 해서 츠수이하에서 북상길이 막힌 홍군은 서쪽의 윈난으로 도주할 수 있었다. 현란한 도주 작전이었다. 장제스는 물론 홍군 전사들조차 어지러웠다. 그러나 성공이었다.

사도적수 현장에서 느끼는 감회

쭌이를 돌아본 다음 날 우리는 사도적수의 현장을 돌아보기 위해 북쪽으로 가는 길에 러우산관을 먼저 찾았다. 러우산관은 쭌이 북쪽 35킬로미터 거리에 있는 다러우산大婁山의 고갯마루에 설치된 관문이다. 러우산관은 해발 1280미터에 있고 양쪽이 가파른 절벽으로 둘러싸인 곳으로, 구이저우와 충칭을 잇는 교통의 요지다. 러우산관 관문만 걸어 잠그면 만 명이 공격해도 한 명이 능히 지킬 수 있다는 군사적 요지였고, 쭌이에서 보면 북문에 해당했다.

홍군은 쭌이를 처음 점령할 때 쭌이를 방어하기 위해 러우산관까지 점령했다. 츠수이하를 두 번째 건너와서 남으로 쭌이를 공격하기 위해 다시 러우산관을 공격했다. 두 번 모두 치열한 전투 끝에 홍군이 대승

러우산관에서 쭌이로 내려가는 길. 지형이 험해 길이 진저리 치는 뱀의 몸통처럼 휘어져 있다(위). 러우산관의 관문. 러우산관은 쭌이의 북문에 해당하는 전략 요충지다(아래).

을 거두었다.

러우산관 가는 길은 진저리치는 뱀의 몸뚱이처럼 좌우로 심하게 구부러져 있었다. 정상에 오르자 아치형의 러우산관 관문이 버티고 있었다. 관문 옆에는 러우산관 전투 전시관이 방문객을 기다리고 있었다. 전시관 옆의 산길을 올라가니 쭌이 전투에서 희생된 홍군 열사 위령탑이 있었다.

반대쪽으로 내려오는 길옆에 높이 1미터 정도의 오래된 비석이 눈에 들어왔다. 민국25년(1936년) 4월에 세워진 것으로 '육군 48사단 142여단 283연대 3대대 9중대 열병烈兵 쑨관쿤의 묘'라고 적혀 있다. 산둥성 출신이었다. 대장정 답사에서 국부군, 그것도 장교가 아닌 일반 병사의 묘를 본 것은 처음이었다. 비석 앞에 담배 열댓 개비가 놓여 있었다. 어떤 연유로 객지 사람의 비석이 세워졌는지 알 수는 없지만, 국부군 병사의 묘비라 더욱 애잔하게 느껴졌다. 홍군이든 국부군이든 시대의 광풍 속에 휩쓸려 죽은 것은 마찬가지 아니겠는가.

러우산관에서 내려와 고속도로를 타고 시수이현習水縣으로 향했다. 사도적수의 첫 번째 도강 지점과 사도적수 기념관이 그곳에 있기 때문이다. 302번 성도는 도로 폭도 넓지 않고 파인 곳이 많아 차가 심

국민당 병졸의 비석.

충칭시 량허커우의 홍군교. 홍군이 대장정에서 통과한 사실만으로 홍군교로 개칭한 다리다. 대장정은 신중국의 탄생 과정이므로 홍군이 통과한 곳은 어디에나 기념관이나 기념물이 남아 당시의 역사를 전해준다.

하게 흔들렸다.

안진홍 님이 갑자기 "홍군교!"라고 외치자 쉬단이 차를 멈췄다. 지도에서 찾아보니 충칭시 남단의 량허커우兩河口라는 동네였다. 이름 그대로 두 줄기의 가파른 계곡물이 합쳐지는 곳으로, 낡은 풍우교가 하나 걸려 있었다. 다리 건너 비석에 그 연유가 기록되어 있다. 1873년 지어진 다리로 1935년 1월 21일 저우언라이가 이끄는 제1군단이 장정에서 통과했기에 홍군교라 이름 지었다고 했다.

시수이현에서 하룻밤 묵고 다음 날 투청진土城鎭에 있는 사도적수 기념관을 찾았다. 25킬로미터로 먼 거리는 아니었지만 꽤나 험한 산길이었다. 마을이 작은 데 비해 기념관은 꽤나 컸다. 안으로 들어서자 홍군 지도부인 마오쩌둥, 저우언라이, 주더, 장원톈, 왕자상의 동상과 사도적수를 묘사한 부조가 강렬한 인상으로 눈에 들어왔다. 사회주의 예술이 대체로 거칠고 힘이 넘치지만 이렇게 강렬한 이미지는 드물었다. 전사들이 마치 내 앞으로 쏟아져 나올 것만 같았다. 전사들이 목숨을 걸고 온몸을 던지는 듯했다.

지휘부 5명의 동상도 마찬가지였다. 굳게 다문 입술, 전방을 주시하는 매서운 눈매, 손가락 끝에서도 느껴지는 뻗어가는 힘……. 온몸에서 배어나오는 에너지가 곧 폭발할 것만 같았다. 역사는 이런 폭발적인 에너지의 힘으로 진보하는 것이 아닐까. 문득 우리에겐 이런 에너지가 다 어디로 갔나 하는 생각이 들었다. 말로는 이념이라고 하지만 사실은 이기적인 지역 갈등과 이해관계에 빠진 채, 자신을 희생하는 역사 추동의 에너지를 잃어버린 게 아닐까. 갈등이 융합의 에너지로 솟아오르지 못하고 서로 상처내고 할퀴느라 앞으로 나아가지 못하고 있다는 생각이 들었다.

사도적수 기념관 역시 투청 전투와 사도적수를 중심으로 장정 사진과 글, 그림 등을 교과서처럼 펼쳐놓은 전시물이 대부분이었다. 다른 기념관에 비해 사도적수의 세부적인 내용이 조금 자세한 정도였다. 인상 깊었던 것은 시수이현 얼랑촌二郞村에 사는 주민이 기증한 깨진 항아리와 동전 2개였다.

이 항아리에 얽힌 사연은 이렇다. 1935년 2월 20일 츠수이허를 두 번째 건너던 홍군의 한 병사가 실수로 그 주민의 항아리를 깨뜨렸다. 홍군 전사는 동전 두 푼으로 항아리 값을 물었다. 그동안 백성들이 겪어오던 군대와는 다른 모습이었다. 특히나 국부군은 음식이건 물건이건 마음대로 가져갔고, 행패나 부리지 않으면 다행이었다. 항아리 하나 깨

시수이현의 사도적수 기념관(위).
사도적수 기념관 로비에 설치된 홍군 지휘부 5인의 동상. 혁명의 열정과 에너지가 강렬하게 표현되어 있다.
혁명은 이런 폭발적인 에너지를 먹고 자라는 것이 아닐까(아래).

뜨렸다고 돈으로 배상한다는 것은 상상조차 할 수 없었다. 홍군 병사에게 감동한 주민이 한 귀퉁이가 깨진 항아리를 대나무로 엮어서 동전 두 푼과 함께 보관해 오다가 2009년 사도적수 기념관이 개관할 때 기증한 것이다.

일에는 명분도 중요하지만 명분에 합당하게 처신하는 것이 얼마나 중요한지를 보여주는 일화다. 권력을 쥔 자들이 사람들을 가난하다고 업신여기지 않고 존중해주면 그 권력이 내세우는 명분은 더욱 힘을 얻는 법이다. 옳은 명분조차 천박한 행태로 망쳐버리는 사례를 수없이 목도하는 요즘, 깨진 항아리가 주는 교훈이 새삼 소중하게 다가온다.

사도적수 기념관 뒷길에는 투청의 고진古鎭과 시장이 있다. 옛 모습이 잘 간직된 전통 주택들을 볼 수 있다. 마오쩌둥, 주더, 보구, 저우언라이 등이 머물렀던 집에는 커다란 명판이 걸려 있고, 장교들이 숙영했던 집에는 홍군주지紅軍駐址라는 작은 명판이 붙어 있었다. 우리는 홍군의 수장이자 인민해방군의 아버지로 불리는 주더가 머물던 집을 노크해봤다. 빼꼼히 열린 문으로 들어서니 손톱에 빨간 매니큐어를 칠하고 손등에는 작은 문신을 새긴 젊은 아낙 셋이서 떡을 만들고 있었다. 쌀가루 반죽을 아기 손바닥만 하게 만들어 대나무 잎에 싸고는 설탕을 뿌려 쪄내는 것이었다. 설날 대목을 앞둔 터라 시장에 들고 나가 팔 것이

열 살에 사도적수의 첫 번째 도강을 목격했다는 현지의 노인. CCTV와 인터뷰까지 했다며 꽤 자랑스러워했다.

라고 했다. 몇 개 사서 맛보니 소박하면서 달콤한 설 맛이었다. 주더가 머물렀던 집에서 백성들이 소박하게 이처럼 살아가는 모습을 보니 이 것도 유적지를 보존하는 한 가지 방법이 되겠다는 생각이 들었다. 혁명 이니 역사니 하는 엄숙주의에 가두지 않고 세월이 흐르는 대로 살아가 는 것도 의미가 있지 않을까.

주더의 고거를 나서는데 낯선 외지인을 쳐다보던 노인이 말을 걸어 왔다. 가볍게 인사를 하고는 장정 노선을 답사하는 한국인이라고 소개 하자, 노인은 그때 열 살이었다며 자신의 목격담을 들려주었다. 방언이 섞여 있어 제대로 알아듣기 어려웠지만, 홍군이 어디로 들어왔고, 누가 어느 집에서 숙영을 했고, 저 강 어디로 건너갔다는 내용이었다. 노인은 최근 CCTV 방송에도 출연했다는 자랑까지 한 줌 얹었다. 1925년에 태 어났다고 하니, 역사의 산증인인 셈이다.

츠수이허는 그렇게 깊어 보이지 않았다. 멀리 츠수이허 하류 방향으 로 높다란 고가도로가 눈에 들어왔다. 새로 뚫린 고속도로였다. 츠수이 허에서 고진으로 다시 올라왔다. 설날을 앞두고 있어 시장에는 사람들로 북적댔다. 오래된 명절, 백성들의 부푼 마음이 시장 골목 안을 넘실 넘실 날아다녔다. 오랜만에 이발을 하는 노인, 사탕의 단맛에 홀려서인 지 벙글대며 뛰는 아이들, 차와 한담에 빠진 중년 사내들, 장을 보는 여 인들⋯⋯. 그러다 보니 이번 설날은 객지에서 지내게 되었다는 사실이 실감났다.

대장정에서 살아남은 자들이 세운 중국

홍군이 처음 츠수이하를 건넜던 투청 나루는 흔적만 남아 있었다. 다리 가 놓이고 도로가 생기면서 수운이 쇠퇴했기 때문이다. 투청 나루 표지 석은 강 건너 서쪽에 있었다. 차를 타고 찾아가니 작은 산 위에 기념탑 이 서 있었다.

　설날 직전이라 마을의 식당은 거의 문을 닫은 상태였다. 문을 연 식 당을 겨우 찾아 간단하게 점심을 먹고 나서 칭 강포 전투 유적지로 이동했다. 투청 전투의 중요 한 격전지다. 사도적수에서 츠수이하를 첫 번째 도강한 것은 홍군이 이곳 전투에서 국부군에게 밀렸기 때문이다. 가파른 흙길이라 차가 올라가 기 힘들었는지 엔진에서 숨찬 소리가 났다. 길이 워낙 나빠 도대체 어떤 유적지가 나올지 의아스 러웠다. 그렇게 흙먼지를 풀풀 날리며 올라가보

투청진의 츠수이하 도강 지점에 세워진 기념탑.
사도적수의 첫 번째 도강 지점이다.

니 거대한 광장과 뾰족한 기념탑이 기다리고 있었다. 기념비를 이렇게 크게 만들면서 진입로는 그대로 방치한 불균형이 의아스러웠다.

칭강포 홍군 열사 기념비는 150개가 넘는 가파른 계단 위에 있었다. 그곳에 20미터는 되어 보이는 높은 기념탑이 치솟아 있었다. 탑 기저부에 칭강포 전투에 대한 설명이 새겨져 있었다. 그중 흥미로운 대목이 눈에 들어왔다.

이 치열한 전투에 2명의 당 영도자, 3명의 국가주석, 1명의 국무원 총리, 5명의 국방장관, 7명의 원수가 있었다. 홍5군단 정치위원 자오윈룽을 비롯해 1000여 명이 전사했으며, 2000여 명이 부상을 당했다. 국부군은 3000여 명의 사상자를 냈다.

당시 전투가 얼마나 치열했으며, 얼마나 많은 전사들이 희생되었는지를 알려주는 내용이다. 그리고 무엇보다도 중국이란 국가는 고난의 대장정에서 살아남은 사람들의 결합체임을 직설적으로 보여준다. 대장정은 결코 80년 전의 옛일이 아니라 지금도 살아 있는 역사이고, 중국이라는 국가의 실체가 탄생하게 된 배경이었음을 축약해서 선언하고 있는 것이다.

칭강포 전투 유적지를 둘러보고는 사도적수의 세 번째, 네 번째 도강이 이루어진 마오타이진을 찾아갔다. 중국이 국주國酒라고 자랑하는 마오타이주가 이곳에서 생산된다. 마오타이진을 가로지르는 츠수이허 강변에도 사도적수 기념공원과 기념탑이 있다. 기념탑은 네 번의 도강을 상징하는 4개의 조형물이 겹쳐진 형태다. 늦은 오후 문을 닫기 직전에

칭강포 전투 기념탑. 진입로는 엉망이어도 기념탑은 하늘을 찌르는 듯했다(위).
마오타이진에 있는 사도적수 기념공원의 조형물. 세 번째와 네 번째로 도강한 현장이다(아래).

도착했기 때문에 관리자에게 양해를 구하고 들어갔다. 기념탑 주변에는 사도적수에 관한 이야기가 석판에 기록되어 있었다.

돌아 나오는데 정복을 잘 차려입은 관리자가 말을 건네왔다. 장정 답사 중이라고 하니 놀라움 반 반가움 반으로 활짝 웃어주었다. 따로 보답할 것이 없어 카메라 가방에 넣어 다니던 답사 여행 스티커를 창문에 붙여주었더니 아주 재미있어했다.

마오타이진에서는 적당한 숙소를 찾지 못했다. 가장 큰 호텔은 설날을 앞두고 문을 닫아버렸고, 인터넷으로 예약한 호텔은 어찌 된 일인지 찾을 수 없었다. 가까운 런화이仁懷 시내로 가서 하루 묵을 수밖에 없었다. 마오타이에서 마오타이 한 잔을 진하게 걸치려던 사내들의 희망은 싱거운 이유로 싱겁게 끝나버렸다.

구이저우에서 설을 보내고
윈난으로

답사 중이지만 설날은 설날인지라, 좋은 숙소에서 이틀을 쉬엄쉬엄 지내기로 했다. 구이양시 남부 지역인 화시구花溪區에 있는 웨트랜드 파크 호텔은 3층 건물로 아담하면서도 품위가 있었다. 장정 노선에 맞추면서도 중국의 설날을 맛볼 수 있는 지역에서 고른 숙소다.

중국인의 설날맞이

중국의 설날인 춘절春節은 중국에서도 제일 큰 명절이다. 한 해를 보내고 새해를 맞이한다는 뜻에서 과년過年이라고도 한다. 과년은 국가가 정한 춘절 공휴일과 달리 지방이나 습속에 따라 날짜가 조금씩 다르다. 그러나 한 해 마지막 날 저녁을 가족이 모여 식사를 하는 것은 예외가 없다. 이것만 콕 집어서 과년이라고도 한다. 우리는 설날 아침에 차례를 지내는 것이 핵심이지만 중국에서는 1년의 마지막 한 끼를 가족과 함께하는 것이 핵심이다. 저녁식사 전에 조상의 위패 앞에 음식과 술을 차려놓고 향을 피우고 절을 하는데, 우리의 설날 차례와 비슷하다.

객지에 나갔던 사람들도 선물을 바리바리 사들고 돌아오고, 집집마다 폭죽을 터뜨린다. 폭죽은 단발도 있지만, 연발로 요란한 폭음을 내는 것이 많다. 아침부터 터뜨리다가 저녁 때가 되면 더 많이 터뜨린다. 폭죽 소리에 귀가 얼얼할 정도인데, 마을에 얼쩡대는 귀신들을 놀라게 해서 집 안으로 들어오지 못하게 하는 벽사辟邪의 풍습이다.

구이저우 소수민족의 하나인 부이족布依族의 설맞이 폭죽놀이를 구경할 겸 구이양시 화시구에 있는 스반진石板鎭 전산촌鎭山村을 찾아갔다. 자연산 석판이 많이 나오는 지역이라 지붕까지 석판으로 이은 석판방石板房이라는 전통 주택을 흔하게 볼 수 있다. 담장과 계단은 물론 지붕까지 석판을 얹고, 집터나 밭의 축대도 돌로 쌓았다. 가히 돌의 나라, 돌의 마을이라 부를 만했다.

조그만 호숫가에 있는 전산촌이 가까워지자 벌써 폭죽 소리가 요란했다. 마을은 말 그대로 귀청이 찢어질 것 같았다. 마늘 한 접을 길게 꿴 것같이 길게 이어진 폭죽을 문 앞이나 마당에 던져놓고 터뜨리거나 담벼락 아래로 늘어뜨린 채 터뜨리기도 했으며, 긴 장대 위에 걸어 공중에서 터뜨리기도 했다. 한번 터뜨리면 골목에 연기가 자욱하고, 터뜨린 자리에는 폭죽을 싸고 있던 붉은 색종이가 떨어져 쌓였다. 폭죽은 아이들의 놀이가 아니라 어른들의 놀이다. 어린아이들은 귀를 막고 숨어서 지켜보거나 조그만 단발 폭죽을 하나씩 터뜨리는 정도였다.

이 마을은 외지 여행객이 꽤 많이 찾는 곳이지만 설날을 앞두고는 여

부이족 마을인 전산촌 골목에서 구경하는 과년의 폭죽놀이. 한번 터뜨리면 골목이 연기로 자욱할 정도다. 큰 소리를 내서 귀신을 대문 밖으로 쫓아내는 풍습에서 유래했다. 밤하늘을 수놓는 불꽃놀이도 있지만 그것과는 다르다. 시골에서는 폭죽놀이를 훨씬 더 많이 한다. 전산촌은 담장과 계단은 물론 지붕까지 석판으로 이은 집들이 빼곡한 돌의 마을로도 유명하다.

행객이 거의 없었다. 우리만 마을 골목길을 느긋하게 걸으면서 사진을 찍거나 남의 집 마당에 들어가서 폭죽놀이를 구경했다. 중국에서는 5월 1일 노동절과 10월 1일 국경절 연휴가 여행 대목이다. 설날은 고향에 가는 사람들로 역과 버스 터미널 같은 곳이 번잡할 뿐, 여행을 다니는 중국인은 많지 않다. 숙박업소조차 설 연휴에는 문을 닫는 곳이 많다. 이 때문에 비수기 여행은 불편함도 있지만 의외로 환대받는 손님이 되는 즐거움도 누리게 된다.

춘절을 하루 앞둔 저녁이라 식당은 거의 문을 닫았다. 어쩔 수 없이 호텔 식당에서 고급스러운 상차림으로 과년을 했다. 그런데 메뉴에 배추김치가 있어 깜짝 놀랐다. 종업원에게 물어보니 주방에서 직접 담갔다고 하는데, 맛도 괜찮은 편이었다. 한류의 위력을 이 특별할 것도 없는 호텔 식당에서 새삼 확인한 순간이었다.

설날 오전에는 전통 마을을 찾아보기로 했다. 칭옌고진青岩古鎭이라는 한족 마을과, 먀오족과 부이족이 함께 모여 사는 가오포高坡라는 마을이다.

칭옌고진은 청나라 시대 관군의 주둔지 겸 상업 중심지였다. 전산촌과 마찬가지로 돌의 마을이다. 청석과 목재를 함께 써서 지은 청대와 중화민국 시대의 민가들이 많다. 거리의 고색 속에서 느껴지는 설날 기분만으로도 즐거운 명절이 되었다.

가오포는 먀오족과 부이족이 함께 살아온 마을이다. 이 마을에는 관을 매장하지 않고 동굴 안에 쌓아두는 동장洞葬이라는 독특한 장례 풍습이 남아 있다. 중원에서 남쪽으로 이동해온 먀오족이 고향으로 돌아가고 싶다는 염원에서 관을 매장하지 않고 동굴 안에 보관해두었다고 한다. 언젠가 고향으로 돌아가게 되면 시신이라도 데려가달라는 뜻이라고 하니 처연하고 숙연한 마음이 들었다. 우리는 이 동장을 둘러보고는 기이한 습속에 놀라면서도 장구한 세월 속에 묻힌 희미한 역사의 흔적에 탄식했다.

소수민족 속 한족의 둔보문화

설날 다음 날, 전통시대의 구이저우 역사에서는 소수민족과 다를 바 없는 둔보屯堡의 한족漢族을 찾아보기로 했다. 구이양과 안순安順 중간에

가오포의 동장. 동장이란 언젠가 고향으로 돌아가게 되거든 시신이라도 데려가달라는 뜻이라 하니 그 습속에 담긴 처연함은 말로표현하기 힘들다. 게다가 먀오족이 고구려 유민의 후손이라니…….

있는 톈룽天龍의 둔보를 찾아갔다. 설날 연휴라 입장료가 무료였고, 많은 사람들이 가족과 함께 구경을 나와 있었다. 톈룽 둔보는 담장과 벽체를 청석으로 쌓아 만든 명청대 민가 건축이 많이 남아 있어 외국인의 시선을 금세 사로잡았다. 이런 고진을 걷다 보면 타임머신을 타고 과거로 돌아간 느낌이다. 길가에 좌판을 벌여 소소한 물건들을 파는 여인들은 둔보 특유의 전통 복식 차림이었다. 다른 지방에서는 느낄 수 없고, 소수민족에서도 느낄 수 없는 독특한 복식이다.

둔보는 군대의 주둔지 근처에 형성된 탓에 군사적 성격이 강한 마을이다. 구이양시 서쪽의 안순에 둔보가 많이 남아 있다.

구이저우에서 오래전부터 살아온 토착민이 한족에 밀려 소수민족으로 위축된 것은 토벌전쟁 때문만이 아니다. 차출된 병사들은 식솔까지

톈룽 둔보의 한족 마을 입구. 애당초 이들은 토벌군대를 따라 이주했기 때문에 자기들끼리만 뭉쳐서 살아왔다. 과연 이곳은 누구의 땅이라고 해야 할까.

대동했고, 군대와 별도로 엄청난 수의 민간인을 조직적으로 이주시킨 결과 이주한 한족이 토착민의 수를 압도하게 되었다. 황제의 이주 명령을 받은 한족 백성들은 울며 겨자 먹기로, 또는 새로운 희망을 안고 구이저우로 들어왔다. 이들 한족 백성들은 황제의 군대 주위에서 농사를 짓고 척박한 땅을 조금씩 개간했다. 결국 토착민은 조상 대대로 살아오던 터전에서 조금씩 밀려나 소수민족이 되었고, 한족 군대와 백성들이 자리를 잡게 되었던 것이다.

이들은 황제의 명령에 따라 외지에서 들어온 백성들이었지만, 군사 문화와 생존 본능을 바탕으로, 자기들끼리 유대감을 형성했고 원주민에 대한 우월의식이 강했다. 고향에서 가져온 전통과 문화를 잘 보존하면서, 일상의 교류나 오락은 물론 혼인도 자기들끼리 하면서 독특한 문화와 전통을 만들어냈다. 취락과 주택의 구조에는 군사적 요소가 곳곳에 새겨져 있다. 집은 한 채 한 채가 작은 보루 같아서 담장에는 사격 구멍이 허다하고, 옆집으로 재빨리 피신할 수 있도록 비상문을 서로 마주 보게 만들었다. 집의 뒤편도 높은 돌담으로 에워쌌다.

마을 자체가 주둔지인 셈이라 돌로 견고하게 만든 대문이 외부를 차단하고, 그 위에 망루를 설치하여 적군을 감시하거나 공격할 수 있게 했다. 망루는 마을 입구 외에도 마을 안 곳곳에 산재해 있다.

이와 같이 황제의 명으로 파병된 군대가 강제 이주한 민간인과 함께 자급자족하는 구이저우의 군사적 취락을 둔보, 그들의 문화를 둔보문화라고 한다. 구이저우 안순에서 윈난의 취징曲靖을 거쳐 쿤밍으로 이어지는 대로에 둔보가 많았다. 안순에는 지금도 둔보와 둔보문화가 잘 보존되어 있어 둔보 하면 안순을 떠올리게 된다.

둔보인들은 현지 토착민들과 교류하지 않고 자신들끼리 문화를 전승했다. 그래서 조상의 고향인 중원에서는 세월이 지나면서 자연스레 변화한 것도 둔보에서는 원형에 가깝게 남아 있는 것이 많다. 이런 현상은 복식과 희극에서 뚜렷이 나타난다. 1993년 이 지역에서 명대 황왕의 무덤을 발굴했는데, 넓은 소매에 테를 두른 상의, 꽃과 새를 수놓은 신발 등이 출토되었다. 그런데 600여 년 전의 복식이 안순 일대의 둔보에 사는 부녀자들이 평상시에 입는 전통 복장과 똑같아 사람들을 놀라게 했다. 이 때문에 중국 민속학자나 고고학자들이 둔보문화를 명대 중원문화의 활화석이라고 부른다.

이번에는 아편에 찌들었던 구이저우 군벌의 모습을 상기시켜줄 만

한 곳을 찾아보기로 했다. 안순 시내에서 동쪽으로 20킬로미터 정도 떨어진 원평과 인근의 8개 마을을 통칭하여 윈펑바자이雲峰八寨라고 부르는데, 그중 윈산雲山, 레이툰雷屯, 번자이本寨의 둔보가 가장 잘 보존되어 있다. 견고한 대문, 휘어진 골목 등 군사적 요소가 훨씬 강하게 남아 있다. 그 가운데 인상 깊은 것은 아편 판매의 흔적이었다. 일반 주택의 벽면에 구멍이 하나 뚫려 있는데, 돈을 받고 아편을 내주었던 곳이다. 좌우에는 사격 구멍을 하나씩 두어 위험한 아편쟁이로부터 판매소를 보호했다. 구이저우 군대를 쌍창병이라고 불렀다는 이야기를 앞서 한 바 있지만 19세기와 20세기 중국에 아편이 얼마나 광범위하게 퍼졌는지, 그리고 얼마나 인민들을 피폐하게 만들었는지 보여주는 흔적이다.

대장정의 현장으로 돌아가보자. 홍군은 사도적수의 혼전 끝에 쭌이와 구이양을 공격하고 장시성으로 돌아가는 척하다가, 구이양의 남쪽에서 서쪽으로 방향을 틀어 윈난을 향해 빠른 속도로 행군했다. 홍군은 1935년 4월 10일 이후 후이수이惠水, 창순長順, 쯔윈紫雲 등을 거침없이 통과했다. 1935년 4월 17일 베이판강北盤江을 건넜고, 싱런興仁, 싱이興義를 거쳐 윈난으로 들어갔다. 윈난에서는 취징을 거쳐 쿤밍으로 접근하는 듯하다가 북으로 방향을 틀어 창강을 건너기 위해 자오핑두皎平渡로 향했다.

국부군의 비행기가 종종 폭격을 했지만 큰 전투는 없었다. 그런데 4월 17일 베이판강을 건널 때 마오쩌둥의 세 번째 부인 허쯔전이 공습으로 열일곱 군데에 파편이 박히는 중상을 입었다. 이후 들것에 실린 채 한 달 동안 치료를 받아 겨우 회복하기는 했으나 그녀의 인생은 고통으로 더 깊숙이 빠져들었다. 융신의 허쯔전 기념관에서 보았듯이 한 여인에게는 측은하기 짝이 없는 운명이었다.

거침없이 나아가던 홍군의 지휘부는 창강을 건너 쓰촨 서북부로 가서 장궈타오의 제4방면군과 합류할 계획이었다. 하지만 진사강(진사강은 창강의 상류 가운데 윈난성 구간과 쓰촨성 이빈宜賓에 이르는 구간을 지칭한다) 어느 지점에서 강을 건너야 할지 결정하기가 어려웠다. 진사강은 폭이 수백 미터나 되는 곳이 많고 양안에 1000미터 높이의 가파른 협곡이 많아서, 유속이 빠르고 강에 접근하기가 쉽지 않았다. 그럼에도 홍군은 600만 분의 1 지도에 의지해 선발 정찰대가 두리번거리면서 헤집고 가는 것이 고작이었다.

그러나 이번에도 행운의 여신이 마오쩌둥에게 미소를 보냈다. 중앙 홍군의 선두 정찰대가 취징으로 가는 대로에서 군용 지프 한 대를 습격했다. 지프에는 윈난군 장교가 타고 있었는데, 놀랍게도 10만 분의 1 군사용 작전 지도를 갖고 있었다. 윈난의 군벌 룽윈이 홍군을 추격하는 국부군에게 보내는 군사 기밀 지도는 이렇게 해서 어처구니없게도 홍군의 손에 들어갔다.

마오쩌둥은 이 지도를 보고 자오핑두 등 세 군데를 도강 지점으로 정했다. 홍군은 구이저우의 싱이를 거친 다음 윈난의 취징에서 세 갈래로 나뉘어 각자 도강 지점을 선점하기 위해 행군 속도를 올렸다.

역사의 격랑에서 벗어나 비경에 취하다

우리도 안순에서 쿤밍으로 향했다. 안순의 둔보와 황궈수 폭포를 들렀다가 싱이를 거쳐 구이저우와 윈난의 경계에 있는 루부거鲁布革의 소삼협小三峽을 지나, 윈난의 뤄펑羅平과 스린石林을 들러 쿤밍으로 갈 계획이었다. 이 구간에서 중앙홍군과 추격하는 국부군의 거리는 겨우 2~3일 거리였다. 중앙홍군은 오로지 앞을 향해 질주를 계속했다. 그러나 여행객에게는 소수민족의 다양한 문화가 켜켜이 쌓여 있고, 카르스트 지형이 만든 경이로운 풍광이 유혹하는 구간이었다.

아시아에서 가장 크다는 황궈수黃果樹 폭포, 100미터 높이의 승강기가 설치된 마링하馬嶺河 협곡은 카르스트 지형이 만들어낸 수직의 절벽으로, 보는 이를 압도한다. 봉긋한 봉우리들이 지평선을 그득 채워 숲을 이룬다는 만봉림萬峰林은 지표수의 독특한 침식 작용이 만들어낸 것이다. 바닷물이 수만 년 동안 석회암을 침식하여 생긴 기암괴석이 지상으로 융기해서 만들어진 '석림石林' 역시 카르스트 지질 활동의 산물이다.

홍군은 물론 이곳을 지나면서 아름다운 자연경관을 한가하게 감상하지 못했을 것이다. 그래도 이런 명승을 건너뛰기는 서운했다. 그래서 역사의 격랑에서 잠시 벗어나 자연의 경이를 느껴보기로 했다.

안순을 떠나 황궈수 폭포로 갔다. 황궈수 폭포는 높이 78미터, 폭 100미터의 장대한 폭포다. 묵직하면서도 경쾌한 물소리와 뽀얗게 흩날려 하늘을 가리는 물방울의 협주곡이라고 할까. 우리는 자연의 웅장한 합창곡에 감탄했다. 자연동굴로 이어진 통로를 따라 폭포수 커튼 안쪽으로 걸어 들어가면 쏟아지는 폭포수를 손으로 만져볼 수도 있었다. 마치

황귀수 폭포. 폭포수 안쪽으로 통로가 있어 폭포수의 굉음을 가까이서 직접 들어볼 수 있다.

비밀의 심장부에 들어간 느낌이었다.

황귀수 폭포 입구에는 중국 명대의 유명한 여행가이자 지리학자인 서하객徐霞客(1586~1641)의 석상을 만날 수 있다.

서하객은 장쑤성 장인江陰에서 태어났다. 어려서부터 명산대천에 관한 질문을 많이 하더니 어른이 되어서는 30년 동안 중국 곳곳을 여행했다. 당시 지식인들 사이에 유행하던 산수유람을 즐긴 것이 아니라 지리학적 정보를 세세하게 기록한 지리학자이자 여행가였다. 특히 카르스트 지형에 관한 기록들은 그의 지리학 수준이 얼마나 높았는지를 보여준다.

석상으로 묘사된 서하객은 영락없는 여행가의 모습이다. 우산을 멘 약간 굽은 등, 호기심이 가득한 부리부리한 눈매, 문서를 펼쳐든 손. 풍찬노숙을 마다하지 않는 여행가. 여행을 좋아하고 여행을 일상으로 생각하는 나 같은 사람에게 서하객은 남다른 감회를 준다. 서하객의 석상 앞에서 동반자인 엄문희 님과 동섭 군의 사진을 찍어주었다.

막상 사진을 찍고 보니 동섭 군이 서하객과 겹쳐 보였다. 대장정 답사에 일곱 살짜리 유치원생이 동반하게 될 줄은 꿈에도 생각하지 못했다. 엄문희 님은 2013년 후룬베이얼 북방 초원 답사 여행에 두 번이나 동반했던 경험이 있는 든든한 후원자였지만, 그래도 일곱 살짜리 아들을 데려간다고 해서 조금 걱정이 되었다. 중국 음식을 잘 먹을지, 아프기라도 하면 어쩌나, 혹시 힘들다고 투정부리면 어쩌나 싶었다.

나의 걱정이 기우였음은 곧 드러났다. 처음 보는 음식도 주저하는 기색 없이 뭐든지 잘 먹었다. 호기심이 넘쳐서 질문도 잘했다. 초등학교 교장 선생님이었던 안진홍 님과 역시 같은 교육계 출신인 김영준 님도 곧잘 아이와 대화를 나누면서 화기애애한 분위기를 이끌어주었다. 이렇게 해서 23일 동안 4310킬로미터를 함께 여행했으니, 여행의 신동이요 현대의 작은 서하객이라고 불러도 좋을 것이다.

명나라 말기의 지리학자 서하객.

마링하 협곡은 내비게이션이 잘못 안내해준 덕분에 만나게 된 절경이다. 황궈수 폭포를 나와 만봉림으로 가기 위해 싱이현의 호텔을 예약했다. 밤 8시가 넘어 도착했는데 어찌 된 일인지 호텔은 없고 거대한 공사장만 있었다. 결국 호텔 찾기를 포기하고, 길가에  세워진 입간판을 보고 작은 호텔에 들어갔다. 프런트에서 물어보니 이곳이 바로 마링하 협곡 입구라고 했다.

다음 날 아침 간단한 식사를 하고 협곡으로 내려갔다. 협곡에는 100미터를 오르내리는 엘리베이터가 설치되어 있었다. 엘리베이터 왕복권을 사기는 했지만, 올라올 때만 타기로 하고 상쾌한 기분으로 걸어 내려갔다. 아침 햇살이 들어오기 시작하는 협곡 안의 풍광도, 위로 올려다보는 협곡 위의 하늘도 장관이었다. 협곡 구석구석에 갖가지 형상으로 자리 잡은 석회암들도 감탄사를 연발하게 했다.

마링하 협곡에서 남쪽으로 20킬로미터 정도 가자 봉긋한 봉우리가 숲을 이룬 만봉림이 나왔다. 봉우리 사이사이로 막 피어나기 시작한 유채꽃이 노란 바다를 이루고 있었다. 제주도의 유채꽃이 '꽃밭'이라면 만봉림의 유채꽃은 '꽃의 바다'였다. 끝도 없이 펼쳐진 꽃의 바다가 노란 물결을 이루었다. 넘실대는 노란 꽃 바다의 절경에 취한 우리는 이곳에서 하루 묵기로 했다.

집 앞은 물론이고 뒷산까지 노란 유채꽃 천지였다. 큰길이든 농로든

100미터에 달하는 수직의 협곡이 웅장한 마링하.

산길이든 가는 곳마다 봄날 햇빛 속에 노란 유채꽃을 볼 수 있었다.

저녁식사는 객잔 주인에게 부탁했다. 소박한 시골 밥상이 차려졌다. 날이 춥지 않아 유채꽃 바다 쪽으로 탁 트인 조그만 앞마당에 식탁을 차렸다. 대장정의 고난을 온몸으로 버텨가던 홍군 이야기는 잠시 내려놓고 여행객의 낭만에 젖어들었다.

백주 한 잔이 빠질 수 없다. 백주를 한 잔 들이켜니 유채꽃 향기와 어우러져 여행객의 감성을 자극했다. 스마트폰에 연결한 조그만 스피커에서 흘러나오는 노래가 퍼져나갔다. 누구랄 것도 없이 나지막이 노래를 따라했다. 수백 편의 시를 암송하는 신기한 능력을 지닌 안진홍 님에게 시 한 수 낭송을 청했다. 안진홍 님은 주저 없이 술과 꽃과 밤을 얹은 시를 암송해주었다.

고초苦草의 붉은 열매 익어가는 밤을

그대여 부르라, 나는 마시리

-김소월, 〈님과 벗〉

청명 시절인데 어지러이 비 내리니(淸明時節雨紛紛)

길 가는 나그네 시름겨워 하네(路上行人欲斷魂)

술집 주막 어디 있는가 물으니(借問酒家何處有)

목동은 멀리 살구꽃 핀 마을을 가리키네(牧童遙指杏花村)

-두보杜甫, 〈청명淸明〉

그렇게 밤이 깊어갔다. 다음 날 뤄핑으로 가는 길에 루부거 소삼협을 찾아갔다. 홍군 장정 유적지가 있고, 허쯔전이 공습에 부상을 당한 곳으로 알았으나, 잘못된 정보였다. 당초 잘못 알기도 했지만 루부거 매표소를 관리하는 간부도 강 건너 루부거진에 대장정 유적이 있다고 확인해주었다. 그래서 조금 멀더라도 찾아가기로 했다. 윈난과 구이저우 경계를 이루는 황니하黃泥河의 거대한 댐을 건너 구이저우의 루부거진까지 산 넘고 물 건너 두 시간 넘게 거친 도로를 달려갔지만 유적은 없었다. 루부거진의 지방정부 당직실까지 찾아가 물었으나 당직자는 이 지역에 자신이 모르는 유적지는 없다고 단언했다. 할 수 없이 차를 돌렸다. 그래도 이곳을 오가면서 홍군이 어떤 산길을 넘어갔을지 간접적으로나마 느껴볼 수 있었다. 좌우로 높이 1000미터는 되는 산들이 거인처럼 둘러싼 지형이었다.

나중에 귀국해서 확인해보니 허쯔전이 대장정 중에 아이를 출산한 곳은 구이저우의 바이먀오촌이었고, 폭격을 당한 곳은 판현盤縣의 주창猪場이었다.

루부거 소삼협에서 돌아 나와 뤄핑으로 향했다. 뤄핑에도 유채꽃이 피는 시기였다. 중국에서 유채꽃이 가장 장관을 이룬다는 뤄핑은 멋진 풍광을 선사해주었다. 우리는 잠시 차를 세우고 꽃에 취했다.

다시 차를 달려 찾아간 스린현의 석림은 카르스트 지형이 선사한 또 하나의 걸작이다. 쿤밍 인근에서는 여행객이 가장 많이 찾는 곳이다. 석림을 두어 차례 구경한 적이 있는 안진홍 님이 반나절 인솔자 역할을 맡아 석림 공원으로 들어갔다. 나는 그 시간에 스린현 시내로 가서 몇 가지 일을 처리했다. 중국 휴대전화 요금을 납부했다. 내비게이션과 지

구이저우와 윈난의 경계를 이루는 황니하의 계곡. 거대한 산들이 거인처럼 늘어선 느낌이다. 홍군은 이런 산과 협곡을 통과하며 질주를 계속했다.

도 확인, 숙소 예약을 모두 스마트폰으로 하고 있어서 안전하게 선불요금을 미리 내기로 했다. 볼일을 마치고 근처에 있는 스린현 열사공원을 둘러보았다.

스린현은 이족彝族이 많은 곳이라 마치 이족의 열사공원처럼 보였다. 비문 역시 한자와 이족 문자 두 가지로 기록되어 있다. 1957년에 세웠으니 지방의 열사 기념탑으로는 일찍 만들어진 것이다. 창강을 건너 쓰촨에 들어서면 좀 더 자세히 나오는 이야기지만, 홍군이 이족과 좋은 관계였다는 사실이 반영되었을 것이다.

홍군은 윈난 한복판으로 들어와 곧이어 창강을 건너게 된다. 우리의 여정도 윈난성의 수도 쿤밍으로 이어졌다.

6장

질주 2
—
목숨 건
루딩교 전투

드디어
창강을 건너다

답사 여행의 절반이 무사히 끝났다. 윈난성 수도인 쿤밍에서 동반자 교대를 포함해 이틀 동안 하프타임을 갖기로 했다. 새로 합류하는 심한용 님을 기다리면서 쿤밍 시내의 육군강무당陸軍講武堂을 찾았다.

중국에서 만나는 우리 항일투사들

1909년부터 1928년까지 총 19기의 졸업생을 배출한 강무당은 청조 말기, 중화민국 초기에 운영된 군사학교다. 주더, 예젠잉葉劍英, 저우바오중周保中 등 중국 혁명 1세대를 많이 배출했다. 우리나라 항일투쟁의 원로 가운데도 강무당 출신이 있다. 잘 알려진 인물이 이범석李範奭 (1900~1972) 장군이다. 강무당을 졸업한 뒤 1920년 북로군정서 교관 등을 거쳐 1920년 청산리 전투에서 제2제대 지휘관으로 활약했다. 이후 중국 대륙에서 항일투쟁을 벌였고, 1940년 충칭 임시정부의 광복군

쿤밍의 육군강무당. 이곳에서 조선인 항일투사를 만날 수 있다. 그들의 목숨 건 투쟁에 경의를 표하면서도, 이념을 핑계로 위대한 역사에서 선조의 이름을 지워버린 후손이라는 자괴감도 들었다.

참모장을 지냈다. 1948년 대한민국 초대 국무총리 겸 국방장관을 역임했다.

최용건崔庸健(1900~1976)도 우리에게 잘 알려진 인물이다. 최용건은 강무당을 졸업하고 황푸군관학교 교관이 되었고, 만주로 가서 항일운동을 벌였다. 해방 이후 북한에서 내각 부수상을 거쳐 최고인민회의 상무위원장(국회의장)을 지냈다.

양림楊林(1889~1936)은 중국인에게 더 많이 알려진 인물이다. 양림은 '필사적必死的'과 발음이 비슷한 비스티畢士悌라는 별명을 사용했다. 항일투쟁에 대한 강한 의지를 드러내는 이름이다. 강무당에 전시된 그의 사진을 보면 매서운 눈매가 인상적이다. 강무당을 졸업하고 황푸군관학교에서 생도 대대장을 거쳐 1925년 중국 공산당에 입당했다. 만주에서

왼쪽부터 이범석, 최용건, 양림.

항일투쟁을 하다가 중앙소비에트로 발령을 받아 장시성 루이진으로 들어왔다. 군사위원회 직속 간부단의 참모장으로 옌안까지 대장정을 완주했다. 대장정을 완주한 4명의 외국인 가운데 두 사람이 조선인인데, 바로 무정武亭과 양림이다. 양림은 대장정이 끝난 다음 해인 1936년 2월 일본군과 전투를 벌이다가 전사하여 조국이 해방되는 것을 보지 못했다.

이 세 인물이 강무당의 전시관에 큼직하게 소개되어 있다. 최용건과 양림은 우리 역사에 선명하게 새겨야 할 쟁쟁하고 위대한 항일투사들인데도 한국전쟁과 냉전의 소용돌이 속에 우리 기억 속에서 거의 사라졌다.

이런 항일투사를 보면 생각이 많아진다. 이념은 이념대로 존재하는 것이고, 역사는 역사대로 기록되어야 한다. 물론 두 가지를 생선 가시 발라내듯이 정확하게 분리할 수 있는 것은 아니다. 그렇다고 해서 이념의 잣대로 엄연한 역사 사실을 깎아내리거나 치졸하게 난도질해서는 안 된다. 국권을 빼앗긴 치욕의 역사가 이념 갈등으로, 이념 갈등이 동족상잔의 비극과 고통으로 이어져 오늘의 대한민국의 골격을 이루고 있는 현실이 안타깝다. 도도하게 흘러온 역사를 옹졸하게 이념의 올가미로 속박하는 것은 그만두어야 한다. 알량한 이념으로 실재하는 역사를 멋대로 재단하는 것은 옳지 않은 일이다.

쿤밍에서는 지인인 유광석 님의 아파트에 머무르기로 했다. 유광석 님은 오프로드 캠핑 전문가다. 2009년 2월 윈난에서 함께 지프를 타고 오토캠핑 여행을 했던 인연이 지금까지 이어지고 있다. 내가 기획하여 스카이 트래블 채널과 공동으로 제작한 다큐멘터리 〈세계의 지붕 동티벳을 가다〉에서 인솔자로 출연하기도 했다.

"집밥으로 합니다!"

쿤밍에 도착한 첫날 카카오톡으로 알려온 한마디였다. 저녁밥을 손수 차려주겠다는 뜻이다. 그는 20여 년 야외를 다닌 탓에 최고의 야전 요리사가 되었다. 손수 담근 배추김치에 깍두기, 된장찌개에 잡채까지 제대로 한상 차려주었다. 고속도로 휴게소에서 뜨거운 물을 부어 비벼 먹은 '전투식량 비빔밥'과, 구이양 호텔에서 먹은 배추김치 말고는 한 달 동안 한식을 구경하지 못했으니 다들 정신없이 먹었다. 역시 고향의 음식이 최고였다.

답사 34일째, 안진홍 님과 김영준 님은 우리와 헤어져 각자 개인 여정을 떠났다. 심한용 님이 새로 합류하여 엄문희 님과 심동섭 군, 나 이렇게 4명이 답사 후반을 함께하기로 했다. 창사에서부터 타고 온 차도 쿤밍의 주인에게 돌려주고, 쉬단의 차로 교체했다.

우리는 쿤밍에서 북상하여 단구이춘丹桂村을 거쳐 자오핑두로 향했다.

쿤밍을 지나 자오핑두로

홍군은 1935년 4월 23일 윈난으로 들어가 빠른 속도로 서진했다. 윈난의 동부 취징에서 북서로 방향을 잡고 자오핑두에서 진사강을 건너기로 했다. 진사강은 양쪽으로 수백 미터나 되는 협곡이 있고 강폭이 상당히 넓은 데다 수위가 고르지 않고 물살도 거센 탓에 도강이 쉽지 않았다. 무엇보다 도강 지점 전후좌우를 확실하게 장악해야만 안전하게 도강할 수 있었다. 홍군은 진사강 도강에서도 속임수를 쓰기로 했다.

홍군이 구이저우에서 윈난으로 진입했다는 소식을 들은 윈난 군벌 룽윈은 기겁했다. 일주일 전에 장제스를 보호하기 위해 구이양으로 급파한 주력 부대가 아직 돌아오지도 않았는데 홍군이 들이닥친 것이었다. 쿤밍에는 1개 여단 병력만 남아 있던 터라 3만 명에 달하는 주력 홍군을 감당하기 어려웠다. 룽윈은 윈난군 출신의 홍군 장교 뤄빙후이羅炳輝와 협상해 윈난을 피해가게 하려고 사람을 보냈다. 아울러 3개 연대를 출동시켜 홍군을 저지하도록 했다. 그러나 겁을 먹은 협상 대표는 홍군 근처를 기웃거리다가 그냥 돌아가서는 홍군을 만나지 못했다고 허위 보고를 했다. 홍군을 저지하라고 보낸 군대는 전투가 시작되자마자 잽싸게 철수해버렸다. 실로 한심한 군대였다. 양민에게 행패를 부릴 때에는 용감했으나 적을 만나서는 물에 젖은 행주 꼴이었다.

4월 29일 홍군은 성벽 공격용 사다리를 실은 마차를 보내 곧 쿤밍을 공격할 것처럼 꾸몄다. 룽윈은 인근의 민단 병력까지 전부 쿤밍으로 집결시켰지만, 지주와 부호, 관리 등은 혼비백산하여 남쪽으로 피난을 떠났다. 룽윈마저도 가족을 데리고 미얀마로 도주했다.

그러나 홍군은 쿤밍을 공격하지 않고 유유히 북상하여 자오핑두로 향했다. 룽윈은 3일이 지나서야 홍군에게 속았다는 것을 알아차리고는 쿤밍으로 돌아왔다. 그러나 홍군은 이미 멀리 떠나버린 상태였다.

진사강에는 룽제龍街, 자오핑두, 홍먼洪門 세 곳의 나루터가 있었다. 세 곳 가운데 자오핑두에서 도강하기로 했다. 룽제에서는 국부군의 정찰기에 노출되어 공격받을 위험이 생겼고, 홍먼은 물살이 너무 빨라 부교를 설치하기 어려운 데다 배도 없었기 때문이다.

자오핑두 점령 작전을 지휘한 것은 양림이 참모장으로 있던 홍군 간부단이었다. 이들은 진사강 남안에서 구한 두 척의 작은 배를 타고 강을 건너 국민당 민단 수비군을 공격해서 강안의 북쪽을 점령했다. 이곳에서 배 다섯 척과 사공 37명(36명으로 기록된 자료도 있다)을 징발했다. 5월 3일부터 9일까지 7일 동안 일곱 척의 목선을 타고 밤낮 없이 도강했다. 모두 강을 건너자 일곱 척의 배를 불태워 강물에 떠내려보냈다.

장제스의 추격군이 자오핑두에 도착한 것은 5월 10일 아침이었다. 그들은 강 건너를 쳐다보면서 탄식을 뱉을 뿐이었다. 이때 홍군 제9군단은 도강하지 않고 남아 있다가 윈난 동북부에서 국부군을 상대로 전투와 도주를 반복했다. 국부군 6개 사단을 꼬리에 붙이고 어지럽게 끌고 다니다가 윈난 동북단에서 그들을 따돌리고는 진사강을 건너가 버렸다. 어리숙한 놈을 떼어내기 위해 코에 고삐를 걸어 이리저리 흔들며 끌고 다니다가 본대가 진사강을 건너 안전을 확보한 시점에 정강이를 한 번 더 걷어차고 도망간 셈이었다.

쉰뎬현의 후이족 마을 단구이춘. 마을 입구(왼쪽)와 마을의 작은 광장에 있는 장정 기념상(오른쪽).

세상에서 가장 험난한 길

우리는 쿤밍을 떠나 쉰뎬현尋甸縣의 후이족回族 마을인 단구이촌을 찾
았다. 1935년 4월 중앙홍군이 통과한 지점이다. 이곳에도 어김없이 대
장정 기념탑과 기념관이 있었다. 이슬람 사원 옆에 홍군 지휘부가 묵었
던 민가들을 개조하여 기념관으로 조성했다. 짙은 황색으로 새로 칠한
담장이 아침 햇살에 빛났다. 설날 연휴라서 그런지 가족끼리 기념관을
찾아오는 사람들이 꽤 있었다.

　단구이촌을 떠나 자오핑두로 향했다. 1991년에 다리가 놓여 차를 타
고 진사강을 건널 수 있었다. 단구이촌에서 자오핑두로 가는 길은 200
킬로미터 정도이지만 높은 산을 몇 개나 통과하기 때문에 일곱 시간이
나 걸렸다.

　자오핑두로 가는 중간에 홍군교와 홍군묘를 만났다. 푸두하普渡河라
는 계곡을 건너는 곳에 홍군 열사묘와 기념탑이 있었다. 차를 세우고

푸두하의 홍군교. 지금은 낡고 위험해서 통행할 수 없다. 이 다리에 붙어 있는 식당이 담장을 치고는 입장료를 받고 있었다. 사설 입장료를 받는 게 황당하긴 해도 그런 곳은 대개 제값을 한다는 것이 내 경험이다.

비문을 읽어보니 1935년 4월 말 중앙홍군이 이 철삭교鐵索橋를 통과해 자오핑두로 갔다고 적혀 있었다. 지금은 사람이 다니지 않는 다리인데, 한쪽에 출입문이 있었다. 자물쇠로 잠겨 있어 옆에 있는 식당에 물어봤더니 입장료 5위안을 내면 보여주겠다고 했다. 속으로 웃음이 났지만, 그래도 문을 열어주겠다니 기꺼이 돈을 지불했다. 쇠줄을 양쪽에 늘어뜨린 다리는 나름대로 근사했다. 쇠줄이 녹슬고 발판도 없어 다리를 건널 수는 없었다. 사진을 몇 장 찍고는 돌아왔다.

홍군묘에는 허룽의 제2방면군이 1936년에 이곳을 통과하면서 국부군 수비대와 벌인 전투에서 전사한 79명의 시신이 안치되어 있다. 후난성 지역에서 활동하던 제2방면군은 중앙홍군이 합치려고 했던 전략 목표였다. 하지만 중앙홍군이 국부군의 포위와 추격으로 구이저우에서 윈난을 거쳐 쓰촨으로 가는 바람에 독자적으로 움직이고 있었다. 이번 답사 여행에서 드물게 마주친 제2방면군의 흔적이었다.

푸두하를 건너 산 몇 개를 넘은 다음 뤼취안祿勸에서 북으로 방향을 틀면 자오핑두로 가는 길이다. 10년 전에 대장정 전체 코스를 답사한 한 중국인 기자는, 쿤밍에서 북상하여 자오핑두로 가는 길이 워낙 나빠 서쪽으로 크게 돌아 판즈화攀枝花를 거쳐 진사강을 건넌 다음, 북쪽에서 자오핑두로 내려오는 역방향으로 접근했다고 한다. 그러나 지금은 아스팔트 포장이 잘되어 있고, 차도 많지 않아 쾌적한 드라이브 코스가 되어 있었다. 진사강에 가까워지자 오르막이 나오더니 다시 급경사 내리막길이 시작되었다. 포장이 제대로 되어 있지 않았다면 일반 승용차는 다니기 힘든 길이었다.

지도 검색을 해보니 자오핑두에는 주유소가 없었다. 매일 아침 출발할 때 무조건 연료를 채운다는 것을 깜빡했는데, 벌써 늦은 오후였다. 차는 다시 돌아가 연료를 채워오기로 하고, 우리는 걸어서 내려가기로 했다. 해 떨어지기 전에만 자오핑두에 도착하면 된다고 생각해 느긋하게 걸었다. 길은 덩치 큰 산을 좌우로 휘돌면서 내려갔다. 가끔 대형 트럭이 숨을 가쁘게 몰아쉬면서 올라올 뿐 차는 다니지 않았다. 20여 분 후 기사가 돌아왔다. 중간에 만난 현지인에게 물어보니 자오핑두에도 조그만 주유소가 하나 있다고 했다. 차를 타고 내려가다가 배수로에 빠진 조그만 삼륜차를 만났다. 삼륜차는 중국 시골에서 흔히 볼 수 있는, 오토바이에 작은 짐칸을 연결해서 만든 것이었다. 술이 얼큰하게 취한 노인이 사고를 낸 것이었다. 심한용 님과 기사가 나서서 빠진 바퀴를 꺼내주긴 했으나 노인이 집까지 제대로 갈지 걱정스러웠다. 삶의 고단함을 술로 달래다가 술이 또 다른 고단함을 불러왔던 것이다.

깊고 깊은 계곡 길을 한참 돌아 내려가자 강 건너편 절벽이 먼저 눈에 들어왔다. 나무 한 그루 없는 누런 흙, 회색 바위가 거칠게 박힌 가파른 경사는 마치 성난 늑대가 이빨을 드러내고 으르렁거리는 것 같았다. 2008년 대장정을 답사했던 손호철 교수가 '세상에서 가장 험한 길'이라고 했던 길이다.

드디어 진사강이 보이기 시작했다. 티베트 고원에서 발원하여 남으로 내려오다가 윈난에서 동쪽으로 방향을 바꾸어 흘러가는 강물, 그 강을 가로지르는 자오펑두 대교가 보이고, 곧이어 민가와 작은 주유소가 나타났다. 주유소는 종업원도 없이 사장이 혼자 운영하고 있었다. 자오펑두 대교 건너편의 숙소가 그나마 깨끗하다는 이야기를 듣고 찾아갔으나, 시설이 아주 열악했다. 숙소를 관리하는 할머니는 말도 손놀림도 몹시 굼떠 답답했지만 다른 방도가 없었다.

진사강에서 양림을 생각하며

밤이 깊어질수록 강물 소리가 더 크게 들리는 듯했다. 새까만 하늘 아래 무섭게 흐르는 진사강……. 자오펑두를 점령한 군사위원회 직속 간부단의 참모장이었던 조선인 양림이 떠올랐다. 조국이 일본제국에 강점당하자 중국인과 연합하여 제국주의에 대항하려 했고, 그 가운데 공산당에 합류했다. 많은 공을 세웠으나 일본군과의 전투에서 산화하여 피 끓는 인생을 이른 나이에 마감한 항일투사 양림. 그러나 북한과 대한민국 어느 곳에서도 양림을 기억하고 조국으로 데려오려는 시도는 없었다.

양림이란 존재에는 이념과 권력과 밥그릇이 서로 뒤엉켜 있었다. 이

자오핑두로 가는 길. 한참이나 경사를 오르다가 진사강 가까이에서 내리막길이 시작되었다. 경사가 급한 탓에 좌우로 수십 번은 휘돌아야 내려갈 수 있는 길이다. 10년 전만 해도 포장이 안 된 험한 길이라 당시 대장정을 답사하던 중국인 기자는 이 길을 포기하고 멀리 돌아갔다고 한다.

넘이 같다고 동지가 되는 것은 아니다. 이념이 같아 동지라면 중소분쟁은 무엇이고 중국-베트남 전쟁은 왜 일어났겠는가. 미국이 발목 잡혔던 아프가니스탄은 미국이 소련이라는 적에 대항해서 키운 이념의 동지가 아니었던가. 한 꺼풀만 벗겨보면 이념은 겉치레일 뿐 본질은 이해관계의 충돌이었다. 문화혁명에서 죽임을 당한 사람들은, 이념은 같지만 권력이 달랐기 때문에 죽었던 것이다. 권력 때문이지만 이념의 이름으로 죽인 것이다. 우리 현대사에서 권력의 그늘에서 죽임을 당한 많은 사람들도 이념이 아니라 권력자의 욕심 때문에 죽었다. 이념이 달라도 권력과 이해관계만 맞으면 동지가 되는 것이 현실이다. 이념이 같아도 이해관계가 어긋나면 죽고 죽이는 것도 현실이다.

자오핑두 대교 남단에 있는 장정 기념탑. 기념탑 뒤에 기념관이 있었지만 관리인이 설날 휴가로 고향에 간 탓에 들어가지 못해 아쉬웠다.

양림은 북한에서 이념은 같지만 소련의 지지를 받는 김일성과는 권력의 선이 닿지 않는 존재였다. 대한민국에서는 이념이라는 벽이 너무 두터웠다. 중국, 아니 아시아의 근현대사를 연구하는 학자들도 양림을 얼마나 알고 있는지 나는 알 수 없다. 거의 잊힌 존재라는 사실은 확실하다.

안타깝다. 항일을 위해 중국 공산당에 합류했던 투사들을 정당하게 평가해주어야 한다. 까만 밤하늘에 거칠게 흘러가는 강물 소리를 들으며, 그 강물을 누르고 홍군을 도강시킨 양림을 다시 생각해보는 밤이었다. 우리 항일투사들의 서글픈 역사도 그 거친 물에 씻겨나간 것인가.

다음 날 아침 자오핑두 대교를 걸어서 남으로 건너갔다. 다리 하나를

홍군의 진사강 도강을 도운 사공 리정팡. 리정팡은 이
미 세상을 떠났고 아들 내외가 자오핑두 대교 남단에
서 '노선공'이라는 구멍가게를 하고 있었다. 가게를 지
키고 있던 중년의 며느리는 시아버지의 공에 대한 중
국 정부의 보상에 불만이 있는 듯했다.

사이에 두고 북쪽은 쓰촨이고 남쪽은 윈난이다. 20년 전에 만든 이 다
리는 공사가 부실했던 탓인지 지금은 화물차 통행이 금지되어 있다. 그
래도 가끔 화물 트럭이 지나가는데, 그때마다 다리가 심하게 흔들렸다.

강을 건너면 바로 홍군 도강 기념탑이 있다. 오른손에 노를 들고 힘
차게 팔을 뻗은 홍군 전사의 모습에서 힘과 패기가 느껴졌다. 그 뒤에
있는 기념관은 문이 잠겨 있었다. 관리인이 설에 고향에 가서 아직 돌
아오지 않았다고 한다.

거리에서 우리에게 관심을 보이는 노인을 만나 자연스레 이야기를
나누었다. 당시 홍군을 건네준 사공이 모두 37명인데, 그 후손 가운데
일부가 지금도 이곳에 살고 있다고 했다. 그 노인이 알려준 후손은 기
념탑 입구 옆 조그만 상점의 주인이었다. 상점 이름도 노선공老船工이었
다. 허름한 상점 벽에 "홍군의 진사강 도강을 도운 사공 리정팡(帮紅軍渡
金沙江老船工李正芳)"이라는 문구가 새겨진 독사진과 장차오만張潮滿, 천웨

진사강 도강 당시 홍군 지휘부가 사용했던 동굴.

칭陳月淸, 리정팡 세 사공이 함께 찍은 사진이 걸려 있었다. 1976년 기념
관을 개관할 때 도강과 관련된 자료를 헌납하고 받은 상장도 걸려 있
었다. 아들은 대처의 시장에 나갔고, 중년의 며느리가 가게를 지키고
있었다.

　가게 주인의 며느리와 이야기를 나누면서 잘못 알려진 정보도 있다
는 것을 알게 되었다. 홍군이 도강한 다음 날 국부군이 들이닥쳐 홍군
을 건네준 사공들을 전부 죽였는데 미리 피신한 장씨 형제만 화를 면
한 것으로 알려져 있다. 그런데 이 며느리도 그렇고, 이 집을 알려준 노
인도 그랬고, 그런 일은 없었다고 한다. 아마도 국부군을 잔혹한 군대로
묘사하다 보니 거짓과 과장이 덧붙여졌는데, 그 내용이 그대로 인용되
면서 사실처럼 굳어진 것 같았다.

자오핑두 대교의 북단 서쪽 절벽에는 진사강을 건넌 마오쩌둥 등의 지휘부가 7일간의 도강 작전을 지휘한 동굴이 남아 있다. 동굴 몇 개와 표지석이 전부였다. 난공의 장애물 창강을 무사히 건넌 지휘부는 이곳에서 비로소 안도의 한숨을 내쉬었을 것이다.

자오핑두에서 퉁안通安을 거쳐 후이리會里로 향했다. 퉁안으로 가려면 진사강 북안의 가파른 경사를 올라가야 했다. 단번에 해발 800미터 정도를 오르는 아찔한 길이다. 아스팔트 포장은 돼 있으나 낙석과 육중한 화물차에 훼손돼 보수 중인 곳이 많고 아예 흙길인 구간도 있었다. 중국을 여행하면서 이런 험한 길을 지난 게 한두 번이 아니지만 그럴 때마다 놀라곤 한다. 어떻게 이런 곳까지 길을 내어 사람들이 오갔는지, 그 길의 끝에 사람이 어떻게 살 수 있었는지 신기할 정도였다. 인구가 너무 많아 이런 곳까지 들어와 사는 사람이 있는 것인지, 아니면 이런 곳까지 사람이 사니 그렇게 인구가 많은 것인지…….

무한질주로
루딩교를 탈취하다

답사 36일째, 후이리에서 점심을 먹은 뒤 더창德昌을 지나 량산凉山 이족彝族 자치주의 중심인 시창西昌으로 이동했다.

진사강을 건넌 다음에도 홍군은 계속 행군했다. 티베트 고원의 동쪽 끝자락에 솟아 있는 설산까지, 그야말로 무한질주의 연속이었다. 자오 핑두 북쪽의 퉁안은 선발대가 도강 작전의 안전을 확보하기 위해 미리 점령하고 있었다. 후이리는 쓰촨 군벌 류원후이劉文輝의 예하 부대가 지키고 있었다. 전투가 벌어졌으나 서로가 만만치 않았고, 장제스가 쓰촨 군벌의 하나인 류위안장劉元璋에게 2개 여단의 파병을 요청했다는 정보를 입수한 홍군은 후이리에서의 전투를 피해 북상했다.

마오쩌둥은 홍군의 총참모장인 류보청劉伯承이 류위안장과 친분이 있다는 것을 알고는 이를 활용하기로 했다. 류보청은 외교부장 역할을 맡아 선두로 나섰다. 류보청은 류위안장과 동문이었고, 더창에 주둔하고 있던 여단장 쉬젠샹許劍霜 역시 류보청의 고향 친구였다. 류보청은 편지를 써서 쉬젠상에게 보냈다. 너희들이 홍군과 싸워보아야 이기지도 못하고 전투력만 고갈되어 장제스에게 먹힐 뿐이니 서로 전투하지 말고 길만 내달라고 했다. 이해관계가 맞아떨어져 타협이 이루어졌고 전투 없이 이 지역을 무사히 통과했다.

다시 북상했다. 시창에서도 토치카를 겹겹이 세워둔 저지선을 만났다. 이곳 주둔군 여단장은 이족 출신의 덩슈팅鄧秀廷이었는데, 그 역시 류보청의 어릴 때 친구였다. 이번에도 협상을 하여 전투 없이 수월하게 통과해서 루구瀘沽에 도착했다.

이족과 형제의 결맹을 맺다

우리는 시창에 있는 이족 노예사회박물관을 둘러보기로 했다. 1950년대 초반까지 이족 사회에는 노예제도가 남아 있었다. 1956년에 공산당은 이족의 노예제도를 폐지하면서, 노예사회에서 사회주의까지 1000년이나 걸릴 역사 발전을 한순간에 이루었다고 자화자찬했다. 1980년대에 이족의 문화와 역사를 보여주는 노예사회박물관이 세워졌다.

노예사회박물관에는 노예사회의 계급 구성이나 노예 매매계약서 등등 당시 사회제도를 보여주는 자료들이 전시되어 있다. 대장정 당시에 이족과 홍군이 형제의 의를 맺은 것으로 시작해서 그 이후 항일전쟁과 해방전쟁에서 이족이 공산당에게 얼마나 잘 협력했는지, 해방 후에 노예제를 폐지하는 민주개혁을 통해 이족 사회가 얼마나 발전했는지를 강조하는 내용이 많았다.

중국은 지금도 소수민족의 독자성을 존중하고 그들을 보호한다는 정책을 내세운다. 그 가운데 이족과 형제의 결맹을 한 것을 가장 극적인 스토리로 언급하곤 한다.

1935년 5월 류보청을 앞세워 쓰촨 남부를 가로질러 북상하던 홍군은 더창과 시창을 지나 루구에 이르렀다. 루구에서 다두하大渡河로 북상하는 길은 두 갈래가 있었다. 동쪽의 대로는 길은 좋으나 국부군이 지키고 있었고, 서쪽의 소로는 길이 좁고 이족의 땅이었다. 홍군은 서쪽의 소로를 택하고 이번에도 류보청의 외교전으로 헤쳐가기로 했다.

류보청은 선발대를 보내면서 이족과 전투를 벌이지 말라고 명령했다. 국부군과 홍군을 구별하지 못하던 이족은 한족의 군대가 온다고 하니 길을 큰 바위로 막기도 하고 강을 건너지 못하게 배를 전부 없앴다. 칼과 낫과 몽둥이로 무장하여 홍군을 습격하기도 했다. 이족과의 전투를 무조건 금지한다는 명령을 받은 선발대는 총과 소지품과 옷까지 약탈당하면서도 싸우지 않았다.

류보청은 통역을 대동하고 이족을 만나러 갔다. 그는 이족 사람들에게 홍군은 가난한 인민을 위해 국민당의 한족 관리들과 싸우는 군대이며, 이곳에 머무르려는 것이 아니라 일본 침략자들과 싸우기 위해 북쪽으로 가는 중이라고 설명했다. 그러자 어린 소년이 류보청을 마을로 안내했다.

궈지웨다果基約達라고 하는 이족 지도자가 류보청을 맞아들였다. 류보청은 열정적으로 이들을 설득했고, 결과는 성공적이었다. 궈지웨다는 홍군에게 길을 내주기로 하고, 류보청에게 형제를 맺자고 제안했다. 류보청은 지휘부에 보고해 결의형제의 의식을 거행해도 좋다는 승인을 받았다. 이족 지도자와 류보청은 이해彝海라고 하는 호숫가에서 붉은

이족 노예사회박물관의 이해 결맹 관련 전시물. 이족의 지도자 궈지웨다와 홍군 총참모장 류보청이 이족의 관습에 따라 형제의 결의로써 닭의 피를 나눠 마시는 그림이다.

수탉을 잡아 피를 받아 나눠 마시는 이족의 결의형제 의식을 거행했다. 역사에서는 이를 일컬어 '이해 결맹'이라고 한다. 1935년 5월 22일의 일이다.

당시 이족은 노예제 사회로, 이론적으로는 공산당이 타도해야 할 대상이었다. 그럼에도 가장 낡은 노예사회의 지도자와 가장 진보적이라는 홍군의 수장이 봉건적인 의식으로 형제관계를 맺는 기묘한 장면을 보여주었다. 홍군은 소수민족의 독자적인 의사결정과 그들의 문화를 존중한다는 명분으로 이족 결맹을 합리화했다.

덕분에 안전한 통로를 확보한 홍군은 국부군의 예상보다 훨씬 빠르게 북상했다. 이족 지역을 통과한 홍군은 쓰촨 중남부 지역을 흐르는 다두하에 도달했다. 이 강만 무사히 건너면 쓰촨의 성도인 청두로 갈 수도 있었고, 쓰촨 서부에서 제4방면군과 합칠 수도 있었다. 대장정의 목표를 곧 달성할 것만 같았다.

우리는 노예사회박물관을 둘러보고는 이해 결맹 현장으로 가기 위해 북쪽으로 차를 달렸다. 그러나 홍군과 달리 우리는 이족과 인연이 닿지 않았다. 고속도로 출구가 아무런 예고도 없이 막혀 있었던 것이다. 되돌아가기에는 시간이 넉넉지 않아 이해 결맹의 현장은 포기하기로 했다. 답사를 마치고 나서 두고두고 아쉬운 장소가 바로 이 이해 결맹의 현장이다. 순간의 선택이 내내 아쉬움으로 남아버렸다.

그날 저녁 머물기로 한 스몐石棉은 루딩교瀘定橋에서 남으로 흘러내려온 다두하가 동쪽으로 방향을 바꾸는 곳에 있었다. 답사 37일째 이곳에 도착했다. 다음 날 '강도대도하强渡大渡河'의 현장 안순창安順場을 거쳐 '비탈노정교飛奪瀘定橋'의 현장인 루딩교까지 가기로 했다. "다두하 도강을 강행하고, 날아가 루딩교를 탈취하다"라는 말 그대로 홍군이 대장정에서 치른 가장 극적인 전투로 꼽힌다. 이 전투의 핵심 목표는 물결이 거센 다두하를 무사히 건너는 것이었다. 홍군은 강 건너 진지에 몸을 숨긴 국부군이 무차별로 퍼붓는 총탄 세례를 뚫고 강을 건너 도강 지점을 확보해야 했다.

답사 38일째 오전, 안순창의 대장정 유적지를 둘러보았다. 새로 지은 안순창의 대장정 기념관은 세련된 멋이 있었다. 찬찬히 둘러보고 나오니 다두하의 시퍼런 물이 눈에 들어왔다. 갈수기인데도 다두하의 물은 시퍼렇다. 가만히 쳐다보고 있으면 보는 이를 빨아들일 듯 곳곳에 작은 소용돌이가 일었다. 처음에는 홍군이 이곳에서 도강을 포기하고 루딩

안순창의 도강 지점을 표시한 홍군도紅軍渡 기념비. 지금은 상류에 댐이 건설되어 물살이 그렇게까지 험하지 않았다.

교까지 치고 나갔다는 기록에 비하면 물살이 순해 보였다. 그러나 지도를 보고 금세 수긍했다. 지금은 상류에 댐을 건설해서 물을 가두고 있기 때문에 안순창의 물이 순해진 것이었다.

홍군은 이족 결맹을 디딤돌로 삼아 빠른 속도로 북상하여 안순창에 다다랐다. 다두하는 쓰촨 서북부에서 남쪽으로 흘러오다가 안순창에서 동쪽으로 방향을 틀어 민강岷江으로 합류하여, 다시 창강으로 이어지는 지류다. 수심이 깊고 강바닥에 커다란 바위가 많아 물살이 거세고 소용돌이까지 많아 헤엄은커녕 배로 건너기도 쉽지 않다.

홍군 선두는 5월 24일 밤 안순창에 도착했고, 그다음 날 안순창의 나루터까지 순식간에 점령했다. 안순창의 국부군은 홍군이 이렇게 빨리 도착할 줄 모르고 있다가 순식간에 나루터와 배를 홍군에게 빼앗겼다.

그러나 홍군 지휘부는 안순창에서 도강하는 것이 불가능하다는 것을 깨달았다. 다두하의 물살이 워낙 거센 탓에 배를 띄우기도 어려웠다. 배를 띄운다고 해도 홍군이 확보한 세 척의 배로는 홍군 전체가 도강하는 데 한 달 넘게 걸릴 터였다. 홍군의 북상 의도를 뻔히 알고 있던 장제스는 이미 충칭에서 청두로 와서 홍군 포위 작전을 직접 지휘하고 있었다.

장제스는 진사강과 다두하로 만들어지는 삼각형 안에 홍군을 가두려 했다. 중앙홍군의 남쪽에서는 추격군이 3일 거리에 다가와 있었고, 다두하 북쪽에서는 쓰촨군 5개 사단이 남하하고 있었다. 서쪽 티베트 고원에는 인구가 희소하여 식량을 구할 수 없을뿐더러, 티베트인들이 장제스의 요구에 호응하여 홍군을 공격할 경우 중앙홍군이 완전히 전멸될 수도 있는 상황이었다.

5월 26일 홍군의 작전회의에서 쓰촨 출신 류보청은 안순창 북쪽에 있는 루딩교를 건너자고 제안했다. 이 다리는 건륭제 시대에 티베트 통치를 원활하게 하기 위해 건설한 다리였다. 지휘부는 이 다리를 점령하여 도강하기로 했다. 이 다리를 건넌 적이 있던 주더는 루딩교까지 거리가 160킬로미터나 되기 때문에 시간이 촉박하다는 점을 상기시켰다.

안순창에서 루딩교까지

안순창에서 루딩까지 가는 211번 성도는 다두하와 나란히 달리는데 100킬로미터면 루딩교에 도착할 수 있었다. 차창을 통해 보기만 해도 홍군이 쉽게 건너지 못한 다두하를 온몸으로 느낄 수 있었다. 수영은커녕 배를 타고 건넌다고 해도 불가능할 만큼 물살이 거칠었다. 차를 타고 건너는데도 오싹한 느낌이 들었다.

1935년 5월 27일 새벽, 제1군단 4연대가 3일 안에 루딩교를 점령하라는 명령을 받고 선두로 출발했다. 4연대는 작은 전투를 치르기도 하고 산을 돌아 적군을 피하기도 하면서 첫날 40킬로미터를 전진했다. 이때 전령이 말을 타고 달려와 급히 선발대에 새로운 작전 명령을 전달했다. 국부군이 루딩교 수비를 강화하기 위해 지원군을 출발시켰으니, 3일이 아니라 2일 안에 루딩교를 점령하라는 것이었다. 선발대는 생쌀로 허기를 때우고는 쉴 틈도 없이 다시 출발했다. 개인 군장도 탄약 등 최소한의 무장만 하고는 모두 내려놓았다.

5월 28일 밤 다두하 강변에서 잠시 휴식을 취하던 홍군은 다두하 건너편에서 횃불을 들고 가는 군대를 발견했다. 루딩교로 증파되는 국부군이었다. 깜짝 놀란 홍군은 마을에서 대나무 담장을 통으로 사서 횃불을 만들어 뛰기 시작했다. 다두하의 강폭이 넓지 않은 곳에서는 서로 쳐다보면서 구보를 하는 기묘한 광경이 연출되었다. 국부군이 고함을 쳐서 어느 부대인지 묻자 쓰촨 출신의 홍군이 쓰촨 사투리로 국부군이라고 거짓말을 하면서 10여 킬로미터 이상을 함께 경쟁하듯 구보를 했다. 게다가 비까지 내렸다. 빗줄기가 굵어지자 국부군은 행군을 멈추고 숙영을 준비하기 시작했다. 홍군은 쉬지 않고 밤샘 행군을 이어갔다. 홍군은 공 끝이 살아 있는 투수였고, 국부군은 공 끝이 처진 것이었다.

29일 새벽 홍군 제4연대는 루딩교 서쪽에 도착했다. 잠시 전열을 가다듬은 홍군은 루딩교 서쪽 수비군을 공격해 진지를 점령해버렸다. 루딩교는 쇠사슬을 이어 만든 쇠줄을 바닥에 아홉 가닥, 좌우로 두 가닥씩 모두 열세 가닥으로 연결하여 그 위에 목판을 간 일종의 현수교였다. 그러나 국부군 수비대가 이미 대부분의 목판을 치워버린 상태였다. 다리 동쪽에는 모래주머니로 진지를 견고하게 구축하고 있었다.

홍군에게는 쇠줄을 타고 건너가서 적의 진지를 점령하는 방법밖에 없었다. 이를 위해 22명의 돌격대가 나섰다. 오후 4시에 돌격대의 공격이 시작되었다. 돌격대는 목판을 방패 삼아 날아오는 총탄을 피하며 쇠줄을 타고 한 뼘씩 기어가기 시작했다. 뒤에서는 쇠사슬 위에 목판을 깔면서 쫓아왔다. 국부군이 진지에서 거센 총격을 가했고 쇠줄을 타고 기어가는 돌격대 역시 치열하게 총을 쏘며 접근해갔다. 돌격대가 다리 끝부분까지 접근하자 국부군은 다리에 불을 질렀다. 그러나 돌격대는 불을 뚫고 뛰어들어 피 튀기는 백병전을 벌였다. 다리를 넘어간 홍군은 두 시간 동안 치열하게 시가전을 벌인 끝에 루딩교와 그 후방의 루딩현을 완전히 점령했다. 그날 밤 다두하 동쪽으로 북상해온 홍군 제1사단이 도착하면서 루딩교 전투는 홍군의 완벽한 승리로 끝났다.

루딩교 전투는 대장정에서 가장 멋진 전투로 묘사된다. 루딩교 현장을 돌아보면, 아무리 승리한 자의 과장이 덧칠되었다 하더라도 좁은 다리를 건너 적의 진지를 깨부순 것은 기적이라는 생각이 든다. 전투도 전투지만 160킬로미터를 숙영도 하지 않고 48시간 만에 구보로 돌파한 것도 인간의 한계를 뛰어넘는 일이다.

군사 지휘권을 잡은 마오쩌둥이 유격전을 구사하면서 장제스의 추격과 포위를 뚫고 이곳까지 올 수 있었던 것은 홍군 전사들의 질주 덕분이었다. 안순창에서 루딩교까지는 그야말로 무한질주였고, 그 결과 장제스의 추격을 따돌릴 수 있었다.

질주……. 병력과 화력의 열세를 강인한 정신력으로 극복한 것이 바

로 홍군의 질주였다. 중국의 장정 기념관들은 마오쩌둥의 '귀신같은 작전 지휘'를 칭송하지만, 내가 보기에는 홍군 전사들의 '목숨을 건 구보'가 승리로 이끈 더 큰 힘이었다고 생각된다.

안순창을 떠나 그날 늦은 오후에 루딩교에 도착했다. 동티베트를 답사할 때 두 번이나 와본 적이 있던 루딩교 101미터를 다시 걸어보았다. 30미터 아래의 시퍼런 물살은 보기만 해도 아찔했다. 목판을 탄탄하게 잘 깔아놓았지만 난간 쪽으로는 걷지 못하고 가운데로만 새색시 걸음으로 걸었다. 홍군 돌격대는 총알이 날아오는 와중에 이 다리를 무슨 생각으로 기어가서 공격했을까. 나로서는 도저히 상상하기 힘든 일이다.

루딩교 전투 이야기를 들을 때 심하게 과장되었을 거라고 의심했지만 직접 와서 보니 수긍하지 않을 수 없었다. 아무리 적은 병력이라도 국부군이 지키고 있다면 당연히 목판을 치웠을 것이고, 다리를 건너야 하는 홍군은 국부군의 총격을 받으며 기어왔을 것이고, 불리한 형세였지만 결국엔 다리 건너의 방어진지를 탈취했다는 사실을 부정할 수 없다.

홍군 전사 한 사람 한 사람의 가슴속에 무엇인가 있었기에 이런 극적인 승리가 가능했을 것이다. 그것은 무엇이었을까. 이념? 그것만은 아닐 것이다. 홍군의 지휘부나 간부였다면 모를까, 병사 대부분은 마르크스의 저작을 읽어본 적도 없을 것이다. 공산당의 선전선동? 더더욱 아니다. 선전선동에 넘어가 목숨을 내던지는 사람이 한둘은 있겠지만 이렇게 극적인 스토리를 연이어 만들어낼 수는 없는 법이다. 충성? 충성도 일종의 결과물이지 그 무엇은 아니다. 충성을 만들어낸 것이 무엇인가 말이다. 그나마 가까운 답은 밥이 아닐까. 밥그릇의 밥, 마음의 밥, 정신적인 밥, 이런 것들이 한데 융합되어 폭발적인 에너지를 만들었을까. 하지만 이런 설명도 뭔가 부족하다. 대장정 답사 내내 되새기던 질문이다.

쉬단의 고향 집을 방문하다

홍군은 루딩을 떠나 동북 방향의 바오싱으로 가서 자진산夾金山이라는 설산을 넘었다. 루딩교까지가 국부군의 추격으로부터 벗어나기 위한 생존의 질주였다면, 루딩교 이후의 대장정은 설산과 습지라는 자연의 장애물과, 외적보다 더 파괴적인 내분을 헤쳐가는 고난의 행군이었다.

답사 여행도 같은 노선을 따라가기는 하지만, 가는 길에 중국인 기사 쉬단의 고향인 야안시 밍산名山을 들르기로 했다. 그의 부인과 딸도 설날을 지내러 와 있다가 우리가 들를지도 모른다는 소식에 어머니와 함께 기다리고 있었다.

루딩에서 야안으로 가는 길은 정상이 해발 3437미터나 되는 얼랑산 二郎山을 넘는 험한 길이었다. 지금은 해발 2200미터 부근에 길이 4176 미터의 터널이 뚫려 있어 상당히 편리해졌다. 그런데 얼랑산 터널을 거의 통과할 무렵 차들이 모두 멈춰서 있는 것이 아닌가. 교통사고라도 났나 했더니 얼랑산의 동쪽에 눈이 내려 그런 것이었다. 우리도 태백산맥 동서의 날씨가 다른 것처럼, 얼랑산 양쪽의 날씨도 완전히 달랐다. 우리는 차에서 내려 흰 눈이 연출해주는 하얀 세계를 만끽했다. 마치 깜짝쇼를 구경하는 기분이었다. 나무에는 흰 눈꽃이 피어 있었다. 쉬단이 체인을 감는 동안 카메라를 들고 어린아이처럼 터널 밖으로 나갔다. 온통 눈 세상이었다.

우리나라에선 볼 수 없는 재미있는 장면도 보았다. 터널 출구에 체인을 팔거나 체인을 장착해주는 사람들이 줄지어 기다리고 있었다. 참 기민한 중국인이다. 체인 장착 시간도 무척 빨라 비용이 아깝지 않았다. 그런데 산 아래로 내려가니 체인 벗겨주는 비용을 따로 받고 있었다. 쉬단은 체인을 벗겨주는 비용까지 미리 냈다는데, 이중으로 냈으니 깜찍한 속임수에 넘어갔던 것이다.

야안시에 숙소를 잡아두고 교외에 있는 쉬단의 고향집으로 향했다. 마을에 도착하자 쉬단은 시장에서 이것저것 급한 대로 선물과 먹을거리를 샀다. 누구나 고향 가는 마음은 설레는 법인데, 2년 만의 귀향이니 어떠하겠는가. 이미 해가 기울었는데도 쉬단은 집에 들어가기 전에 산소를 보고 가도 되겠냐고 물었다. 흔쾌하게 그러자고 했다.

　쉬단은 아버지와 할아버지 산소 앞에 큼지막한 향을 피우고 지전을 넉넉하게 태운 다음 절을 했다. 고향을 찾은 아들이 자식 노릇을 하는 모습이 보기 좋았다.

　얼굴이 검게 탄 중년 아주머니가 활짝 웃으며 우리를 맞아주었다. 초등학교 5학년짜리 예쁜 딸아이와 밝게 웃는 젊은 부인도 뒤따라 나왔다. 한 달 만에 만나는 부부이니 손이라도 잡아보거나 가볍게 안아줄 법했지만 어머니와 손님들이 있어서 그랬는지 그저 웃기만 했다. 잠시 후 사촌동생이 아이들을 데리고 찾아왔다. 서울에서 준비한 작은 선물을 담은 복주머니를 하나씩 건넸다. 망외의 한국 손님을 보고 놀라기도 하고 예쁜 선물을 받고 즐거워하기도 했다. 차미가의 안시은 대표가 정성스럽게 준비해준, 우리의 전통 향기가 가득 배어 있는 복주머니였다. 그 안에 막대사탕과 연필, 지우개, 화장품 샘플 등과 함께 두 나라의 우

오랜만에 돌아온 아들과 생각지도 못한 손님들을 위해 내온 조촐하지만 마음은 풍성한 저녁상.

정을 바란다는 인사말 메모를 넣은 것이다.

　잠시 후 쉬단과 함께 마을을 한 바퀴 걸었다. 앞뒤에 논밭이 있고, 차나무가 많은 평범한 시골이었다. 곧 찻잎을 수확할 때가 되었다고 했다.

　주방에 놓인 식탁에서 늦은 저녁식사를 했다. 주방 천장에는 라러우 臘肉라고 하는 훈제 돼지고기도 걸려 있었다. 중국 시골 민가의 주방은 청결하지 않은 경우가 많은데, 쉬단네 주방은 깔끔했다. 평범한 시골 밥상이 차려졌다. 채소와 볶은 고기와 밥, 간단하게 백주 한 잔까지. 어디를 가나 어머니의 밥상은 따뜻한 법이다. 이렇게 해서 설날에도 쉬단에게 일을 하게 한 미안함을 조금 덜어내고는 다음 여정을 준비했다. 이제 설산이다. ◗

7장

고난

—

설산과 습지와
내분

다구빙산

설산 넘어
제4방면군과 만났으나

다음 날 대장정 노선으로 복귀하여 자진산의 남쪽 대문에 해당하는 바오싱寶興으로 이동했다. 자진산에 가까워질수록 깊은 계곡과 가파른 절벽이 이어졌다. 바오싱 경계에 들어서자 '세계 판다大熊猫 발현지'라는 푯말이 외지인을 맞아주었다.

자진산의 남문 바오싱

바오싱 시내의 홍군광장에 있는 '홍군 장정 반월翻越 자진산 기념관'은 수리 중이었다. 광장 한가운데 목봉을 짚은 홍군 전사들의 모습을 새긴 기념탑 이 당시의 설산 행군 장면을 떠올리게 했다.

바오싱에서 마땅한 숙소를 찾지 못하고 자 진산 쪽으로 갔다가 돌아 내려오는데 파출소가 보였다. 답사지 정보도 확인할 겸 파출소로 들어갔다. 역시 중국에서 여행객에게 가장 유용하고 친절한 사람은 항공사 직원 다음으로 경찰이었다. 바오싱의 대장정 유적에 대해 묻고 외국인이 투숙할 수 있는 적당한 숙소를 물었더니 자기들끼리 의논해서 한 곳을 알려주었다. 숙소 위치를 한 번 더 묻자 상관인 듯한 사람이 나서서 순찰차로 안내해주라고 해서 덕분에 경찰차의 에스코트를 받으며 숙소를 찾아갔다. 중국은 외국인 투숙이 허용된 숙소가 따로 있기 때문에 중소도시에 가면 가끔 난감한 일이 생긴다. 외국인을 상대한 경험이 없어 외국인 투숙 등록을 하는 데 시간을 질질 끌기 일쑤다. 경찰이 데려다준 숙소도 외국인 숙박 등록을 할 줄 몰라 경찰이 도와주었다. '좋은 아빠' 인상을 가진 그 경찰에게 작은 선물을 하나 건넸다.

중앙홍군이 루딩교를 떠나 자진산 입구까지 오는 데는 우여곡절이 있었다. 홍군은 1935년 5월 29일 루딩교를 건넌 다음

바오싱의 홍군 광장에 있는 홍군 자진산 반월 기념탑. 목봉을 짚은 전사가 당시의 행군을 사실적으로 보여주는 듯하다.

다두하를 따라 북쪽으로 전진했다. 6월 3일에는 제4방면군으로부터 반가운 전보를 받았다. 중앙홍군을 영접하기 위해 리셴녠이 이끄는 제25사단이 샤오진小金으로 가고 있고, 선두는 이미 자진산 북쪽 기슭에 도착했다는 소식이었다. 질주와 전투에 지친 중앙홍군에게 더할 나위 없이 반가운 전문이었다. 열흘이면 만날 수 있는 거리였다. 그러나 장제스 군대가 지키고 있는 잉징滎經, 톈취안天全, 루산蘆山, 바오싱을 지나야 했다.

잉징의 수비군 책임자는 주더의 소학교 동창의 조카였기에 협상을 시도했다. 공격하거나 주둔하지 않고 통과만 할 터이니 길을 내어달라고 하자 순순히 길을 내주었다. 그러나 톈취안에 접근하던 중 국부군의 공습을 당했다. 마오쩌둥 바로 옆에 폭탄이 떨어지는 바람에 그의 경호반장이 피투성이가 되어 전사했다. 공습이 지나가자 그의 시신을 매장하고 마오쩌둥이 제주 대신 수통의 물을 한 잔 따라 애도를 표했다. 하늘이 도왔다고 할까, 폭탄도 마오쩌둥을 비켜갔으니.

중앙홍군은 톈취안을 공격했다. 수비가 허술한 북문을 심야에 습격해 단숨에 점령했다. 북문에서 요란한 총성이 들리자 남문을 수비하고 있던 국부군은 황망하게 도주했다. 중앙홍군은 이곳에서 이틀 동안 달콤한 휴식을 취했다. 그리고 통신이 두절된 코민테른에게 중국 정세와 공산당의 현 상황 등 중대한 변화를 알리기 위해 천원을 상하이로 보냈다. 천원은 류보청의 쓰촨 인맥으로부터 도움을 받아 충칭으로 빠져나갔고, 창강을 따라 상하이에 도착했다. 이곳에서 지하조직을 재건하고는 쑨원의 미망인 쑹칭링宋慶齡의 도움을 받아 블라디보스토크를 거쳐 넉 달 후인 10월에 모스크바의 코민테른에 도착했다. 천원은 그간의 경과를 알리고 통신을 복원했다.

  홍군은 톈취안에 이어 루산도 쉽게 점령했다. 홍군 1개 연대가 현지인 차림으로 위장하여 성안으로 잠입해서는 다음 날 새벽 일거에 성 전체를 장악했다. 루산 다음의 바오싱에는 국부군이 없었다. 바오싱의 국민당 지방 관리는 홍군이 온다는 소식을 듣고 줄행랑을 쳤다. 바오싱에 도착한 중앙홍군은 이제 자진산을 넘을 차례였다. 그러나 후미의 안전을 확보하기 위해 제9군단을 루산 동쪽에 있는 다이大邑, 궁라이邛崍 방향으로 전진하게 했다. 아니나 다를까, 중앙홍군을 추격해오던 국부군이 급히 궁라이 쪽으로 쏠리면서 후미 추격에 공백이 생겼다.

적보다 무서운 피로와 고산 증세

1935년 6월 중앙홍군은 후미 걱정을 덜고 자진산을 넘어가기만 하면 제4방면군과 만날 수 있게 되었다. 자진산 남록에서 북록으로 가는 길은, 동쪽으로 돌아가는 길과 서쪽으로 돌아가는 길, 산을 넘는 길 세 갈래가 있었다. 동쪽 길은 수월하나 국부군이 단단하게 지키고 있었다. 서쪽 길은 짱족藏族(티베트인) 마을을 수없이 지나야 하는데 중앙홍군과 사이가 좋지 않아 돌발적인 위험이 도사리고 있었다. 산을 넘는 길은 적군이 없고 가장 짧은 거리였지만 길이 험난했다. 자진산은 4124미터로 정상에 1년 내내 눈이 덮여 있었다. 길이 험해 추락할 위험이 높았고, 길을 잃어 하루 안에 넘지 못하면 여름에도 동사하기 십상이었다. 고산지대라 날씨 변화가 극심했고, 고산 증세로 인해 자칫하면 죽음에 이를 수 있는 고난의 구간이었다. 홍군은 국부군이나 짱족 같은 인적인

자진산 고갯마루에서 남쪽으로 내려다보면 자진산을 거슬러 올라오는 길이 보인다.

장애를 피하고 그 대신 자연의 장애를 넘기로 했다.

6월 12일 중앙홍군의 선발대가 목봉을 하나씩 짚고 산을 오르기 시작했다. 자진산 능선을 넘어가기 위해 눈밭을 통과했다. 당시 홍군 전사 중에는 장시성 출신이 많았다. 그들은 눈을 처음 보고 마냥 신기해했지만 그것도 잠시, 곧 눈이 얼마나 무서운지 알게 되었다. 발이 푹푹 빠져들어갔고, 크레바스와 절벽에서 추락하지 않기 위해 정신을 바짝 차려야 했다. 한여름인데 갑자기 우박이 쏟아지기도 했다. 홍군이 입은 옷은 홑겹이었으니 추위에 벌벌 떨어야 했다.

선발대는 희생자 없이 하산하기 시작했고, 자진산 북록의 다웨이에서 드디어 제4방면군 선발대를 만났다. 그들은 서로 신원을 확인하고는 얼싸안으며 기뻐했다. 장정을 떠난 지 239일 만에 만리 행군을 거쳐서 드디어 제4방면군을 만난 것이었다! 제4방면군의 선발대는 전투에 지친 중앙홍군 선발대를 위해 작지만 푸짐한 연회를 열었다.

선발대가 무사히 도착했다는 보고를 받은 중앙홍군은 본대 전사들의 고산 행군을 준비했다. 옷을 최대한 껴입으라 했지만 사실 입고 있는 옷이 전부였다. 짚신 안의 맨발을 보호하기 위해 발싸개를 하도록 했다. 그 외에는 추위를 이길 수 있게 고추와 생강을 끓인 물을 수통에 넣어 주는 게 고작이었다. 선발대는 젊은 전사들이라 희생자가 나오지 않았으나 본대는 사정이 달랐다. 나이가 많거나 체력이 소진된 전사들이 많았다. 부상병이 들것을 메고 가는 것도 보통 일이 아니었다.

자진산을 넘어가는 홍군에게 하달된 주의사항은 아무리 힘들어도 걸음을 멈추지 말라는 것이었다. 이미 피로도 극심한 데다가 고산 증세로 호흡이 가빠진 상태에서 한번 앉으면 다시 일어나기 힘들기 때문이다. 이렇게 해서 6월 14일과 15일 이틀에 걸쳐 중앙홍군 본대가 산을 넘었다. 일부 추락사도 있었고 한번 앉았다가 영영 일어나지 못한 전사도 있었다. 마오쩌둥은 자신이 타던 말을 부상병에게 내주고 온힘을 다해 걸었지만 수시로 젊은 경호원들의 부축을 받아야 했다. 마침내 중앙홍군은 첫 번째 설산을 건넜다. 그나마 여름이라 피해가 덜했다.

바오싱에서 경찰이 잡아준 호텔에서 하룻밤 쉬고 다음 날 아침 조금 긴장된 마음으로 자진산을 향해 출발했다. 바오싱의 숙소에서 자진산 북록의 다웨이까지는 135킬로미터, 홍군이 본격적으로 산행을 시작한 차오치曉磧부터는 80킬로미터였다. 찻길은 소로보다 훨씬 완만하게 오르내린다는 점을 감안하고 홍군이 거의 직선으로 행군했다고 가정해

자진산 올라가는 중간에 있는 장정 기념탑. 설산을 힘겹게 넘는 전사들의 모습이 사실적으로 묘사되어 있다.

서 3분의 1만 계산해도 30킬로미터는 되었을 것이다. 산길은 한 시간에 기껏해야 3킬로미터 정도 갈 수 있다. 군장을 한 채 가파른 산길을 아침에 출발해 해 떨어지기 전에 도착하는 게 가능한 일일까. 쉬지 않고 걸었다고 해도 열 시간 넘게 걸렸을 것이다. 목숨을 걸고 걸었다고 이해할 수밖에 없다.

차가 바오싱 시내를 벗어나 산으로 들어서자 길가의 민가에서 짱족의 분위기가 진하게 나기 시작했다. 도로 옆으로 계곡물이 거칠게 흐르고, 곳곳에 작은 폭포들의 속살이 비쳤다. 산허리쯤 커다란 저수지 옆에 '홍군 장정 반월 자진산 기념탑'이 있었다. 붉은 대리석으로 만들어진 기념탑에는 자진산을 넘는 홍군 전사들의 모습이 부조로 새겨져 있었다.

탑신의 비기碑記에는 홍군이 자진산을 세 차례 넘었다고 기록되어 있었다. 첫 번째는 중앙홍군이 1935년 6월에 넘은 것이다. 두 번째는 마오쩌둥과 갈라선 장궈타오의 제4방면군이 청두를 공격하기 위해 그해 10월 북에서 남으로 넘은 것이었다. 장궈타오의 홍군은 이 전투에서 패했고, 1936년 2월 다시 자진산을 넘어 북쪽으로 갔다. 세 번째 넘은 것은 전투에서 패배한 뒤 철수할 때였는데, 마침 겨울이라 가장 힘들고 참담했다고 한다. 대장정과 관련해 설산에서 고난을 겪은 것은 주로 제4방면군이었다. 중앙홍군은 여름에 넘었기 때문에 그나마 고통이 적었다.

기념탑을 지나 자진산 산길을 계속 올랐다. 도로 위의 눈은 이미 녹아 차가 다니는 데 지장이 없었지만, 길가의 마른 나뭇가지에는 눈꽃이 아름답게 만발한 겨울 풍경 그대로였다. 해발 3000미터를 넘어가자 날씨가 급변했다. 구름이 몰려와 계곡을 덮었다가 사라지면 파란 하늘이 다시 나타났다. 이 구름이 비를 뿌리면 비와 우박이 한바탕 지나가게

자진산 고갯마루의 표지석. 고산에서 보는 하늘은 더 푸르고 구름도 훨씬 더 빛나는 백색이다.

된다. 30분 사이에도 이렇게 날씨가 완전히 바뀌는 것이다.

정상을 앞두고 해발 4000미터 가까운 곳에 조그만 전망대가 나타나 잠시 차를 세웠다. 구불구불 꺾이면서 정상까지 오르는 길이 위로 멀리 보였다. 그 사이에 걸어서 올라오는 소로도 보였다. 좌우로 꺾으며 오르긴 마찬가지지만 소로는 짧게 꺾이는 길이다. 홍군이 자진산을 넘어갈 때에는 이런 소로를 걸었을 것이다.

고도가 3000미터를 넘으니 공기가 희박해져서 심호흡을 하게 된다. 거대한 산록과 끝이 보이지 않는 능선의 장관을 보고 있자니 잠시나마 소심한 가슴이 탁 트이는 것 같았다. 고산에서 바라보는 하늘은 눈이 부시도록 푸르고 아름다웠다.

해발 2500미터를 넘으면 누구나 고산 증세를 겪게 된다. 뛰는 것은 물론 소리를 치거나 심지어 '묵찌빠'만 해도 고산 증세가 심해질 수 있다. 동섭 군은 돼지를 보고 뛰어가는 바람에 잠시 고산 증세에 시달려야 했다.

별안간 새끼돼지들이 뛰어다녔다. 고산에서 야크와 함께 방목하는 돼지였다. 일곱 살 동섭 군이 귀여운 돼지를 보더니 말릴 틈도 없이 돼지를 쫓아 뛰어갔다. 몇 분 지나지 않아 터덜터덜 돌아오면서 "엄마 힘들어, 엄마 힘들어"를 연발했다. 가만히 있어도 숨이 가쁜데 콩콩거리며 뛰었으니 고산 증세가 나타나는 게 당연했다.

산길 정상에 해발 4114미터를 알리는 푯말이 있었다. 전후좌우로 넓게 퍼진 능선들이 하늘을 받치고 있었다. 같은 하늘이지만 땅이 크니 하늘도 더 커 보였다. 인구가 조밀한 좁은 땅에서 살아서 그런지 중국의 넓은 대지와 광대한 하늘을 보면 부러움이 앞서곤 한다.

돼지와 놀다가 고산 증세를 겪은 동섭 군은 차에서 내리지도 못하고 누워서 앓는 소리를 냈다. 정상에서 뜨거운 물을 붓기만 하면 되는 비빔밥으로 다소 낭만적인 점심을 먹으려고 했으나 포기하고 서둘러 하산했다. 고산 증세를 완화하는 최고의 치료는 하산이기 때문이다.

고갯길을 넘어 북사면으로는 아직 눈이 녹지 않은 구간이 보였다. 체인 없이 올라오는 차도 있었지만 우리는 안전을 위해 체인을 감았다. 자글자글거리는 소리를 들으며 내려가다가 체인을 풀었다. 잠시 후 민가가 하나둘 보이기 시작했다. 여름에 야크 떼를 산 위에서 방목할 때 머무는 집인 것 같았다. 조금 더 내려가니 짱족 분위기가 물씬 풍기는 마을이 나왔다. 다웨이인가 싶어 차를 세우고 표지를 확인해보니 자진촌이었다. 마을 광장에는 자진산을 넘는 홍군을 붉은 대리석으로 묘사한 탑이 있는데, 이름도 없고 아무런 설명도 없었다. 기념탑을 짓다가 중단했는지, 아니면 어떤 연유가 있는 기념탑인지 알 수 없었다.

자진촌에서 30분 정도 더 내려가자 계곡 옆으로 다웨이가 나왔다. 작은 물을 건너니 중앙홍군과 제4방면군이 만난 지점이 나왔다. '홍군 장정 제1방면군, 제4방면군 다웨이 회사會師 기념탑'이 길가에 세워져 있었고, 기념탑 아래 홍군이 건너왔을 작은 다리가 보였다. 중앙홍군과 제4방면군의 선발대는 살아 돌아온 형제를 만나는 기분이었을 것이다. 얼굴을 본 적도 없지만 같은 홍군으로서, 사선을 넘나들었으니 혈육의 재회 같았을 것이다.

길가의 허름한 식당에서 늦은 점심을 먹었다. 볶음밥과 국수만 파는 구멍가게 겸 식당이었다. 고산 증세에 끙끙 앓다가 잠들었던 동섭 군도 얼굴색이 다시 돌아왔다. 정신이 들었는지 엄마에게서 떨어져 식탁에 턱을 괴고 있었다. 주인장이 국수를 삶는 동안 먹으라고 내준 땅콩을 먹기 시작하더니 언제 앓았냐는 듯 볶음밥까지 맛있게 먹었다. 근심이 서렸던 엄마의 얼굴이 아이의 '먹방' 한 방에 웃음을 되찾았다. '먹방'만으로도 엄마에게 효도를 할 수 있다니.

숙소는 샤오진의 홍군 광장에 접해 있었다. 광장 옆에 천주교 성당이 있었는데 이곳이 바로 '홍군 마오궁懋功(샤오진의 당시 지명) 회의 구지'다. 제1방면군과 제4방면군의 회사 경축 연회가 열린 곳이다. 외관은 성당이지만, 내부는 대장정을 포함해 샤오진의 최근 모습을 보여주는 전시관으로 꾸며져 있었다.

또 다른 소비에트 정부

마오쩌둥은 자진산 북록의 다웨이에서 제4방면군 선두인 제25사단 사단장 한둥산韓東山의 열렬한 환영을 받았다. 그리고 1931년부터 시작된 국부군의 포위 공격 이후 제4방면군이 어떤 과정을 거쳐왔는지, 현재의 상황은 어떤지에 관한 보고를 들었다. 장궈타오가 거느린 제4방면군의 총사령관은 쉬샹첸徐向前이었고, 정치위원은 천창하오陳昌浩였다. 장궈타오는 점령 지역에 중화소비에트 서북 연방정부를 세워 스스로 정부 주석이 되어 있었다. 중국 공산당은 1931년 각지의 소비에트 대표를 모아 루이진에서 중화소비에트공화국을 선포했고, 그 정부와 공산당이 홍군의 호위를 받으며 이곳까지 이동해온 것인데, 또 다른 소비에트 정부가 있었던 것이다. 게다가 중국 공산당이 비준한 적도 없는 정부였기 때문에 공산당 정치국 성원들은 생각이 복잡해질 수밖에 없었다.

6월 18일 중앙홍군과 제4방면군은 다웨이에서 멀지 않은 샤오진의 천주교 성당에서 경축 연회를 열었다. 제4방면군 선두였던 제25사단 외에 제28사단도 합류했다. 제4방면군은 사전에 충분한 준비를 했다. 양식과 소금, 쇠고기와 양고기, 군복 등을 중앙홍군에게 공급했다. 연회 석상에서 위문품 목록이 낭독되었다. 의복 500점, 짚신 1400켤레, 양말 500족, 담요 100장, 구두 170켤레 등등. 애연가인 마오쩌둥을 위해 고급 담배 두 갑이 따로 전해졌다. 연회 분위기는 뜨거웠다.

답사 41일째, 샤오진에서 티베트 고원의 첫날 밤을 보냈다. 다음 날은 대장정 노선에서 살짝 벗어나 다두하 상류에 있는 단바현丹巴縣의 자쥐甲居와 쒀포梭坡, 두 곳의 짱족 마을을 둘러보기로 했다. 협곡 위에 거대한 산의 허리춤에 드리워진 짱족의 전통 민가들이 무척 아름다운 곳이었다. 자쥐는 단바 시내에서 북쪽에, 쒀포는 남쪽에 있다.

쒀포는 짱족 특유의 조루碉樓가 장관을 이루는 마을로 유명하다. 조루는 벽돌을 사각형, 팔각형 등으로 높게 쌓은 관망대 형태의 민가 건축이다. 비상시에는 관망대지만 평소에는 주거나 저장 공간으로 쓰인다. 쒀포에는 지금도 전통적인 조루 수십 개가 남아 있어 천조지국千碉之國이라 불린다.

쒀포로 가는 아침, 다두하 계곡은 걷기 힘들 정도로 바람이 셌다. 고원의 협곡이나 고산의 날씨는 상상 이상으로 변덕이 심했다. 공사 중인 진입로를 힘겹게 지나 마을로 들어섰다. 어느 집에 '조루 구경 5위안'이라

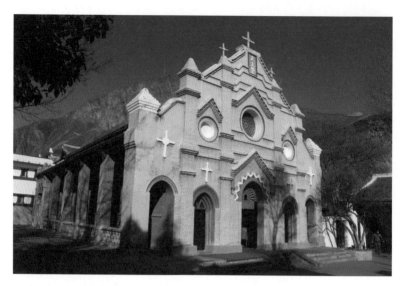

제1방면군과 제4방면군이 회사 기념 연회를 열었던 샤오진의 천주교 성당. 지금은 기념관 겸 전시관이다.

는 작은 팻말이 걸려 있었다. 입장료를 받는 것이 다소 야박해 보일지는 몰라도 역시 그만한 가치가 있다. 옥상은 과연 인근의 조루를 조망하기에 좋은 자리였다.

조루를 몇 장의 사진에 담고 내려와서 주인집 안으로 들어가 보았다. 어린 딸을 키우는 젊은 아낙네가 우리를 반겨주었다. 여름에는 민박을 운영하면서 별것 아닌 옥상에 올라간다고 입장료까지 받고 있으니 꽤나 상술에 물들었을 것 같지만, 주인장의 인심은 넉넉했다. 야생에서 자란 사과를 한 바구니 들고 나와 낯선 외국인을 흔쾌하게 대접해준다. 사과는 작고 못생겼지만 꽤 맛이 좋았다. 우리는 아예 주방에 눌러앉아 뜨거운 차를 주문했다. 센 바람을 맞은 뒤라 따끈한 수유차酥油茶 한 잔이 속을 훈훈하게 덥혀주었다. 찻값을 받지 않겠다고 해서 옥신각신하

쒀포의 조루. 쨩족의 조루가 가장 많이 남아 있는 마을로 유명하다. 대부분 사각으로 올리지만 팔각도 있고, 십삼각으로 지은 것도 있다.

다가 꼭 아이 학비로 보태쓰라는 말에 더는 거절하지 못하고 받더니 부리나케 안으로 들어가서 호두 한 자루를 들고 나와 떠안겨주었다. 어딜 가나 백성의 마음은 다르지 않다. 작은 입장료 수입으로 살림에 보태고, 인심 좋게 사과를 내주고, 찻값을 내자 호두로 보답하는 이 소박한 사람들에게서 과욕 같은 것은 찾아볼 수 없었다.

모자가 겪은 '택시 대장정'

샤오진으로 돌아온 후 엄문희 님과 동섭 군은 귀국을 준비했다. 청두 공항까지 택시를 전세 내기로 했다. 청두 공항으로 가는 길은 쓰구냥산 四姑娘山을 넘어가야 하는데 여덟 시간이나 걸리는 먼 거리였다. 중국에 대한 이런저런 근거 없는 괴담에 가끔 택시도 등장하지만, 가장 안전한 교통수단은 지인이 직접 모는 차나 그 지방의 회사 택시다.

문제는 괴담이 아니라 밤부터 내리기 시작한 눈이었다. 저녁을 먹고 숙소로 돌아오는데 함박눈이 소담스럽게 내렸다. 이때까지만 해도 아름다운 눈이었다. 그런데 눈발이 굵어지더니 다음 날 아침 세상이 온통 하얀색이었다. 창밖에는 아름다운 세상이 펼쳐졌지만, 해발 4000미터를 넘나드는 험한 산길을 차로 네댓 시간이나 가야 하는데, 출발이나 할 수 있을지 걱정이었다. 친동생의 혼사가 있어서 귀국일을 정한 것이라 날씨가 나쁘다고 바꿀 수도 없는 노릇이었다.

예약한 택시가 이른 아침 숙소 앞마당으로 들어왔다. 기사는 청두까지 가는 데 전혀 문제가 없다고 자신 있게 말했다. 샤오진과 청두를 왕복하는 장거리 운행만 하는 기사라 조금은 안심했지만 걱정을 잠재울 수는 없었다. 일곱 살짜리 동반자와 엄마가 함께 차에 오르자 택시는 뒤도 돌아보지 않고 출발했다.

종일 스마트폰을 들여다보았다. 오후 늦게 공항에 도착했다는 카카오톡 메시지를 받고서야 겨우 마음이 놓였다. 그런데 '택시 대장정'을 했단다. 길옆의 절벽이 어찌나 아찔한지 꼼짝도 못하고 카메라 렌즈 바꾸는 일조차 어려웠다. 쓰구냥산 산길을 넘는 구간이었을 것이다. 지금까지 그렇게 잘 다니던 아이도 멀미를 하고, 가로등 하나 없는 깜깜한 터널을 지날 때에는 정말 지옥으로 가는 기분이었다고 한다. 설경의 아름다움과 산길의 아찔함이 뒤섞이면서 마음고생을 단단히 했던 모양이다. 어쨌든 무사히 귀국했으니, 이마저도 잊지 못할 추억이 되었다는 후일담을 들을 수 있었다.

내분이
발목을 잡고

1935년 여름, 마오쩌둥의 중앙홍군은 대장정을 시작한 지 8개월 만에 국부군의 포위와 추격을 따돌리고 설산을 넘어 드디어 장궈타오의 제4방면군과 합류했다. 전략전이가 대장정의 목표였으니 이제 중국 공산당은 여세를 몰아 중국 대륙을 휘어잡을 수 있을까.

장궈타오와 마오쩌둥의 갈등

역사의 물줄기는 그렇게 쉽게 흐르지 않았다. 그랬다면 '대'장정이 되지도 않았을 것이다. 달은 채워진 순간부터 이울기 시작하고, 산길은 정상에 도달하는 순간 하강하기 시작한다. 희열의 정점에서 고통이 시작되는 법이다. 중앙홍군과 제4방면군의 만남은 물리적 접촉은 이루어졌지만 화학적 결합에는 이르지 못했다. 화학적 결합을 조기에 이뤄내지 못하자 외부의 적보다 더 위험한 내분이 홍군을 조여왔다. 그 결과는 당장 '죽음의 습지'로 나타났고, 급기야 홍군끼리 총을 겨누는 절체절명의 위기로 치달았다. 마오쩌둥과 장궈타오는 만나기 전에는 합치자고 열렬히 부르짖더니 만나서는 싸늘하게 갈라섰다. 그리고 남북으로 각각 제 갈 길로 떠났다. 왜 이런 일이 일어났을까.

1935년 6월 중앙홍군과 제4방면군이 경축 연회까지 열었지만 상층부에서는 균열이 생기고 있었다. 장궈타오는 마오쩌둥에게 예하 부대를 보냈을 뿐 자신이 독자적으로 세운 중화소비에트공화국 서북 연방정부의 수도인 마오현茂縣에서 꼼짝도 하지 않았다. 두 홍군의 통합과 전체 홍군의 향후 전략에 대해서는 수장들이 서로 얼굴도 보지 않고 전보만 날리고 있었다. 의견도 정반대로 엇갈렸다. 장궈타오는 남쪽으로 내려가 쓰촨에 혁명 근거지를 구축하자고 했고, 마오쩌둥과 중앙홍군 측은 북상하여 섬서성과 간쑤성에 혁명 근거지를 만들자고 주장했다. 겉으로는 향후 전략을 둘러싼 이견으로 보이지만 본질은 주도권 다툼이었다.

수십 통의 전보만 오가는 지루한 전보회의를 하면서 시간만 잡아먹었다. 홍군이 시간을 허비하는 동안 장제스는 포위망을 구축해 들어오고 있었다. 지금까지는 국부군이 시간을 죽이고 있었고, 홍군이 그 틈을 뚫고 달려왔다. 그런데 중앙홍군과 제4방면군이 만나 대장정의 목표를 달성하는 순간, 상황이 뒤바뀐 것이다. 답답해진 중국 공산당 중앙은 1935년 6월 26일부터 28일까지 샤오진에서 70킬로미터 북쪽에 있는 량허커우에서 공산당 정치국 확대 회의를 열기로 하고 장궈타오에게 회의에 참석할 것을 요구했다.

6월 25일, 장대 같은 비가 내리는데 중앙홍군 수뇌부가 직접 나와 장궈타오를 환영해주었다. 장궈타오는 가죽 허리띠를 두른 멋진 모직 군복과 번쩍이는 군화 차림으로 말을 타고 등장했다. 말에서 내린 장궈타오는 마오쩌둥, 저우언라이, 주더 등과 일일이 악수를 나눈 뒤 주석단 자리에 앉았다. 그러고는 제일 먼저 저우언라이에게 중앙홍군 병력이 얼마나 되는지를 물었다. 저우언라이는 8만여 명이 출발했으나 지금은 3만여 명이라고 대답했다. 그에 비해 제4방면군은 8만여 병력이었고, 식량과 무기도 충분했다. 병력으로 보면 중앙홍군은 제4방면군의 절반에도 미치지 못했다.

이날 저녁 환영 연회에서 장궈타오는 자신이 공산당 창당에서부터 지금까지 혁명에 투신해온 역정을 장황하게 늘어놓았다. 그는 중국 공산당 창당 대의원 13인의 하나였고, 지도부 인선에서도 핵심적인 조직 책임자가 되었다. 과정이야 어찌 되었든 현재는 서북 연방정부의 주석이었고, 휘하의 제4방면군은 홍군의 최대 병력이었다. 이에 비해 중앙홍군은 근거지에서 쫓겨나 초라한 행색으로 그의 관할 지역에 들어와서야 밥 한 끼 제대로 얻어먹는 처지였다.

훗날 오토 브라운은 "몸집도 큰 장궈타오는 주인이 손님 대하듯 우리를 대했고 당당하고 자신감이 넘쳤다. 마오쩌둥, 저우언라이, 주더 등은 안색도 초췌하고 기운 옷을 입은 행색에 행동거지도 겸손하기만 했다. 양측은 선명한 대조를 보였다"라고 회고했다.

다음 날 정치국 확대 회의가 열렸다. 회

량허커우 장정 기념관에 있는 장궈타오의 흉상. 장궈타오는 결국 권력욕에 사로잡혀 권력도 얻지 못하고 명분도 버린 배신자가 되고 말았다.

张国焘
1897-1979

의는 저우언라이의 보고로 시작했다. 핵심 안건은 향후 전략이었다. 자진산의 남쪽은 이미 국부군이 장악했고, 동쪽의 청두와 청두평원 일대는 국부군의 주력 부대가 집중되어 있었다. 서쪽의 티베트 고원은 인구와 물자가 희소해 홍군의 대규모 병력이 머물기에 적당하지 않았다. 저우언라이는 이곳에서 북상하여 간쑤, 쓰촨, 섬서 세 성에 걸쳐 혁명 근거지를 만들어야 한다고 역설했다. 장궈타오는 고개를 끄덕였다. 그 지역은 높은 산이 없어 대부대가 이동하기에 수월할 뿐만 아니라 인구가 많고 물산이 풍부해 병력을 보충하고 군수를 조달하기에 알맞았기 때문이다.

이를 위해 국부군의 전력이 취약한 쑹판松潘을 공격해 진로를 열기 위해 쑹판 공격 계획을 세우기로 했다. 이 계획은 군사위원회 주석 주더와 부주석 장궈타오가 서명하여, 각 군에 하달되었다. 한마디로 요약하면 '홍군 북상'이었다.

그런데 회의 말미에 의미심장한 일이 터졌다. 열혈분자 왕자샹 등이, 장궈타오가 후베이－허난－안후이(鄂豫皖) 소비에트와 쓰촨－섬서(川陝)에 세웠던 소비에트를 급하게 포기하고 자링강嘉陵江을 넘어온 것과 서북 연방정부를 세운 것에 대해 문제를 제기했다. 장궈타오는 정치국의 다수 의견에 눌려 반박하지는 않았으나 심기가 불편했다. 안 그래도 홍군의 주도권을 두고 미묘한 신경전이 벌어지는 상황에서 이 일은 갈등의 불씨를 키운 것이었다.

회의가 끝나고 각자 숙영지로 돌아갔다. 정치국 회의가 부여한 숙제는 북상을 위한 쑹판 공격이었다. 그러나 장궈타오는 7월이 되어도 움직이지 않았다. 주도권을 잡기 위해 버티기에 들어간 것이다.

장궈타오는 7월 8일 제4방면군에서 사단장급 이상의 간부회의를 소집했다. 그런데 군사위원회에서 결정된 쑹판 공격 계획은 거론하지도 않고, 장시江西 소비에트를 빼앗기고 도주해온 중앙홍군이 제4방면군의 과오를 거론하고 있다며 중앙홍군을 비판하고 나섰다. 분위기가 묘하게 돌아가는 가운데, 제4방면군 정치위원인 천창하오가 쑹판을 어떻게 공격할 계획인지를 물었다. 그러자 장궈타오는 쑹판 공격 이전에 정치 노선과 군사 지휘권 문제부터 명확하게 해야 한다며 말을 잘랐다. 이러는 동안에도 시간은 빠르게 흘렀다.

7월 16일 장궈타오는 중앙홍군에 전보를 보내 본격적으로 정치 노선과 군사 지휘권 문제를 제기했다. 량허커우의 정치국 확대 회의에서 쑹판 공격 계획이라는 결론을 낸 지 벌써 20여 일이 지난 시점이었다. 장궈타오의 주장은 한마디로 군사 지휘권을 자신에게 넘기라는 것이었다. 쑹판 공격에 대해서는 일언반구도 없었다.

남하 vs 북상 논쟁

공산당 정치국 성원들은 속이 부글부글 끓었다. 또 한 통의 전보가 공산당 쓰촨 – 섬서성 위원회 명의로 날아들었다. 군사위원회 주석에 주더 대신 장궈타오를 임명하라는 요구였다. 공산당 중앙에 대해 지역 위원회가 문제를 제기한 것이다. 이를 받아들이지 않으면, 기층의 요구를 수용하지 않는다는 명분으로 당 중앙을 비판하겠다는 의도였다.

중앙홍군 수뇌부는 고민에 빠졌다. 다시 정치국 회의를 열었다. 장궈타오는 회의가 시작되자마자 쭌이회의 결의를 비판했다. 그러자 공산당 정치국 최고 책임자 장원톈이 반박했다. 장원톈에 이어 쭌이회의에서 탄핵을 당했던 보구도 쭌이회의의 결정은 옳았고, 쭌이회의에서 탄핵당한 자신도 쭌이회의를 다시 거론하거나 뒤집을 생각이 없다고 반박했다.

보구가 나선 다음에야 장궈타오는 자제하는 태도를 보였다. 결국 마오쩌둥의 제안으로 장궈타오를 홍군 총정치위원으로 선출하고, 제4방면군 지휘부를 홍군 총부로 삼아 쉬샹첸을 총사령관에, 천창하오를 정치위원에, 예젠잉을 참모장에 임명하기로 했다. 장궈타오가 요구한 군사 지휘권을 넘긴 것이었다.

회의가 끝난 후 장궈타오는 중앙홍군의 제1군단과 제3군단은 군사위원회에 보고하는 내용을 전부 자신을 거치도록 했다. 이는 마오쩌둥을 홍군의 각 부대로부터 격리하려는 조치였다.

이렇게 두 홍군이 만나자마자 한 달 넘게 정치 노선과 군사 지휘권 문제로 다투는 사이에, 국부군 20개 사단이 쑹판에 집결했다. 이로써 홍군의 북상은 사실상 불가능해졌다. 홍군은 쑹판 공격 계획을 철회하고 쑹판의 서쪽에 펼쳐진 습지를 통과해 북상하기로 했다. 쑹판 쪽 최전선에 나가 있던 제1군단도 철수시켰다. 중앙홍군과 제4방면군이 막상 합치고 나니 몸뚱이만 붙었지 머리는 두 개인 기형 조직이 된 것이다.

중앙홍군과 제4방면군의 결속을 강화하기 위해 중앙홍군의 일부 간부들을 제4방면군으로 배속시키고, 제4방면군의 쉬샹첸, 천창하오 등을 중앙홍군에 합류시켰다. 그리고 제4방면군은 좌로군으로 하여 습지 서쪽으로 돌아 북상하고, 중앙홍군은 우로군이 되어 습지를 관통하여 북상하기로 했다.

단바의 짱족 마을에서 잠시 숨을 고르던 우리도 긴박하게 대장정 노선을 따라갔다. 엄문희 님과 아들을 청두 공항으로 보내고는 곧바로 중앙홍군의 여정을 따라 량허커우로 출발했다. 밤새 내린 눈이 황갈색의 거친 산에 눈꽃으로 내려앉아 아름다운 풍경을 선사했다.

량허커우에서는 홍군 열사 기념탑과 정치국 회의가 열렸던 기념관을 둘러보기로 했다. 기념관에 들어서니 '홍군 북상'이라는 네 글자를 이름표처럼 달고 있는 동상이 있었다. 장궈타오의 남하 주장을 다수로 눌러버린 정치국의 결정을 한마디로 압축한 문구다.

장궈타오와 마오쩌둥의 표면적인 노선 갈등은 '남하인가, 북상인가'였다. 북으로 간 마오쩌둥은 섬서성 지역에 혁명 근거지를 뿌리내렸고, 장궈타오는 남으로 갔다가 장제스에게 패배해 오도 가도 못한 채 짱족 지역에서 질척거렸다. 경쟁의 승자는 마오쩌둥이었다. 마오쩌둥이 1936년 코민테른의 중재를 명분으로 내세우자 장궈타오는 풀죽은 얼굴로 합류해왔다. 문제는 쭌이회의에서 탄핵을 당한 보구와 달리 장궈타오는 혁명의 이념이 아니라 권력에 대한 야심에 너무 경도되었다는 것이다. 결국 장궈타오는 1938년 4월 내부의 경쟁에 승복하지 못하고, 국민당으로 도망가버렸다. 그는 남하냐 북상이냐는 전략의 싸움에서 졌

량허커우에 있는 홍군 동상. 동상의 제목은 '홍군 북상'이었다. 홍군 전사가 북쪽을 가리키는 것이 마치 장궈타오를 비판하는 듯하다.

으며, 장제스와의 전투에서 졌고, 공산당 내부의 권력 투쟁에서도 졌다. 최후에는 명분까지 버리고 국민당에 투항하여 유치한 반공특무에 밥그릇을 걸고 살았다. 국민당이 공산당에게 패배하자 타이완을 거쳐 홍콩으로 갔다가 훗날 캐나다로 이주했다. 그곳에서 살다가 1979년에 사망했다. 권력욕의 추레한 뒷모습이다.

량허커우 기념관 뒤편에는 당시 회의가 열렸다는 관우사당이 있다. 관우사당 뒤에 회의 참석자들의 동상이 있다. 장궈타오는 변절자인데도 미소를 머금은 모습으로 묘사되어 있어 조금은 의아스러웠다.

짱족 마을에 흐르는 무거운 공기

우리는 량허커우를 지나서 홍군이 그랬듯이 또 하나의 설산을 넘었다. 차는 대부분 해발 2000~3000미터 지대를 지나다가 어느 지점에서 4000미터 고갯길을 넘어갔다. 이 지역의 설산은 히말라야의 설산과 달리 머리 꼭대기에만 하얀 고깔을 쓰고 있는 게 보통인데, 오늘은 전날 내린 눈으로 온몸에 하얀 옷을 두른 모습이었다. 정상에 '4114미터 멍비산夢筆山'이라는 푯말이 세워져 있었다. 자진산도 해발 4114미터였는데 이곳도 같은 숫자라 잠시 고개를 갸우뚱했다. 바람이 거세게 불자 오색천에 라마 경전을 프린트한 타르초가 온몸을 떨었다. 우리는 다시 북사면으로 하산했다.

멍비산을 내려가 317번 국도로 들어서자 시쒀西索라는 짱족 마을이 나타났다. 날카로운 자연석을 절묘하게 끼워 맞춰 벽체를 쌓은 전통적인 짱족의 민가였다. 가로 세로 모서리는 하얗게 회칠을 하고 골목이나

옥상에는 색색의 깃발과 타르초가 휘날리는 짱족 마을. 청대 중엽에 만들어진 마을인데 깔끔하게 보존되어 여행자의 눈길을 한 번에 사로잡았다. 한 시간 가까이 마을 골목을 걸으며 짱족 냄새를 맡고 돌아 나왔다.

쥐커지卓克基에도 홍군교가 있었다. 멍비산을 넘은 홍군은 이 다리를 건너 동쪽으로 70킬로미터 거리에 있는 루화蘆花(지금의 헤이수이黑水)와 사워沙窩를 거쳐 마오얼가이毛兒蓋로 진군했다.

우리는 홍군교를 건너지 않고 서쪽으로 수 킬로미터 떨어진 마얼캉馬爾康 시내로 들어갔다. 마얼캉에는 왠지 묘한 기운이 흘렀다. 어떤 강한 기운이 안개처럼 도시를 덮고 있었다. 현대식 건물이 육중한 몸집으로 버티는 도시에서 제일 먼저 눈에 들어온 것은 무장경찰대였다. 게다가 쥐커지에서부터 느껴지던 짱족의 강렬한 기운이 또 다른 기세로 밀려들었다.

우리는 시내에서 제일 좋은 4성급 호텔에 투숙했다. 프런트에서 근무하는 짱족의 아리따운 아가씨에게서도 과묵함이 먼저 느껴졌다. 로비 천장을 장식한 화려한 짱족 문양 역시 화려함보다 중압감을 주었다. 아마도 중국 중앙정부가 위에서 누르는 강력한 힘과 짱족의 깊은 곳에서 솟아나는 거친 기운이 서로를 밀어내려는 팽팽한 긴장감 같은 것이 아니었을까. 동반했던 심한용 님도 티베트의 강한 기운이 느껴진다며 조심스럽게 말을 꺼냈다. 그동안 샹그릴라, 단바, 당링, 샤오진 등 짱족 마을을 꽤 많이 다녀봤지만 이렇게 팽팽한 긴장감을 느껴본 적이 없다는 것이다. 외국인이라 나대지도 못하고 괜스레 주눅이 들었다.

이날 밤 묘한 해프닝까지 있었다. 마얼캉 시내에서 발안마 간판이 보이기에 심한용 님과 함께 살짝 코까지 골아가면서 시원한 발안마를 받았다. 안마가 끝나고 일어나는데 문이 덜컥 열리더니 경찰 예닐곱 명이 우르르 몰려들었다. 방송사 카메라도 들어오고 신문사 사진기자도 들어와 다짜고짜 사진을 찍어댔다. 경찰이 신분증을 보여달라고 해서 침착하게 뒷주머니에서 여권을 꺼내 내밀었다. 한국 여권에 익숙지 않은지 한참 뒤적이다가 어디서 왔고, 어디에 묵고 있는지 꼬치꼬치 캐물었다. 나는 말없이 호텔의 객실 열쇠를 내밀었다. 무슨 일이냐 물으니 여행객을 조사한다고 했다.

그들이 검문을 끝내고 돌아서는 순간, 내가 목소리에 무게를 실어 경찰들을 불러 세워 따져 물었다. 당신들은 무술도 잘하는데, 2명의 여행객이 발안마를 받는 작은 방에 예닐곱씩이나 되는 경찰이 들이닥쳐서 이런 공포 분위기를 조성하는 이유가 뭐냐, 함부로 사진을 찍어대는 건 또 뭐냐, 당신네 나라 당신네 고장을 찾아온 사람에게 이렇게 해도 되

멍비산을 넘어 하산하는 길에 만난 시쒀 짱족 마을(위).
화려하기 그지없는 호텔 로비의 천장. 프런트 직원도 화려한 복장이었지만, 화려함이 아니라 묵직한 기운만
이 그득 찬 느낌이었다(아래).

느냐, 다시는 여행 올 생각이 들지 않을 것이다…….

이렇게 또박또박 몰아세우자 상관으로 보이는 경찰이 중얼중얼 얼버무리면서 나가려했다. 내가 한마디 더 얹어주었다.

"당신들이 마지막으로 해야 할 말은 '죄송합니다' 아니요?"

경찰은 머뭇거리다가 입을 열었다.

"……죄송합니다."

그렇게 무례한 경찰들을 살짝 몰아세워 사과받는 것으로 작은 소동이 일단락되었다. 마얼캉에서 느꼈던 뭔가 강력한 두 힘의 대립과 상통하는 해프닝이었다. 그 기운은 무엇이었을까. 지금도 알 수 없는 그것은 그후에도 종종 또 다른 형태로 만나곤 했다. 호텔로 돌아가는데 시내 곳곳에 초저녁 때보다 훨씬 많은 경찰이 차량과 행인을 검문하고 있었다.

다음 날 아침 원래 계획은 동쪽으로 진행해서 헤이수이로 가는 것이었으나 심한용 님이 뭔가 느낌이 있다면서 객실에 비치된 관광안내 지도에서 한 지점을 거론했다. 자오무쭈脚木足라는 곳에 홍군 유적지가 있다는 내용뿐 더 자세한 설명은 없었다. 쿤밍 이후 심한용 님이 왕성한 에너지로 줄곧 앞장서왔고, 이날 안으로만 헤이수이에 도착하면 일정에도 문제가 없는 터라 두말없이 그리로 향했다.

마얼캉에서 서쪽으로 25킬로미터 정도를 가다가 북쪽으로 계곡을 따라 올라갔다. 자오무쭈의 바이사촌白沙村이란 곳에 도착했다. 대장정 유적을 알려주는 표지석이나 푯말은 보이지 않았다. 동네 사람들에게 물어보아도 높은 조루를 가리키며 장궈타오가 이곳에 주둔했다고만 얘기해주었다. 이리저리 마을을 둘러보고 있는데 한 중년 남자가 하던 일을 멈추고 다가와서 자신의 아버지에게서 들은 이야기를 전해주었다.

그에 따르면 장궈타오의 홍군은 이곳에 꽤 오래 주둔했다. 1935년 8월 말 중앙홍군과 제4방면군 일부로 구성된 우로군이 습지를 건널 때 좌로군, 즉 장궈타오의 제4방면군 주력 부대가 이 지역에 주둔하고 있었다. 그 후 제4방면군은 이곳에서 남하하여 청두 평원에서 국부군을 공격했으나 실패하고 1936년 봄 다시 이곳으로 퇴각했다. 이때 장궈타오 군대는 식량이 부족했다. 그래서 홍군의 규율을 깨고 밭에 들어가 농작물을 훔쳐가는 등 민폐가 심했다. 짱족 주민들은 이들을 피해 산으로 들어갔다. 전반적으로 홍군은 짱족과 사이가 나빴는데, 이곳에서 특히 나빴던 것 같다. 장궈타오는 결국 이곳에서 몰락해갔다.

자오무쭈에서 돌아 나와 마얼캉을 거쳐 줘커지 짱족 마을 공터에서 비상식량으로 점심을 때우고는 헤이수이로 향했다. 홍군이 직선 거리로 갔으면 80킬로미터 정도 행군했을 거리지만 차로 가는 길은 150킬로미터 넘게 크게 돌아가야 했다. 209번 성도를 타고 훙위안紅原 방향으로 가다가 다시 동쪽으로 꺾어 설산 고갯마루를 넘었다. 홍군이 넘은 길은 아니었다.

이날 오후 늦게야 헤이수이현에 도착했다. 예약한 숙소는 난방이 안 된다고 해서 다른 숙소를 찾았다. 같은 짱족 지역이지만 마얼캉보다 공기가 훨씬 부드러웠다. 숙소 주인장도 친절했다. 한국 여권을 내밀자 깜짝 놀라면서 반가워했다. 자기 아들의 꿈이 한국으로 유학을 가는 것이란다. 짐을 방으로 옮기는데 한국 유학이 꿈이라는 아이가 나와 거들었다. 답사팀이 가지고 다니던 복주머니를 하나 선물했다.

헤이수이는 대장정 당시 지명이 루화였고, 중국 공산당 정치국 회의가 열렸던 곳이다. 장궈타오와 옥신각신하며 시간을 허비하던 와중에 열린 회의였다. 당시 정치국 회의가 열렸던 민가에는 조그만 입간판 하나가 서 있을 뿐 다른 설명은 없었다.

홍군이 이곳을 통과할 때 창더설산昌德雪山과 다구빙산達古氷山을 넘어 마오얼가이로 향했다. 다구빙산은 해발 4720미터인데, 4680미터까지 케이블카를 타고 올라갈 수 있다. 계곡에는 홍군이 숙영했던 호숫가도 있고 홍군교도 있다고 한다.

해발 4680미터에서 느껴보는 다구빙산

하루를 할애해서 다구빙산에 올라가기로 했다. 입장권을 사면 전용버스를 타고 계곡을 한참이나 올라가서 케이블카로 갈아타게 된다. 워낙 비수기라서 유료 입장객이 몇 명 없었다. 버스를 타고 계곡을 오르면서 전망대나 조망 포인트를 하나씩 들러 가는 방식이었다. 계곡 안의 산수는 다른 관광지와 다르게 깨끗했다. 여름이라면 트레킹을 해도 좋을 만한 계곡이었다.

계곡 초입에 홍군교와 홍군호가 있다. 홍군호 주변은 홍군이 숙영했던 자리라고 한다. 3만여 명이 야영을 했다면 계곡 전체를 뒤덮었을 것이다. 홍군교는 자연부락의 입구에 있었다. 현장의 표지판에는 이 지역 토호와 전투를 해서 토지혁명을 하고 지나갔다고 기록되어 있다.

한참을 더 올라가서야 케이블카가 나왔다. 케이블카는 해발 4680미터까지 올라가는데, 케이블카의 하차 지점으로는 세계에서 가장 높다고 한다. 케이블카에 타기도 전에 고산 증세가 서서히 느껴졌다. 심호흡

다구빙산. 티베트 젊은이들은 고산 증세를 겪지 않았다. 대장정의 골간을 이룬 홍군 장교들도 20대 젊은이였다. 이들이 중국을 뒤엎고 세계를 흔들었던 것이다.

을 하면서 발아래 펼쳐진 아찔한 계곡을 내려다보았다. 얼어버린 폭포 몇 개가 절벽에서 스카이블루로 빛나고 있었다. 깊고 거대한 계곡을 20분 정도 올라가다가 설산 턱밑에서 하차했다. 거대한 산들이 발아래로 보였고, 그 높던 산봉우리들이 나의 눈높이로 내려와 있었다. 사람이 높이 오르면 호연지기浩然之氣가 생기는 것일까, 아니면 오만해지는 것일까. 세상에서 가장 높은 곳에 혼자 서 있는 듯한 환상에 마음껏 빠졌다.

계곡 입구부터 동반했던 현지 티베트인 젊은이들은 높은 지대에서도 멀쩡해 보였다. 점프 샷으로 사진을 찍기도 하고, 한 커플은 눈밭에 뒹굴며 낭만적인 포즈로 사진을 찍는데, 옆에서 구경하는 것만으로도 즐거웠다. 젊음은 생동감이 넘치고 에너지가 충만한 것이다. 대장정 당시 홍군의 핵심적인 장교들도 대부분 20대 중후반이었다. 20대가 중국 현대사, 나아가 세계사를 뒤흔들었다. 그것에 비하면 오늘날 대한민국의 20대는 자식이란 명패를 달고 새장에서만 안전하게 지내고 있는 것이 아닐까. 평균수명이 늘어나면서 노인 인구가 급격히 늘어나기는 했지만 노인이 나라의 핵심을 거의 대부분 차지하고, 반면에 젊은이들은 사회 하부구조에 머문 채 상승할 기회를 얻지 못하고 역동적인 에너지를 상실하고 있다는 생각이 들었다.

하산하는 케이블카에 동승했던 중국인들이 유쾌하게 말을 걸어왔다. 이곳에서 그리 멀지 않은 원촨汶川에서 온 중년 여인은 한국 드라마의 열렬한 팬이었다. 요즘 중국인의 한국에 대한 호감도는 상당히 높다. 일부 한국인들이 그런 호의적인 태도를 섣부른 편견과 오만으로 깎아먹고 있는 것 같아 안타깝다. 그들의 호감이 얼마나 큰 국가적 자산인지 깨닫지 못하는 것이다.

중국 하면 미세먼지와 황사, 비위생과 더러움, 기름진 음식, 짝퉁과 '뙤놈(되놈)', 밀실 정치와 일당독재, 〈별에서 온 그대〉 같은 한국 드라마 추종자 등을 먼저 떠올리기 쉽지만, 이런 것이 중국의 실체라고 생각하면 큰 오해다. 중국인의 호감을 오만하게 즐기면서 정작 상대방을 폄훼하고 무시하는 것은 커다란 착오다. 이런 관계는 가까운 미래에 역전될 수도 있다. 한국에 대한 호감을 가지고 있을 때 중국이란 무대 또는 대륙이란 시장에서 호혜와 우의를 튼튼하게 쌓아야 한다.

하산한 뒤 한국을 좋게 생각해주는 이들 중국인에게 복주머니 하나씩을 마음으로 선물했다. 그들의 호감이 한 단계 더 발전해 우의로 굳어지기를 기원하면서. 🐚

악마의 아가리,
습지

다음 날 마오얼가이를 다녀오기로 했다. 쑹판을 공격한다는 계획은 장궈타오와 마오쩌둥의 노선 갈등으로 시간을 끌다가 없던 일이 되었다. 쑹판을 서쪽에서 공격하기 위해 마오얼가이에 진주해 있던 중앙홍군은 진로를 바꾸어 북으로 향했다.

마오얼가이까지는 125킬로미터지만 네 시간 넘게 걸리는 산길이었다. 마오얼가이에서 시작된 습지 행군의 종착지는 북쪽으로 직선 거리 100킬로미터 정도에 있는 반유班佑였다. 이 습지 구간은 차로 갈 수 없는 지역이라, 다음 날 왼쪽으로 크게 우회하여 홍위안을 거쳐 반유로 가기로 하고, 그 대신 마오얼가이는 헤이수이에서 출발하여 하루 안에 다녀오기로 했다.

마오얼가이로 가는 길은 마오얼가이강을 따라 한없이 거슬러 올라갔다. 중국의 오지를 적지 않게 다닌 편인데도 이 정도로 민 느낌은 드물었다. 그런 오지의 강에도 댐이 있었다. 짙은 녹색의 깊은 물이 무거운 정적 속에 흘러 외지인을 누르는 기분이었다. 그렇게 네 시간 넘게 가서야 마오얼가이의 상바자이上八寨에 도착했다.

길가에 앉아 있는 사람들에게 마오얼가이 회지會址를 묻자 턱만 삐죽 내밀어 방향을 가리켰다. 외지인을 경계하는 시선이 느껴졌다. 마을 뒷산에 있는 표지석을 겨우 찾아냈다. 쓰촨 출신인 쉬단의 중국어도 제대로 통하지 않았다. 말 자체가 불통인 것도 아닌데 두꺼운 장벽이 가로막고 있는 느낌이랄까. 마을에는 커다란 사찰이 있고, 주민 대부분이 승려이거나 라마교 학생인 듯했다. 골목에는 오가는 사람도 거의 없었다.

표지석 앞에 있는 구멍가게에서 허기도 때울 겸 과자와 음료수를 샀다. 구멍가게 주인도 라마교 승려였는데, 1년 동안 가게 운영을 맡고 있다고 했다. 대장정 기념관을 묻자, 여기도 있고 저기도 있다고 대답했다. 그러면서 달라이 라마 사진을 보여주었다. 말이 통하지 않았던 것이다. 장정이라는 말을 모르는 것 같기도 했다.

마을을 한 바퀴 돌아본 다음 그나마도 이야기를 받아준 구멍가게 승려를 다시 찾았다. 쉬단과 함께 차근차근 말을 걸어보니, 바로 앞에 있는 건물이 마오얼가이 회의가 열렸던 곳인데 지금은 수리 중이라고 했다. 건물 내부는 완전히 뜯겨져 있고 문밖에는 목재를 쌓아놓고 있었다. 인부라도 있으면 뭐라도 물어볼 텐데 한 사람도 보이지 않았다. 아마도 낯선 외지인을 보고 다들 일부러 자리를 피한 것 같았다. 정말 기묘한 분위기였다. 마얼캉 시내에서 느꼈던 묵직한 기운과 비슷했다.

우리는 발길을 돌려 오지의 길을 한없이 털털거리면서 숙소로 돌아왔다.

내부 수리 중인 마오얼가이 정치국 회의 회지. 이곳에도 적막함이 마을을 뒤덮고 있었고, 주민들도 외지인을
꺼리는 듯한 시선이었다.

가장 처참했던 습지 통과

1935년 8월 21일 우로군, 즉 중앙홍군의 선두가 앞장서서 습지로 들
어섰다. 내부 논쟁을 마무리하고 북상하기 시작했지만 또 다른 장애
가 기다리고 있었다. 그곳은 악마의 아가리라는 말이 더 잘 어울렸다.
내분이 아니었으면 가지 않았을 그곳은 죽음의 습지였다. 지도부의
분열이 홍군 전사들을 극심한 고난과 무의미한 죽음으로 몰아넣었던
것이다.

쓰촨군은 쑹판에 병력을 집결시켜 홍군을 기다리고 있었다. 그들은
홍군이 죽음의 습지로 들어가리라고는 생각지 못했던 것 같다. 마오쩌

둥은 희생을 무릅쓰고서라도 장제스와 군벌의 예상을 뛰어넘으려고 했다. 그 결과 마오쩌둥은 성공했으나, 홍군 전사들은 극심한 고통을 겪어야 했다.

마오얼가이의 북부는 해발 3000미터를 넘나드는 고원의 습지다. 초원이라 강수량이 많지는 않지만 물이 축축하게 고이는 곳이었다. 초원에는 약간의 풀이 있어 유목민이 드물게 보이지만 습지는 사람이 살 수 없는 곳이었다. 죽음이 다스린다는 현지인들의 표현으로도 부족하다. 그곳은 악마의 뱃속이었다.

습지는 무릎까지 빠지는 곳이 많았다. 봄에 났던 약간의 풀은 여름이 되면 물에 젖어 썩어 들어갔다. 진흙 웅덩이가 곳곳에 함정처럼 숨어 있었다. 한번 빠지면 나올 수 없었고, 나오려고 버둥거릴수록 더 깊이 빠져들었다. 사방을 둘러봐도 마른땅을 찾기 힘들었다. 취사할 공간도 연료도 없고, 야영할 자리도 없었다. 약간 높은 둔덕이 있어도 20~30명이 앉으면 꽉 차버렸다. 이런 습지를 직선 거리로 100킬로미터 정도를 통과해야 했다.

홍군은 습지를 통과하기 전에 마른 식량을 배급하고, 나름대로 준비를 했다. 여름이라 풀이 무릎까지 올라왔다. 선두가 한 발 한 발 밟아서 확인하고 가면 그 발자국을 따라가는 식이었다. 고원지대라 태양이 뜨겁게 이글대다가 별안간 하늘이 검어지고 비가 내리고 우박이 쏟아졌다. 종일 발목 또는 무릎까지 빠져가며 걸어야 했다. 썩은 물 때문에 피부에 종기가 나기도 했다. 물은 있어도 함부로 마실 수 없었다. 비가 내리면 더없이 고통스러웠다.

제일 큰 문제는 식량이었다. 예상보다 행군은 더디었고, 자연에서 얻

장정 기념관에 걸려 있는 여름 습지 사진. 걷기 힘든 것은 말할 것도 없고, 취사나 숙영을 할 만한 마른땅이 전혀 없는 너무 고통스러운 곳이다.

을 수 있는 먹을거리는 전혀 없었다. 4일째 되자 식량이 전부 떨어졌다. 짐을 싣고 가던 야크와 말을 도살해서 먹었다. 풀과 풀뿌리를 캐어 먹었고, 심지어 가죽 허리띠를 삶아서 먹기도 했다.

병사가 하나둘씩 죽기 시작했다. 진흙 구덩이에 빠져 죽기도 했다. 잠시 쉬려고 앉았다가 다시는 일어나지 못한 병사도 있었다. 오수를 마시고 병에 걸려 죽기도 했다. 무거운 장비를 짊어진 병사도 행군에서 낙오되면 죽음의 신이 어딘가로 끌고 갔다. 노약자는 더욱 위험했다. 그들은 굶주린 채 서서히 고통 속에서 죽음을 맞았다. 악마의 행군이었다. 적군의 총성도, 악마의 괴성도, 죽어가는 자의 비명도 없었다. 그렇게 이곳저곳에서 하나둘씩 또는 무더기로 소리 없이 죽어나갔다. 여드레가 지나서야 멀리 인적이 보이기 시작했다. 산이 보이고 사람이 보였

습지를 통과하던 홍군을 묘사한 당시의 삽화.

다. 그곳이 바로 습지의 출구, 반유였다.

대장정에서 홍군 전사들에게 가장 큰 고통을 안겨준 구간이 바로 습지였다. 설산을 넘는 것보다 더한 고통이었다. 총을 쏘는 전투 가운데 가장 격렬하고 극적인 전투는 루딩교 전투였지만, 그것은 소수가 참가한 전투였다. 홍군 전원이 참가해서 지휘부건 일반 병사건 여성이건 예외 없이 극한의 고통을 겪은 곳이 습지였다. 리더십이 분열되지 않았다면 피할 수도 있었을 고통이기에 더욱 안타깝고 허망한 희생이었다.

습지 탈출을 기리는 것은 시체 더미 탑

답사 49일째, 습지의 출구 반유에 도착했다. 이곳에 서 있는 대장정 기념탑은 습지의 고난을 어떻게 기록하고 있을까. 반유를 지나는 213번 국도에는 '중국 공농홍군 반유 열사 기념탑'이 서 있다. 지금까지 본 기념탑과는 아주 달랐다.

분홍빛이 도는 석상의 기념탑 하단에는 아무런 설명도 없었다. 위대하고 장렬하고 치열하다는 수식이나 혁명이니 희생이니 하는 상투적인 문구는 없었다. 그 흔한 승자의 자화자찬이나 미화도 없었다. 단지 훗날

인민해방군 상장까지 진급한 왕핑王平의 회고록에서 한 대목을 인용하고 있었다.

홍3군은 7일 밤낮 초원의 습지를 걸어 마침내 반유에 도착했다. 우리 홍군 11연대는 반유하河를 건너 이미 70여 리를 행군했다. 그때 펑더화이 장군이, 반유하 저 건너편에 수백 명의 홍군이 건너오지 못하고 있다고 말했다. 나에게 1개 중대를 이끌고 다시 돌아가서 그들을 데려오라고 명령했다. 방금 통과해온 그 습지를 되돌아가 낙오병들을 데려오라는 것이었다. 나는 한 중대를 이끌고 되돌아갔다. 중대원 대부분 역시 극도의 피로로 걷기조차 힘들었다. 반유하에 도착하여 망원경으로 건너편을 살폈다. 그곳에는 적어도 700~800명의 홍군 전사들이 앉아 있었다. 나는 통신원과 정찰원을 데리고 강을 건너 그들을 살펴보았다.

그들은 전부 아무 말도 없이 서로 등을 기댄 채 잠들어 있었다. 미동조차 없었다. 한 사람 한 사람 살폈으나 누구 한 사람도 숨을 쉬지 않았다. 나는 묵묵히 이 처참한 광경을 바라보면서 눈물을 흘렸다. 이 많은 동지들이, 한 걸음만 떼면 습지를 벗어날 수 있었는데 반유하를 건널 힘이 없었던 것이다. 그들은 질병과 기아를 이곳까지 가져왔으나, 승리의 서광을 남겨놓았다. 우리는 동지 한 사람 한 사람을 바닥에 눕혔다. 편하게 눕히는 한편, 혹시라도 숨이 남은 전사가 있는지를 살폈다. 마지막으로 어린 전사 하나가 아직 숨이 붙어 있는 것을 발견했다. 정찰원이 그를 둘러업고는 다시 반유하를 건넜다. 그러나 강을 건너와서 살펴보니 그마저 이미 숨져 있었다. 우리는 많은 눈물을 흘렸다. 모자를 벗어 그들에게 애도를 표하고는 본대로 돌아왔다.

不动腿，走到河滩上，我用望远镜向河对岸观
那边河滩上坐着至少有七八百人。我先带通讯
和侦察员涉水过去看看情况。一看，唉呀！他
都静静地背靠背坐着，一动不动，我逐个察看
全部没气了。我默默地看着这悲壮的场面，泪
夺眶而出。多好的同志啊，他们一步一爬地爬

습지의 출구 반유에 있는 장정 기념탑.

기념탑에 묘사된 사람들은 반유하를 다시 건너간 왕평과 두 전사 이외에는 전부 죽은 홍군, 즉 시체 더미였다. 이것을 기념탑이라고 부르자니 당혹스러웠다. 심한용 님에게 한 구절 한 구절을 번역해주었다. 마지막 대목에서는 나도 눈물이 나지 않을 수 없었다. 이것이 백성들이 겪은 전쟁의 참상이었다. 전쟁 와중에 발생한 가장 비참한 죽음이었다. 이런 죽음이 신중국을 만들었다고 할 수는 있지만, 그런 거대한 담론이나 작위적인 의미를 따지기 전에 그들이 겪은 고통과 죽음이 너무 안타깝지 않은가.

홍군의 7분의 1 정도가 습지를 건너다 희생되었다. 이제 습지를 통과했으니 고난의 피크는 지난 셈이었다. 그러나 리더십의 분열, 곧 중국 공산당의 위기는 습지와 함께 끝난 것이 아니었다. 훗날 마오쩌둥이 에드거 스노에게 '내 인생에서 가장 암울했던 하루'라고 표현했던 순간은 그다음에 찾아왔다. 🏮

8장

승리

—

반전의 희생,
위대한 승리

홍군끼리
총질할 순 없다!

1935년 8월 28일 선두가 출발한 지 8일째 되는 날 중앙홍군은 습지라는 악마의 손길에서 벗어났다. 기아와 극단의 피로에 빠진 홍군을 기다리는 것은 달콤한 휴식이 아니었다. 간쑤성 남부로 들어가는 길목에서 후쭝난胡宗南이 지휘하는 국부군이 그들을 기다리고 있었다.

홍군에게 전승과 전리품을 바치는 국부군

8월 29일 황혼 무렵부터 31일까지 격렬한 전투가 벌어졌다. 취사병과 마필 관리원은 물론이고, 예비대에서 중앙기관 간부까지 총동원되었다. 홍군은 이 전투에서 반전의 대승을 거두었다. 5000여 명의 국부군을 사살하고, 800여 명을 포로로 잡았다. 역사에서는 바오쭤 대첩包座大捷이라고 부른다. 상당량의 무기와 군수품, 야크와 말 그리고 식량을 노획한 것은 무엇보다도 큰 수확이었다. 설중송탄雪中送炭, 눈 속에 갇힌

쉬샹첸(왼쪽)과 천창하오.

홍군에게 숯을 한 가마 안겨준 셈이었다. 국부군은 적이자 홍군의 이동식 군수창고였다. 절실한 순간에 무기와 장비를 전리품이란 이름으로 바쳤고, 피로에 지쳤을 때에는 승전을 상납하여 사기를 올려주었다.

승전 후 포식까지 한 홍군 전사들은 사기가 올랐다. 그러나 마오쩌둥을 비롯한 지도부는 마냥 기뻐할 수만은 없었다. 장궈타오가 지휘하는 좌로군은 습지를 멀리 우회하는 길로 북상하기로 했는데, 하천이 범람하여 마얼캉으로 되돌아갔다는 무전 연락이 들어왔었다. 초원에서 강은 범람해봤자 길어도 2~3일이면 물이 빠지는 법인데 그 뒤로 감감무소식이었다.

9월 7일, 마침내 장궈타오로부터 연락이 왔다. 우로군의 총사령관 쉬샹첸은 전문을 보고 깜짝 놀랐다. 우로군은 습지를 되돌아 남하하라는 명령이었다. 장원톈과 마오쩌둥, 보구는 아연실색했다. 이는 중앙홍군과 결별하겠다는 뜻이었다. 당의 명령에 복종하는 홍군이 아니라 자신이 홍군과 공산당을 휘두르겠다는 선언이나 다름없었다. 중앙홍군은 3만여 명, 장궈타오는 8만여 명의 병력이었으니 장궈타오를 무력으로 제압할 수도 없었다.

마오쩌둥과 중앙 지휘부는 국부군의 형세와 경제적, 지리적 요인을 나열하며 남하는 불가능하다는 무전을 보냈다. 그다음 날 장궈타오는 주더와 류보청의 이름까지 넣어서 우로군의 총사령관 쉬샹첸과 정치위원 천창하오에게 명령을 즉시 수행하라는 독촉 전문을 다시 보내왔다.

9월 9일, 뜻밖의 사건이 터졌다. 장궈타오가 자신의 심복인 천창하오에게 보낸 비밀 전문이 마오쩌둥에게 발각된 것이다. 처음 비밀 전문을 수신한 통신장교는 심상치 않은 내용임을 직감하고는 천창하오에게 보고하기 전에 예젠잉에게 알렸고, 이는 즉시 마오쩌둥에게 보고되었다. "만일 당 중앙이 남하에 동의하지 않으면 면밀하게 감시하고 당내 투쟁을 전개하라"는 내용이었다. 이는 곧 무력을 동원해서 남하시키되 남하하지 않으면 사살하라는 명령이었다. 장궈타오는 당내 투쟁이란 명분으로 정치적 견해가 다른 간부들을 제거한 전력이 있었다. 중앙홍군과 제4방면군이 다웨이에서 회합한 후에도, 부참모장 리터李特를 시켜 서북군사혁명위원회 참모장인 쩡중성曾中生을 살해하기도 했다.

마오쩌둥은 비밀 전문을 천창하오에게 정상적으로 보고하도록 지시하고는 중앙홍군의 간부들을 은밀히 불러 긴급 대책 회의를 열었다. 홍군끼리 전투를 벌이는 최악의 상황을 피하기 위해 가급적 빠른 시간 안에 중앙홍군이 위험 지역에서 벗어나 단독으로 북상하기로 했다. 결별하기로 한 것이다. 다행히 린뱌오의 제1군단과 펑더화이의 제3군단은 장궈타오의 지휘를 받지 않았다. 두 군단은 징강산 유격전 이후 마오쩌둥과 생사를 함께해오고 있었다. 선두로 나가 있던 제1군단에게 진군을 멈추도록 하고, 당과 정부의 중앙기관은 펑더화이의 제3군단의 호위를 받기로 했다.

양상쿤(왼쪽)과 예젠잉.

　이렇게 비밀리에 만반의 준비를 하는 한편 마오쩌둥은 쉬샹첸을 찾아갔다. 남하냐 북상이냐에 대해 개인 의견을 물었다. 쉬샹첸은 좌고우면에 빠져 있었다. 마오쩌둥은 그의 곤혹스러운 입장을 이해한다고 위로하고는, 천창하오를 찾아가 같은 질문을 던졌다. 천창하오는 남하하는 것이 전략적으로 옳다며 여건이 좋아지면 그때 다시 북상하자고 말했다. 마오쩌둥은 당 중앙의 정책을 임의로 바꿀 수는 없으니 저우언라이와 왕자샹이 있는 제3군단으로 가서 회의를 소집하겠다고 했다. 천창하오를 속이기 위한 술책이었다.

　마오쩌둥은 중앙기관과 가까이 배치된 제3군단으로 가서 회의를 열었다. 중앙홍군에게는 몰래 출발할 수 있도록 준비하라고 명령했다. 무슨 일이 터질지 모르는 절체절명의 밤이었다. 출발 시각은 새벽 2시로 정했다. 잠든 홍군을 조용히 깨워서 출발할 준비를 했다. 양상쿤과 예젠잉은 직속 상관인 장궈타오의 명령을 무시하고 마오쩌둥과 함께 가기로 했다. 양상쿤은 예젠잉에게 새벽 2시에 출발한다고 알렸고, 예젠잉은 10만 분의 1 작전 지도를 꺼내 조용히 사령부를 빠져나왔다. 마오쩌둥은 두 사람이 도착하자 안도의 한숨을 내쉬면서 중앙종대에 출발 명령을 내렸다.

대오는 어둠 속에서 침울하게 그러나 빠른 걸음으로 움직였다. 홍군이 홍군 모르게 홍군으로부터 도망가는 처량한 기운이 그들을 뒤덮었다. 25년 후에 마오쩌둥은 에드거 스노에게 "내 일생에서 가장 암흑 같았던 하루"라고 회고했다.

홍군 몰래 도망가는 홍군

우로군의 제4방면군 가운데 중앙홍군이 조용히 떠나는 것을 제일 먼저 알아차린 사람은 홍군대학 정치위원인 허웨이何畏였다. 그는 서둘러 천창하오에게 보고했다. 천창하오는 중대한 상황이 발생했음을 알아차리고 총사령관인 쉬샹첸에게 알렸다. 이때 예하 부대가 천창하오에게 중앙홍군이 자신들에게 무장 경계를 하면서 북상하고 있다고 보고하고, 대응하여 공격할 것인지를 물어왔다. 천창하오는 주저하다가 쉬샹첸에게 어떻게 할지를 물었다. 쉬샹첸은 고민에 빠졌다. 그리고 한참 후에야 입을 열었다.

"세상 어디에도 홍군이 홍군에게 총질하는 도리는 없다!"

천창하오는 맥 빠진 소리로 예하 부대에게 명령했다.

"공격하지 말고 명령을 기다려라."

마음이 급해진 천창하오는 서둘러 펑더화이에게 편지를 썼다. 장궈타오의 명령에 따라 북상을 멈추고 남하하라는 내용이었다. 이 편지를 충복인 리터에게 주어 전달하게 했다. 리터는 말을 달려 이미 10여 킬로미터를 행군한 중앙홍군을 따라잡았다. 펑더화이는 리터에게 간결하게 대답했다.

"홍군은 당의 군대다. 당 중앙이 북상을 결정했으니 홍군은 북상한다."

리터는 다시 마오쩌둥에게 가서 행군 대오를 향해 큰 소리로 외쳤다.

"기회주의자를 좇아 북상하지 마라! 나와 함께 남하하자!"

어떤 자료에는 마오쩌둥이 화도 내지 않고 차분하게 홍군은 당의 군대인 만큼 당의 결정에 따를 것이며, 남하할 경우 전세가 불리해져 혁명이 더 큰 위험에 빠지게 될 것이라 말했다고 한다. 다른 자료에는 마오쩌둥이 이들의 야유 소리를 들으며 고개를 숙인 채 묵묵히 걸어갔다고도 한다. 여기서 무엇이 사실인지는 별로 중요하지 않다. 다만 이런 곤혹스러움 속에서도 중국 공산당과 홍군이 가까스로 자멸의 위기를 벗어났다는 것이다.

분열의 다음 장면은 한심했다. 중앙홍군은 샹강 전투에서 3만여 명으로 쪼그라든 후 마오쩌둥의 지휘 아래 병력을 보충하면서 제4방면군과 합쳐 10만 명으로 불어나는 듯했다. 그러나 분열로 인해 마오쩌둥의 군대는 7000~8000여 명의 병력만 챙겨 밤길을 재촉하여 홍군으로부터 도망가는 신세가 되었다.

우로군에 배속되었던 제4방면군 역시 한심했다. 죽을 고비를 넘기며 건너온 습지를 다시 통과해 장궈타오의 좌로군과 합류했다. 그들은 자진산을 다시 건너 남하했다. 청두 평원에서 국부군과 대대적인 전투를 벌였으나 서로 큰 손실을 보았을 뿐 승리하지 못했다. 이 와중에 8만 병력은 4만 명으로 찌그러졌고, 그나마 식량이 부족해 당당한 홍군이 아

바시회의 유지. 17세기 말 청나라 강희 연간에 건립된 바시반유 사원에서 1935년 9월 9일 중요한 공산당 정치국 회의가 열렸다. 그러나 중앙홍군이 떠나고 후미가 이 사원을 떠나 2킬로미터 정도 갔을 때 돌연 화재가 발생했다고 한다. 지금은 그 터만 남아 있다.

닌 빨갱이 비적匪敵으로 전락했다. 1년 뒤에 이런저런 명분을 세우고서야 풀죽은 모습으로 마오쩌둥에게 돌아갔다.

　마오쩌둥의 중앙홍군은 곧 새벽을 맞았다. 설산과 습지의 고난과 골육상쟁의 위기를 벗어난 중앙홍군은 추락할 대로 추락한 상태였다. 그러나 신기하게도 이때부터 회생하기 시작했다. 왕핑이 회고록에서 "그들은 질병과 기아를 이곳까지 가져왔으나, 승리의 서광을 남겨놓았다"고 말한 그대로였다.

　우리는 반유 열사 기념탑을 보고 나서 흙길을 따라 몇 개의 언덕을 넘어 바시巴西로 갔다. 16킬로미터 거리였지만 한 시간 가까이 걸렸다.

홍군끼리 전투를 벌일 뻔했던 곳이다. 대장정 유적지는 바시라는 마을에서도 5킬로미터 정도 더 들어가야 했다. 커다란 라마교 사원을 중심으로 형성된 전형적인 짱족 마을이었다. 오가는 사람도 적었고, 그나마도 붉은 승복을 걸친 짱족 승려가 대부분이었다.

넓은 공터 한쪽에 바시회의 유지를 알리는 표지석이 있었다. 바시회의가 열렸던 곳은 사원이었으나 지금은 무너진 흙담만이 폐허로 남아 있었다. 그 옆에 있는 바시회지 전람관은 문이 잠겨 있었다. 가까운 곳의 조그만 구멍가게로 들어가니 장년의 승려가 장사를 하고 있었다. 전람관에 관리자가 없다고 했더니 잠시 기다리라고만 했다. 알고 보니 그 승려가 전람관 열쇠를 갖고 있었다. 이 승려에게는 마얼캉이나 마오얼가이에서 느껴지던 거리감이 없었다.

전람관은 새로 조성해서 깨끗했다. 홍군이 어떻게 습지를 건너왔으며, 이곳에서 어떤 회의가 열렸는지 등을 소개하는 자료들이 대부분이었고, 사진이나 행군 노선을 표시한 지도 등이 전시되어 있었다. 그러나 전시물은 컴퓨터에서 출력한 것들로 약간 조악했다. 그래도 다른 전시관에 없는 내용이 많아 흥미로웠다.

홍군이 습지를 통과한 것은 모두 세 번이다. 마오쩌둥과 우로군이 북으로 넘은 것이 첫 번째이고, 쉬샹첸이 나머지 우로군을 이끌고 많은 희생자를 내며 남하한 것이 두 번째였다. 세 번째는 제2방면군이 1936년 7월 옌안으로 가면서 습지를 통과한 것이었다.

중앙홍군은 바시를 떠나 어제俄界와 왕짱旺藏으로 이어지는 동북 방향으로 약 80킬로미터를 진군했다. 우리는 포장이 안 된 산길 주행에 모험을 걸지 않고 세 배 정도 멀지만 포장된 길을 따라 데부현迭部縣으

쓰촨에서 간쑤성 데부현으로 가는 길. 멋지게 솟은 바위가 우리를 반겨주었다.

로 가기로 했다. 이곳에서 49일째 밤을 보냈다.

탁니 토사 양지칭의 호의

대장정이 마지막 구간에 접어들었다는 느낌이 강하게 들었다. 우리는, 홍군 전사들의 최악의 고난과 마오쩌둥 최악의 위기를 넘긴 다음에는 왠지 싱겁고 허전해졌다. 213번 국도를 타고 북상하다가 313번 성도에서 동쪽으로 방향을 틀었다. 쓰촨에서 벗어나 간쑤성으로 들어가는 길이었다. 간쑤로 방향을 틀자 양옆으로 높은 산이 절벽을 이루고 계곡 사이로 흐르는 강을 따라가는 길이 나왔다. 서서히 고도가 낮아져 쓰촨 서북부에서 겪었던 고산 증세도 더는 없었다.

중앙홍군이 바시를 떠나 어제라는 산골 마을에 도착한 것은 1935년 9월 11일 밤이었다. 어제는 짱족 가운데서도 탁니卓尼라는 지역의 토사土司가 오래도록 다스려온 지역이었다. 원래 티베트 고원에 살았던 부족인데 오래전에 이 지역으로 이동해왔고, 명나라에 복속하면서 토사로 인정받았다. 이때 하사받은 성이 양씨다. 제19대 토사인 양지칭楊積慶은 국민당과 공산당 사이에서 정치적 중립을 지켰다. 그 덕분에 중앙홍군은 안전하게 통과할 수 있었다.

그다음 날 어제에서 중앙정치국 확대 회의가 열렸다. 전열을 가다듬는 회의였으나 분위기가 무거웠다. 당면한 형세의 분석과 향후 전략 등이 논의되었다. 제4방면군과 갈라섬으로써 쓰촨-간쑤-섬서성에 걸치는 혁명 근거지 건설 계획은 또다시 허사가 되었다. 그러나 동북 방향으로 계속 올라가서 간쑤성 동부와 섬서성 북부로 나가기로 했다. 중앙홍군은 만 명도 되지 않았기 때문에 제1군단, 제3군단을 통합해 섬서-간쑤 지대(陝甘支隊)로 축소 개편했다.

중요한 정치적 결정도 이루어졌다. 장궈타오에 대해서는 군벌주의적 분열로 규정하여 당내 노선 투쟁 방식으로 처리하기로 했다. 그러나 홍군 전체의 단결이 우선이라는 원칙 아래 이 결의 사항은 당의 1급 간부만 열람할 수 있게 했다. 장궈타오의 직무 정지나 당적 박탈 조치는 당장의 실효성 없이 부작용만 낳을 것이라 판단하여 훗날로 미룬 것이었다. 이는 홍군의 단결이라는 명분을 유지하여 언제든 제4방면군을 설득해서 돌아오게 하자는 것이었고, 장궈타오에게 배속된 주더, 류보청을 비롯한 중앙홍군 출신 장교와 전사들의 안위를 고려한 조치였다. 적당한 선에서 타협한 것 같지만 현실적인 조치였다. 마오쩌둥은 이를 실사

구시實事求是라고 했지만, 급진적인 진영에서는 우경 기회주의라며 비난했다. 마오쩌둥의 적들은 음모와 계략이라고 폄하했다. 실사구시든 우경이든 계략이든, 마오쩌둥은 이런 방법으로 최후의 승자가 되었다.

탁니 토사 양지칭과 마오쩌둥의 중앙홍군은 사이가 좋았다. 양지칭은 처음에는 중립을 지켰으나, 홍군을 접한 다음에는 홍군 쪽으로 기울었다. 홍군을 공격하라는 국민당의 요구를 따르지 않았고, 오히려 홍군에게 식량을 지원하고 잔도를 보수해주기도 했다. 그는 이듬해 제2방면군과 제4방면군이 이 지역을 통과할 때에도 우호적으로 맞아주었다. 국부군이 홍군 낙오병과 부상병을 색출할 때에도 위험을 무릅쓰고 200여 명의 홍군 전사들을 숨겨주었다.

결국 양지칭은 1937년 국민당에 의해 살해되었고, 여덟 살짜리 아들이 제20대 토사가 되었다. 이 어린 토사는 1949년 토사의 직위와 국부군 중장 계급을 버리고, 민현岷縣에서 국민당에 반대하는 봉기를 일으킨 뒤 공산당에 입당했다. 봉건적인 탁니 토사마저 국민당을 버린 것이었다. 🔖

라쯔커우 협곡을
돌파하다

홍군끼리 충돌할 뻔한 위기를 무사히 벗어난 중앙홍군은 닷새 후인 1935년 9월 15일 어제를 지나 왕짱을 거쳐 라쯔커우 협곡에서 극적인 승리를 기록했다. 라쯔커우는 짱족 지역 데부에서 한족 지역 민현으로 통하는 동북쪽 출구다. 라쯔커우는 '험한 산길의 협곡 입구'라는 짱족 말을 음역한 것이다. 말뜻 그대로 양옆으로 높이 70~80미터의 바위 절벽이 있고, 협곡 사이로 거센 물이 흘러내렸다. 이 협곡을 거슬러 올라가 거대한 산을 하나 넘으면 간쑤성 민현이다. 동북 방향의 섬서성으로 가려면 반드시 거쳐야 하는 곳이었다. 그러나 민현의 국민당 군대가 산을 넘어와서 라쯔커우를 지키고 있었다. 게다가 국민당 수비군이 협곡과 절벽 중간에 기관총 진지를 구축하고 있어 난공불락이었다.

난공불락 협곡에 오른 소년 전사

이곳에 도착한 홍군은 적정을 탐지하기 위해 정찰부대를 보내 시험 삼아 가벼운 공격을 했다. 국부군은 계곡 건너의 토치카와 절벽 중간의 기관총 진지에 몸을 숨기고는 완강하게 사격을 해댔다. 난공불락이었으나 홍군은 약간 허술한 틈을 발견했다. 토치카에는 지붕이 없었고, 절벽 중간에 진지를 구축했을 뿐 꼭대기까지 방어하고 있지는 않았다. 홍군은 절벽을 돌아 올라가 위에서 아래를 향해 공격하기로 했다. 그러나 절벽을 기어 올라가는 것 자체가 문제였다.

이때 열여섯, 열일곱 살의 소년 전사 둘이 나섰다. 지휘관은 이 어린 전사들이 어떻게 절벽을 기어오르려는지 의아스러웠다. 뜻밖에도 어린 전사들은 마치 원숭이처럼 날렵하게 절벽을 올랐다. 이들은 구이저우 출신으로 어려서부터 깊은 산속에서 약초를 캐며 자랐다. 고향에서는 사람 취급도 받지 못했으나, 쭌이에서 홍군이 가난한 사람들 편이라는 선전활동에 감화되어 입대했다. 홍군에 입대해서는 비인간적인 처우나 구타에 시달리지 않고 하루에 한 자씩 한자도 배웠다. 이들은 태어나서 처음으로 존중받는 삶을 체험하면서 소년 전사로 성장했다. 공산주의를 이론이 아니라 본능으로 체득한, 동질감으로 무장한 전사들, 이런 전사들이 위기 때마다 자신의 능력을 힘껏 발휘했다.

홍군은 전사들의 각반의 끈을 풀어 긴 밧줄을 만들었다. 어둠이 내리자 두 소년 전사가 쇠갈고리를 한 손에 잡고 수직에 가까운 절벽을 기어오르기 시작했다. 돌부리와 나무뿌리를 찍어가면서 절벽 꼭대기에 오른 소년 전사들은 밧줄을 아래로 내렸다. 곧이어 30여 명의 홍군 전

라쯔커우 협곡과 라쯔커우 전투를 그린 인근의 벽화.

사들이 기어오르기 시작했다. 그러는 동안 국부군 진지에서는 방어가
완벽하다고 믿고 방심하고 있었다. 시간을 죽이면서 적의 공격을 기
다리는 것은 또다시 국부군의 몫이었다.

특공대는 절벽으로 오른 뒤 공격 신호를 보내기로 했으나 감감무소
식이었다. 국부군 쪽의 지원군이 도착하기 전에 라쯔커우 협곡을 통과
해야 하는 홍군은 더 이상 기다리지 못하고 공격을 개시했다. 그러나
토치카에서 쏘아대는 기관총의 위력은 대단했다. 몇 차례의 공격에도
끄떡없었다. 국부군 수비대는 "내년 이맘때가 되어도 통과할 수 없다"

고 큰 소리로 야유하면서 고함을 질러댔다. 협곡 아래의 홍군은 초조했다. 자정이 가까워지는데도 절벽 위에서 아무런 신호가 없었다. 이러다 날이 밝는 게 아닌지 초조해하는데 별안간 오른쪽 절벽에서 신호탄이 위로 솟구치더니, 국부군 토치카에 수류탄이 떨어졌다. 순식간에 토치카는 아수라장이 되었고, 아래에 있던 홍군이 맹렬하게 돌진했다. 그것으로 승부가 끝났다. 절벽 위로 올라간 특공대는 주위가 워낙 깜깜해서 적을 공격할 지점을 찾아내는 데 시간이 많이 걸렸던 것이다.

9월 17일 자정 즈음에 홍군은 라쯔커우 협곡을 완전히 장악했다. 협곡을 통과한 것도 대단했지만 국부군의 창고에서 상당한 양식과 소금을 노획한 것도 큰 성과였다. 이번에도 국부군은 홍군의 보급기지가 되어주었다.

홍군의 선두 부대는 라쯔커우를 통과해 동쪽으로 높은 능선을 넘어 하다푸哈達鋪라는 후이족 마을을 점령했다. 하다푸는 홍군의 고난이 거의 끝나가고 있음을 보여주는 잔칫상이 되었다. 점령 과정부터 그랬다. 홍군 제4연대는 라쯔커우에서 노획한 국민당 중앙군 군복을 입고 마을로 들어갔다. 국민당 관리들은 이들이 홍군인 줄도 모르고 고기와 술을 푸짐하게 차려 극진하게 대접했다. 음식을 먹던 홍군이 차분한 목소리로 "우리는 국부군이 아니라 홍군이

하다푸 입구에 세워진 장정 조형물. 제1방면군, 제2방면군, 제4방면군을 상징하는 3개의 깃발이 펄럭이는 형상이다.

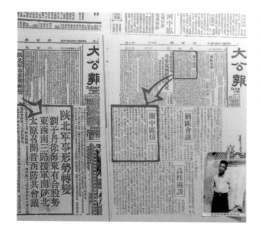

홍군이 하다푸에서 발견한 국민당 당보 《대공보》. 이 신문에서 '섬서성 북부의 군사 형세가 바뀌고 있다'는 제하의 기사(왼쪽 아래)를 보고 마오쩌둥은 류즈단의 혁명 근거지를 최종 목적지로 정했다.

다"라고 밝히는 것으로 하다푸 점령 작전은 끝났다. 실소를 금할 수 없는 코미디 같은 장면이다.

홍군은 양식과 소금, 군수품을 획득했다. 불과 한 달 전만 해도 습지에서 신음소리도 내지 못하고 굶어 죽던 상황에 비교하면, 마치 축복의 마당으로 순간이동을 해온 것만 같았다.

전사들의 포식만큼이나 중요한 것은 하다푸의 우체국에서 발견한 국민당의 신문 뭉치였다. 신문은 즉시 마오쩌둥이 있는 지휘부로 보내졌다. 마오쩌둥은 대장정 내내 국민당 신문을 발견하면 샅샅이 읽어보곤 했다. 외부 정보를 전달해줄 통로가 없는 상태에서 국민당 신문은 적정에 관한 중요한 정보가 담긴 것이었다.

신문을 훑어보던 마오쩌둥의 눈이 휘둥그레졌다. 섬서성 북부 지역의 홍군에 관한 기사 때문이었다. '섬서성 북부에서 류즈단劉志丹을 두목으로 하는 5만여 명의 홍비紅匪가 이미 6개 현을 점령했고, 황하를 건너 산시성山西省을 노리고 있다'라는 기사였다. 섬서성 북부에 공산 소비에트가 있다는 사실만 알고 있었을 뿐 장제스의 포위 공격 이후의 소식은 알 수 없었다. 그런데 류즈단이 이끄는 혁명 근거지가 건재하다는 사실을 확인한 것이었다. 그동안의 고난과 희생을 한꺼번에 보상해주는 희소식이었다. 마오쩌둥은 흥분하여 자리에 앉지도 못했다. 지휘부 성원들에게 신문을 돌려보게 하고는 장정의 종착지를 이곳으로 정했다. 그리 먼 곳도 아니었다.

하다푸에서 배불리 먹고 휴식을 취하다

중앙홍군은 하다푸로 들어갔다. 하다푸에는 한족 외에도 후이족이 살고 있었다. 이슬람교를 믿는 후이족은 습속이 크게 달라 홍군은 '후이족 지역 수칙'을 만들어 예하 부대에 하달했다. 내용은 간단했다.

마을 주민이 동의할 때에만 마을 안에서 숙영을 할 수 있다. 이슬람 사원에 허락 없이 들어가거나 《코란》을 훼손하지 않는다. 식기와 취사도구를 마음

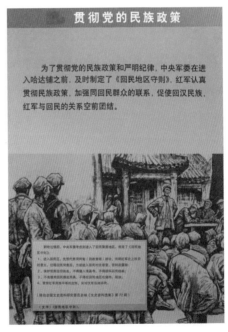

하다푸 장정 기념관에 전시된 공산당의 민족정책. '당의 민족정책을 관철하다'라는 제목으로 후이족 수칙을 설명하고 있다.

대로 갖다 쓰지 않는다. 후이족 거주 지역에서는 돼지를 도살하거나 돼지고기를 먹지 않는다 등등. 지역 특색에 맞게 행동 수칙을 정한 것이었다. 아무튼 홍군은 참으로 영리했다.

하다푸 지역은 교통이 불편하지만 물산이 풍부해 물가가 낮았다. 홍군은 쌀과 고기 등 식료품을 넉넉하게 사들인 다음, 한 집을 통째로 빌려서 발류수석發流水席의 연회를 열었다. 발류수석은 누구나 와서 마음대로 먹고 즐기는 잔치를 말한다. 홍군뿐 아니라 현지의 이슬람 지도자와 노인들도 초청했다. 하다푸에서 홍군은 배불리 먹고 휴식을 취했다.

중앙홍군에는 남방 출신이 많았기 때문에 대부분 이곳의 풍경이 신기했다. 설산이나 고원도 그랬지만 이곳 간쑤성의 황토고원도 처음 보는 풍경이었다. 황토고원의 전통 주택인 동굴집 요동窯洞도 신기했을 것이다. 수평으로 파고 들어간 동굴집도 있고, 수직으로 파고 내려가서 다시 옆으로 동굴을 파서 방으로 쓰는 집도 있다. 머리에 흰 수건을 두르고 일하는 농부들의 모습도 남방 출신 홍군에게는 낯설었다.

현지인들도 홍군, 특히 여성 전사들을 신기하게 쳐다보았다. 머리를 짧게 자르고 허리에는 권총을 차고 있으니 후이족이 보기에 얼마나 이상했겠는가. 어떤 여자는 호기심을 참지 못하고 홍군 여전사가 진짜 여자인지 확인하려고 가슴을 만져보는 실례를 범하기도 했다. 그래도 믿지 못하던 일부 현지인들은 변소에서 마주친 다음에야 여자라는 것을 믿고 비로소 집으로 데려가 잠을 재워주었다.

중앙홍군은 병사들에게 은화 2위안씩 나눠주고는 5일 동안 휴식을 취하게 했다. 장정을 시작한 후 피 튀기는 전투를 하거나 땀을 쏟아내는 행군의 나날이었으니 닷새의 휴식과 평온함은 꿀맛이었을 것이다. 9

황토고원의 동굴집 요동. 수평으로 동굴을 파고 방을 앉히는 것이 보통이다.

월 20일에는 하다푸의 관제묘關帝廟에서 연대장급 이상의 간부회의를 열었다. 섬서성 북부의 류즈단 홍군과 혁명 근거지 소식을 알리고, 그곳이 대장정의 최종 목표 지점임을 공개했다.

라쯔커우에서 민현으로 가는 길은 커다란 산을 넘는 고갯길이었다. 쉬단이 운전하는 차가 가파른 산을 올라가는데 그동안 넘었던 어떤 산길보다 더 아찔했다. 쓰촨의 설산보다 고도는 낮지만 길은 더 험했다. 굽이굽이 오르기를 한 시간여, 이제 내리막길이 나올 때도 되었다 싶으면 다시 또 휘감고 올라가기를 여러 번 반복했다. 긴 터널을 통과한 다음에야 내리막이 시작되었다. 답사를 마치고 귀국해서 중국 인터넷 지도를 열어 검색해봤으나, 산 이름을 찾을 수 없었다. 이 정도의 산은 너무 흔해서 지도에도 안 나오나 싶었다. 길가의 허물어진 집터에서 비상식량으로 점심을 때운 뒤 민현의 반대 방향으로 우회전해서 하다푸로 향했다. 하다푸를 돌아보고 민현에서 묵기로 했다.

하다푸 입구에는 '홍군 성지 하다푸(紅軍聖地哈達鋪)'라고 새겨진 커다란 조형물이 외지 손님들을 맞아주었다. 마을 안에는 광장을 품고 있는 홍군 장정 하다푸 기념관이 있었다. 기념관 광장은 주민들의 쉼터였다. 뛰어노는 아이들, 데이트를 하는 연인들, 느릿느릿 걸어가는 노인들까지.

광장의 기념탑은 약간 조악했다. 중앙 현관이 닫혀 있어 사무실을 노크했다. 현관 가까이에 있던 젊은 직원이 옆문으로 들어갈 수 있다고 친절하게 알려주었다. 알고 보니 월요일이라 휴관하는 날이지만 유력인사 일행이 방문한다고 해서 임시로 문을 연 것이었다.

하다푸 기념관 역시 대장정 노선에 있던 하다푸의 의의를 강조해서 보여주고 있었다. 하다푸의 대장정을 설명하는 한마디는 '홍군의 주유소加油站'였다. 그럴 만도 했다. 기력이 쇠진했던 홍군은 총 한 방 쏘지 않고 이곳을 점령했고, 식량과 군수품을 대량으로 노획해 5일 동안 편안하게 휴식을 취했으니 말이다. 게다가 중국에서는 요리를 할 때 기름을 두르거나, 차에 기름을 넣거나, 운동 경기에서 외치는 응원 구호가 모두 '加油!'였으니, 이곳을 홍군의 '加油站'이라 묘사한 것에 고개를 끄덕였다.

기념관의 남문 바깥에 옛 거리가 있고, 그 가운데 류즈단과 섬서성 북부 소비에트 소식이 실린 신문을 발견한 우체국에는 장정 유적지라는 표지석이 세워져 있었다. 이곳에서 5일 동안 휴식을 취했기 때문에 마오쩌둥을 비롯하여 지휘부가 묵었던 집집마다 누구의 고거故居라는 팻말이 붙어 있었다. 그러나 보호문물로 지정되어 있을 뿐 사람이 살지 않는 낡은 집이었고, 문도 닫혀 있었다. 간쑤성이 중국에서 가장 낙후한 지역에 속한다는 사실이 유적지 관리 상태에서도 드러났다.

홍군이 하다푸에서 휴식을 취하는 동안, 장제스는 중앙홍군이 섬서성의 홍군과 합세하는 것을 막기 위해 국부군을 집결시켰다. 그러나 이번에도 홍군이 한 발 빨랐다. 홍군은 일부 병력을 보내 하다푸의 동쪽에 있는 톈수이天水를 공격했다. 장제스는 홍군이 톈수이를 거쳐 시안西安으로 동진해나올 것이라 판단해 톈수이와 시안 쪽으로 병력을 보냈다. 그러자 홍군은 재빠르게 하다푸와 톈수이에서 빠져나와 동북 방향으로 3일 밤낮을 행군했다. 9월 25일에는 아무런 저지도 받지 않고 웨이하渭河를 건넜다.

중앙홍군이 웨이하를 건넌 곳에도 기념탑이 있다고 해서 찾아갔다. 웨이하는 강태공이 때를 기다리며 바늘 없는 빈 낚시로 세월을 낚았다고 하는 그 강이다. 딩시定西에서 톈수이로 가는 고속도로 출구에서 멀지 않은 곳에 있었다. 낡은 다리를 건너니 바로 가까운 곳에 기념탑이 있었는데, 주변 도로는 공사 중이었고 웨이하도 거의 말라 볼품없었다. 기념탑 앞의 후이족 식당에서 이른 점심으로 국수 한 그릇을 먹고는 다시 출발했다.

중앙홍군이 웨이하를 건넌 곳에 세워진 도강 기념탑.

홍군의 깃발이 휘날리는 류판산

중앙홍군은 웨이허를 건너 줄기차게 동북쪽으로 전진했다. 섬서성 북부로 가는 길에 마지막으로 만나는 큰 산이 해발 2928미터의 류판산六盤山이다. 산을 넘어가는 길이 여섯 번이나 크게 돈다고 해서 붙은 이름이다. 이 산을 넘으면 더 이상 큰 장애가 없으니, 홍군에게는 마지막 고비를 넘어가는 셈이었다.

류판산은 이곳에서 마오쩌둥이 지은 시로 인해 유명하다.

> 하늘은 높고 구름은 담담한데 남으로 바라보니 기러기 떼 아득히 날아가네
> (天高雲淡望斷南飛雁)
> 장성에 오르지 않으면 어찌 장부라 하리요(不到長城非好漢)
> 손으로 꼽아보니 이곳까지 2만 리(屈指行程二萬)
> 류판산은 높고 홍기는 서풍에 휘날리네(六盤山上高峰紅旗漫券西風)
> 오늘 내 손에 밧줄을 쥐었으니 언제인가 창룡을 잡지 못하랴(今日長纓在手何
> 時縛住蒼龍)

5행의 영纓은 갓끈이란 뜻이지만, 장영長纓이라고 하면 '무기로 쓰는 밧줄'이라는 뜻이다. 한나라 때 종군終軍이라는 장수가 남월南越 정벌에 나서면서, 황제에게 "긴 밧줄을 내려주시면 남월의 왕을 묶어오겠다"고 호언했는데, 실제로 남월을 제압해 한나라에 조공을 바치게 했다는 고사에서 나왔다. 창룡蒼龍은 고대 중국의 전설에 나오는 나쁜 무리, 흉적 등을 일컫는 말이다. 마오쩌둥의 시에서는 국민당의 우두머리 장제스

류판산 장정 기념관 입구 근처에 있는 야외 조각들. 대장정의 주요 장면을 묘사하고 있어 마치 대장정을 복습하는 것 같았다.

를 지칭한다. 장성이 등장하는 것은 이 근처에 만리장성이 있기 때문이다. "장성에 오르지 못하면 어찌 장부라 하겠는가"라는 구절이 요즘에는 베이징의 만리장성에서 마케팅 슬로건으로 많이 사용되기도 한다.

초라한 정치적 입지로 대장정을 시작했지만 홍군의 위기 속에서 군사 지휘권을 휘어잡은 마오쩌둥은, 적의 추격과 포위, 자연의 고난과 내분의 위기를 넘기고 대장정의 종착점에 다가가면서 이런 호기 있는 시를 썼다.

사실 마오쩌둥은 정치적, 군사적으로도 뛰어났지만 문화적 소양이 깊은 인물이었다. 《공자》, 《맹자》에서 《자치통감》에 이르는 고전뿐 아니라 《수호전》, 《삼국지연의》 같은 대중적인 고전소설을 두루 섭렵했다. 서구의 마르크스주의에 《수호전》 같은 중국의 역사와 전통문화를 혼합해 쉬운 이야기로 풀어내는 능력이 뛰어났다. 문장과 연설이 뛰어났고, 서예에서도 개성을 발휘했다. 요즘 말로 하면 서로 다른 분야를 융합해내는 통섭의 능력이 있었다고 할까.

　우리가 류판산에 도착했을 때는 눈발이 날리고 있었다. 류판산 중턱의 장정 기념관을 기대했으나, 결빙으로 인해 산길 입구에서부터 출입이 통제되었다. 아쉬운 마음에 입구 주위를 둘러보는데 '홍군소로'라는 팻말이 보였다. 안내판을 보니 계곡을 따라 걸어 올라가는 길이 있었다. 소로를 따라 주요한 전투나 회의 등을 묘사한 조각상이 전시되어 있었다. 마치 지금까지 답사해온 장정을 야외에서 복습하는 기분이었다.

　위두하를 출발하다―샹강의 혈전―우강을 돌파하다―쭌이회의―러우산관을 점령하다―츠수이를 네 번 건너다―진사강을 건너다―루딩교를 탈취하다―대설산을 넘다―다웨이에서 만나다―고난으로 초지를 건너다―라쯔커우를 점령하다―하다푸에서 결책決策하다―서북에 기반을 세우다…….

　계곡은 얼어 있고 눈이 쌓였으나 그리 깊지 않아 천천히 올라갔다가 하산했다.

　답사 여정도 이제 막바지를 향해갔다. 🐾

드디어
종착이다!

1935년 10월 10일, 중앙홍군은 류판산을 넘어 전위안鎭原의 싼차三岔 라는 작은 마을에서 잠시 휴식을 취했다. 그런데 앞에서 말을 탄 전사 몇 명이 달려왔다. 국부군은 아니었다. 그들은 자신들이 만난 군대가 중 국 공산당 중앙홍군임을 확인하고는 품에서 서신을 꺼냈다. 서신은 지 체 없이 마오쩌둥에게 전달되었다. 이들은 섬서성 북부 지역의 혁명 근 거지를 이끌고 있는 류즈단이 중앙홍군을 찾아 영접하라고 보낸 정찰 대였다. 물론 서신도 류즈단이 보낸 것이었다!

적의 신문에서 아군의 소식을 찾아내다

섬서성 북부에서도 1927년 상하이 쿠데타 이후 국민당에 대항하여 무 장봉기를 일으켰다. 그리고 유격전을 통해 혁명 근거지를 세우고 확대 해왔다. 류즈단, 셰쯔창謝子長, 시중쉰 등이 핵심 영도자였다. 이들 역시

국민당 신문에 '마오쩌둥 비적(毛匪)'이 보도된 것을 보고 중앙홍군이 북
상해오는 것을 알았고, 이들을 영접하기 위해 정찰대를 보낸 것이다. 통
신이 단절된 각 지역의 홍군들이 적군의 신문에 난 기사 몇 줄을 보고
서로 더듬어 만났으니, 국민당은 홍군의 통신 중계소 역할까지 한 셈이
었다. 마오쩌둥은 기뻤다. 그리고 이 사실을 즉시 홍군 전사들에게 알렸
다. 일순간 엄청난 함성이 작은 계곡을 가득 채웠다. 대장정은 이렇게
종착점 지근거리에 도달했다.

우리는 류판산에서 내려온 뒤 이동거리를 감안하여 칭양慶陽에서 하
루를 묵고 대장정 종착 지점인 우치로 가기로 했다. 그런데 칭양에서
간단히 아침을 먹고 출발하려는 순간 객실에 비치된 현지 여행 안내서
를 보고 인근 지역에 난량南梁 혁명기념관이 있다는 것을 알게 되었다.
간단한 설명 속에 류즈단과 시중쉰이란 이름이 눈에 들어왔다. 생소한
지명이라 망설였으나, 차가 출발하는 순간에 목적지를 바꿨다. 그냥 지
나치면 나중에 후회할 것 같았기 때문이다. 결과는 정말 그랬다.

달리는 차 안에서 인터넷 지도로 길을 찾았다. 우치로 가다가 화츠華
池에서 동쪽으로 64킬로미터를 가야 했다. 내 경험에 비춰보면 이런 시
골에서 왕복 128킬로미터라면 아무리 빨라야 네 시간이고, 아마도 여
섯 시간 넘게 걸릴 것이라고 예상했다. 그러나 막상 그 길로 진입하니
깔끔하게 포장된 왕복 2차선 도로인 데다 차도 거의 없었다. 고속도로
와 다를 바 없었다. 비밀은 길가의 입간판에서 풀렸다. "류즈단, 셰쯔창,
시중쉰이 이곳에서 섬서-간쑤 혁명 근거지를 만들었다." "류즈단 섬
서-간쑤 혁명군사위원회 주석", "시중쉰 섬서-간쑤 변구 소비에트정

난량 혁명기념관으로 가는 길에 마주친 입간판들. 류즈단과 시중쉰을 기리는 내용이다.

부 주석"이라고 적힌 커다란 입간판들이 하나씩 차례대로 나타났다.

류즈단은 이 지역의 최고 영웅이고, 시중쉰은 현재 중국 최고 권력자인 시진핑의 아버지다. 시진핑이 차기 최고 권력자로 떠올랐을 때 이곳을 다녀갔고, 그때 길을 새로 포장했을 것이라는 생각이 들었다.

난량에 도착했다. 길가에서 먼저 마주친 것은 레닌 소학교였다. 1934년 2월 류즈단, 시중쉰 등이 이 지역에 첫 번째로 세운 혁명 소학교다. 기록을 보니 교사 1명과 학생 17명으로 시작했다고 한다. 각 지역의 소비에트는 대개 이런 식으로 공산주의 혁명운동을 키워나갔다. 무장봉기로 점령한 곳에서는 먼저 토지혁명을 통해 지주의 토지를 소농이나 소작농에게 나눠주었다. 토지혁명 다음에는 소학교 등 교육기관을 세워 초보적인 국가의 틀과 모양을 갖춰 나갔다.

옛 소학교 교사는 유적지로 지정하여 일반인에게 공개하고, 지금의 재학생들은 옆에 새로 지은 교사를 이용하고 있었다. 마침 점심시간을 알리는 종이 울리자 어린아이들이 우르르 교실에서 나와 식당으로 향

레닌 소학교 기념 조형물. 어린 학생이 죽창을 들고 있는 모습이 눈에 거슬렸다.

했다. 어디를 가나 병아리 같은 아이들이 재잘거리는 소리는 활기찬 생동감을 준다. 반짝이는 햇살과도 잘 어울렸다.

레닌 소학교 위쪽에 난량 혁명기념관이 있었다. 원래 있던 기념관 옆에 새로 기념관을 짓고 있었다. 이 지역의 혁명 근거지가 어떻게 창건되었고 어떤 과정을 거쳤는지, 그리고 마오쩌둥의 중앙홍군이 이 지역에 들어와서 어떤 업적을 세웠는지 등등을 보여주고 있었다. 그 가운데 역시 류즈단과 시중쉰이 돋보였다.

시진핑의 아버지 시중쉰은 섬서-간쑤의 혁명 1세대다. 1927년 장제스가 상하이 쿠데타를 일으켜 공산당을 대대적으로 탄압하자 이곳에서도 국민당에 대항하는 무장폭동이 일어났다. 몇 번의 성공과 실패를 반복한 끝에 마침내 1934년 11월 7일 섬서-간쑤 변구 소비에트 정부가

시중쉰(왼쪽)과 류즈단.

세워졌다. 이때 군사 분야의 최고 지도자는 류즈단이고, 소비에트 행정
부의 수장은 시중쉰이었다. 이들의 근거지는 계속 발전하여 30개 현에
인구가 100만 명에 이르렀다. 그러던 중 마오쩌둥의 중앙홍군이 대장
정을 해왔고, 바로 류즈단과 시중쉰이 닦아놓은 터전에서 뿌리를 내렸
다. 마오쩌둥을 받아준 게 시중쉰이라 해도 과언이 아니다.

  그러나 그 진입 과정이 이념과 동지애로 매끄럽게 이루어진 것은 아
니었다. 사단장이 연대본부를 잠시 방문하면 연대장이 그를 잘 영접하
면 그만이지만, 사단장이 연대본부에 눌러앉으면 연대장은 찌그러지는
법이다. 마오쩌둥이 징강산에서 루이진으로 혁명 근거지를 확대하고
발전시켰지만, 상하이의 공산당 중앙이 내려오자 마오쩌둥은 정치적으
로 밀려났다. 마찬가지로 당 중앙의 마오쩌둥이 이 지역으로 들어와서
안방을 차지하게 되자, 현지 출신 지도자들의 입지는 작아졌다.

  마오쩌둥이 도착하기 직전에 중국 공산당의 톈진天津 북방국(지방 당
조직)에서 보낸 사람들이 섬서-산시성 위원회를 조직했다. 이들은 공

산당 간부가 국민당과 내통하고 있다는 국민당 포로의 실토를 근거로 현지 공산당 간부들을 숙청하기 시작했다. 시중쉰을 비롯하여 많은 간부들이 당의 보위국에 의해 체포되었다. 이 소식을 듣고 결백을 밝히기 위해 전선에서 돌아온 류즈단마저 무장해제를 당하고 체포되었다. 이들은 고문을 당했고 이미 죽임을 당한 간부도 있었다.

저우언라이와 보구가 소식을 듣고 달려왔다. 일단 심문을 중단시키고 재조사를 통해 이들의 결백을 확인하고 모두 복권시켰다. 류즈단은 정찰대를 보내고 당 중앙과 중앙홍군을 영접했음에도 느닷없이 국민당과 내통했다는 혐의로 투옥을 당했던 것이다. 류즈단이 공산당 중앙국 성원들을 처음 대면할 때에는 피의자 또는 죄수의 신분이었다. 마오쩌둥은 류즈단이 석방되는 자리에서 처음 만났다. 그렇게 마오쩌둥은 지역의 영웅을 오해의 구렁텅이에서 구해낸 구세주처럼 등장했다. 뭔가 이상하지 않은가.

더 이상한 점은 얼마 지나지 않아 류즈단이 전선에서 총을 맞아 전사하고, 다른 지휘관들도 적지 않게 죽은 것이다. 이 때문에 중국에서도 마오쩌둥이나 그의 측근이 토착 세력을 제거했을 것으로 추정하는 사람이 많다.

시진핑의 아버지 시중쉰을 만나다

손호철 교수가 2008년 답사한 기록에는 류즈단의 동상에 "류즈단 장군, 1903~1936년, 서른세 살에 의외의 죽음을 당했다"라는 문구가 쓰여 있었다고 한다. 내가 갔을 때는 일부 공개하지 않은 전시실도 있어서 그

문화혁명 당시 반당분자로 낙인 찍
혀 군중대회에 끌려나온 시중쉰.

문구를 찾지는 못했다. 공식적으로 전사했다고 하는데 동상에는 '의외
의 죽음'이라……. 이 문구가 사실이라면 류즈단의 죽음에는 석연치 않
은 구석이 있는 게 틀림없다.

반면 군사보다는 주로 행정 쪽 책임을 맡았던 시중쉰은 꾸준히 자기
역할을 계속했다. 물론 기복이 없었던 것은 아니다. 훗날 문화혁명의 광
풍 속에서 반혁명이라는 이유로 12년이나 감옥에서 보내야 했고, 덩샤
오핑이 실권을 잡은 다음에 출옥하여 복권되었다. 복권된 후에는 푸젠
성 서기가 되어 덩샤오핑의 개혁개방 정책에서 많은 역할을 했다.

혁명 원로인 시중쉰의 아들 시진핑은 부친의 시련에도 불구하고 잘
성장하여 현재 중국의 최고 권력자가 되었다. 대장정은 20세기 후반에
활동한 최고 지도자들을 배출했고, 21세기에는 대장정을 위해 피와 땀
을 뿌린 혁명 원로의 자녀들 가운데 최고 권력자를 배출했다. 오늘의
중국이 바로 대장정에서 출생했다는 점을 확인할 수 있다.

1935년 10월 19일 중앙홍군은 바오안현保安縣의 우치진吳起鎭에 도착

난량 혁명기념관 패방과 기념탑.

했다. 그때는 마을에 열 채 정도의 동굴집이 있었다고 한다. 이들이 다가가서 홍군이라고 말하자 전부 산으로 도망갔다. 그러나 민가 담장에는 '중국 공산당 만세', '류즈단을 옹호하자' 등의 공산당 표어가 쓰여 있었다. 한 집에는 '츠안현 6구 소비에트 정부'라는 팻말까지 붙어 있었다. 루이진의 소비에트에서 섬북의 소비에트에 도착한 것이 분명했다! 그런데 주민들이 도주하다니. 그것은 홍군紅軍(중국 발음은 훙쥔)을 국민당 군대 가운데 장쉐량의 동북군을 칭하는 봉군奉軍(중국 발음은 펑쥔)으로 잘못 알아들었기 때문이다. 중앙홍군의 전사들이 대부분 남방 사투리를 썼기 때문에 잘못 전달되었던 것이다.

이로써 장정이라는 긴 행군은 종착점에 다다랐다. 마오쩌둥은 중앙홍군이 모인 자리에서 종착지에 도착했음을 알리고, "대장정은 승리했다!"고 선언했다.

1935년 10월 19일 우치에 도착한 바로 그날이 위두를 출발한 지 368일째 되는 날이었다. 행군 거리로는 2만 5000리, 즉 1만 2500킬로미터였다. 중국 공산당은 장제스의 포위를 뚫고 살아나왔다. 그사이 마오쩌둥은 정치적 왕따에서 중국 공산당의 최고 권력자가 되어 있었고, 그후 죽는 날까지 최고 권력을 놓치지 않았다. 공산당과 홍군 사이에도 공산당이 홍군을 지배하는 관계가 확립되었다. 공산당은 쫓기는 신세였지만 중국 인민들에게 말과 행동을 통해 공산당과 홍군을 효과적으로 선전함으로써 대중적 기반을 넓혔다.

중국 공산당은 장정을 하면서 항일전쟁을 위해 국공내전을 중단하고 모든 정치세력이 연합할 것을 계속 주장했다. 그랬기 때문에 장쉐량은 시안사변을 일으켜 장제스에게 2차 국공합작을 강요할 수 있었다. 시안사변을 통해 1937년에 2차 국공합작이 성립됨으로써 공산당의 입지가 더욱 강해졌다. 중국 공산당이 대장정에서 살아남지 못했다면 중국은 장제스의 일방 독주로 끝났을 것이다. 중국 공산당이 대장정에 성공해 옌안에서 붉은 깃발을 흔들어대자, 거의 박멸되었다고 반복 보도되었던 마오쩌둥과 홍군의 존재가 중국 인민들의 마음을 격렬하게 흔들었다. 수많은 젊은이들은 항일과 혁명을 꿈꾸며 서북 변경의 옌안으로 모여들었다. 2차 국공합작을 통해 중화민국의 공식적인 항일의 깃발은 장제스가 쥐고 있었지만, 중국인들의 마음속에 항일 아이콘은 이미 마오쩌둥으로 깊이 각인되었다. 마침내 중국 공산당은 국민당과의 싸움에서 승리했다. 1949년 10월 1일 최종적인 승리를 선언했다.

대장정에서 살아남은 젊은 홍군 지도자들이 신중국 건설을 주도했다. 덩샤오핑도 대장정에서 배출되었고, 국가주석 대부분이 대장정 출신이다. 국방부장관이나 인민해방군의 숱한 장군들은 더 말할 나위도 없다. 세월이 흘러 이제는 대장정의 원로 자녀 가운데 한 명인 시진핑이 최고 지도자가 되었다. 대장정이 낳은 적장자가 바로 지금의 신중국인 것이다.

대장정을 떠난 지 368일이 되던 날

답사 53일째 난량의 혁명기념관을 둘러보고 오후 늦게 우치에 도착했다. 우치에 들어서자 누구에게 물을 것도 없이 성리산勝利山 위의 거대한 승리 기념탑이 눈에 들어왔다.

250개의 계단을 올라갔다. 2만 5000리를 상징하는 계단이다. 계단을 다 올라가니 기념비가 하늘을 찌를 듯 당당하게 남쪽을 향하고 있었다. 기념비의 높이는 19.35미터, 기단의 지름은 10.19미터다. 1935년 10월 19일 이곳에 도착한 날짜를 상상한다. 80년 전 고난의 탈주가 지금은 승리의 자긍심으로 위풍당당하게 서 있었다.

다음 날 아침 다시 성리산을 올랐다. 간밤에 내린 눈이 승리의 기념탑을 살포시 덮어주고 있었다. 기념탑으로 오르는 중간 중간에 대장정 장면을 묘사한 대리석 석상에도 눈이 살짝 쌓여 있었다. 홍군 전사들이 대부분이었고, 계단 거의 끝에는 소년 나팔수가 있었다. 이 소년의 나이와 비슷한 중국 공산당이 성장하여 지금은 세계의 강대국이 되어 있는 게 아닐까.

기념비 뒤에 산으로 오르는 산책로가 있는데, 그곳에 간부들의 장정

성리산의 기념탑으로 올라가는 계단은 250개다. 2만 5000리 마오쩌둥의 대장정을 상징한다.

이 아닌 인민들의 장정에 관한 조형물이 있었다. 하나는 소녀가 남동생을 업고 가는(背着弟弟走長征) 동상이었다. 제4방면군에 참전한 아버지를 따라나선 덩슈잉鄧秀英이란 소녀다.

사연은 이랬다. 쓰촨성 퉁장현通江縣에 사는 덩신커鄧心科는 1932년 홍군 제4방면군에 참가했다가, 1935년 마오쩌둥의 중앙홍군과 다른 경로로 장정에 나서게 되었다. 이때 열세 살이던 덩슈잉은 여섯 살짜리 남동생을 업고 어머니와 함께 아버지를 따라 나섰다. 도중에 아버지는 병사했고, 어머니와 남매는 짱족 지역에 남겨졌다. 그러나 남은 가족은 불행하게도 도적 떼에게 붙잡혀 뿔뿔이 노예로 팔려갔다. 남동생 덩위첸鄧玉乾은 장성한 뒤에야 겨우 도망을 칠 수 있었다. 그 후 사찰에서 염색 일을 하며 고생스럽게 살다가 기적처럼 누나를 만났다.

남동생을 업고 장정에 따라나선 소녀. 소녀의 찌푸린 눈매에서 생존의 본능과 결기가 느껴진다. 그러나 깊은 연민을 떨칠 수 없다. 어린 나이에 이 무슨 고난이란 말인가. 백성에게 전쟁이란 이런 것임을 위정자들이 알아야 한다.

1952년 쓰촨성의 아바阿壩 짱족·창족 자치주가 인민해방군에 의해 해방되었을 때 딩슈잉은 인민해방군에서 짱족어 통역을 하고 있었고, 남동생은 지역 인민공사에서 살고 있었다. 그렇게 살다가 1963년에 남매는 어머니와 함께 고향인 쓰촨성 통장현으로 돌아왔다. 백성들에게 대장정은 이런 것이었다. 그래도 살아서 고향으로 돌아왔으니 해피엔딩이라고 해야 할까.

산책로에는 전사의 배낭이란 이름의 동상도 있었다. 노상에서 죽은 홍군이 자신의 옷을 벗어 개인 군장과 함께 남겨놓은 것이었다. 많은 홍군이 죽을 때 이렇게 했다고 한다. 식량은 이미 떨어졌으니 남겨줄 것이 없고, 동지들에게 남길 것은 옷과 군장뿐이었다. 죽은 뒤에는 시신이 굳어서 옷을 벗길 수가 없으므로 스스로 옷을 벗어 군장과 함께 놓아두고, 알몸으로 죽은 홍군이 적지 않았다고 한다. 이것을 위대한 혁명 정신이라고 해야 할지, 죽어가는 자의 눈물 나는 기부라고 해야 할지…….

전쟁은 이렇게 백성들에게 끊임없이 희생을 강요하는 것이다. 자신은 정작 국방의 의무도 제대로 이행하지 않으면서 툭하면 전쟁도 불사한다는 소리를 내뱉는 위정자들에게 꼭 들려주고 싶은 이야기다. 이런 것이 전쟁이라고. 이렇게 죽겠다는 각오를 행동과 실천으로 보여준 다음에야 비로소 전쟁에 대해 발언할 자격이 있다고.

이제 길 위의 대장정 368일은 끝났고, 답사 여행도 54일째다. 바오안과 옌안을 거쳐 시안에서 귀국 비행기를 타는 마지막 라운드가 남았다.

마오쩌둥의 대장정은 우치에서 끝나 승리 기념탑을 남겼지만, 실제 대장정의 대결 상황이 종료된 것은 우치에 도착한 다음 해인 1936년 12월 12일이다. 이날 장쉐량이 시안사변을 일으켰다.

옌안에 자리 잡은 중앙홍군은 혁명 근거지를 다져나갔다. 그런 한편으로 내전을 중단하고 모든 정치세력이 연합하여 항일전선에 나서자고 끊임없이 주장했다. 이때 섬서성 북부를 봉쇄하고 있던 국부군은 장쉐량의 동북군이었다. 공산당과 장쉐량은 내전보다 항일이 먼저라는 점에서 같은 입장이었다. 장쉐량의 동북군은 자신들의 고향이자 근거지인 만주를 일본에게 내준 입장이기 때문에 장제스와 달리 항일전쟁에 훨씬 더 적극적이었다.

마오쩌둥의 홍군과 장쉐량의 동북군은 은밀하게 내통하기 시작했

류즈단 열사능원.

다. 1936년 에드거 스노가 옌안으로 취재를 갈 수 있었던 것은, 장쉐량이 그를 데려다주어 홍군 측에 인도했기에 가능했다. 그 정도로 홍군과 동북군 사이에는 항일전선이라는 공감대가 형성되어 있었다. 장쉐량은 장제스에게 수차례 내전을 중단하고 항일전쟁에 나서야 한다고 충심으로 건의했다. 그러나 장제스는 이를 외면했다. 결국 장쉐량이 장제스를 무력으로 제압하고는 국공합작과 항일전쟁을 요구하여 관철시켰다. 이것이 시안사변의 내막이다.

이때 중국 공산당은 바오안에 수도를 두고 있었다. 중국 공산당 중앙은 우치에서 대장정의 종결을 선언한 지 얼마 지나지 않아 와야오바오瓦窯堡로 옮겨갔고, 1936년 7월부터 이듬해 1월까지 바오안은 중국 공산당의 수도였다. 바오안은 류즈단이 전사하자 그를 기리기 위해 즈단현으로 개칭되었다. 당시 공산당 중앙의 거처 겸 사무실이 있던 동굴집들

옌안은 도시 전체가 혁명 유적지 같았다. 그 가운데 가장 규모가 큰 것은 옌안 혁명기념관이다. 앞마당에 마오쩌둥 동상이 서 있다.

은 지금도 '바오안 혁명 구지'라는 이름으로 보존되어 있다. 특별한 전시품은 없고 당시 상황을 설명해주는 일부 자료가 있는 정도다.

바오안에 있는 류즈단 열사능원은 한 사람을 위한 능원으로는 보기 드물게 규모도 크고 잘 관리되어 있었다. 멋진 장외투를 입은 석상도 있고, 말을 탄 장군 동상도 있다. 비림에는 마오쩌둥, 저우언라이, 천윈, 시중쉰 등이 직접 쓴 비석이 즐비했다. 어디서도 볼 수 없던 주더의 친필 비문도 있었다.

축축한 겨울비를 맞으며 다시 홍색 수도 옌안으로 갔다. 루이진이 중국 공산당이 소비에트공화국을 선포한 '출생'의 수도라면, 옌안은 장정에서 회생한 이후 '투쟁과 성상'의 수도다. 그에 비하면 베이징은 혁명 성공 이후의 권력의 수도라 할 수 있다. 옌안에는 거대한 옌안 혁명기

넘관을 비롯해 수많은 혁명 유적이 산재해 있다. 도시 자체가 혁명 유적지다.

엔안 혁명기념관 광장에는 거대한 마오쩌둥 동상이 멀리 시선을 던지고 있었다. 성공한 혁명가의 모습이다. 내게는 마오쩌둥 동상보다 혁명기념관 뒤로 보이는 달동네가 더 인상 깊었다. 2년 전 기념관 뒷산에 자리 잡은 달동네를 찾아가 그곳 사람들과 이야기를 나눈 적이 있었다. 이 마을은 1935년 이후 홍군에게 집터를 내주고 뒷산으로 이주한 현지인들의 후손이었다. 이번에도 다시 찾아 올라갔다. 2년 전 그대로 가난의 땟국물이 흐르고 있었다. 골목 가장자리에는 생활 오수가 가늘게 흐르는 달동네. 문짝이든 담장이든 빨랫줄이든 온통 가난이 덕지덕지 붙어 있었다. 코흘리개 아이들도 그대로였다. 그때와 마찬가지로 동네 사람들과 길바닥에 앉아 이야기를 나누었다. 당시 안에까지 들어갔던 한 동굴집은 작년 여름의 폭우에 무너져 이사를 갔다고 한다. 복주머니를 아이들에게 하나씩 나눠주었다. 기념관 옆의 홍군 사령부 자리에 살던 주민들은 홍군들에게 땅을 내주고 이 산동네로 올라왔다. 혁명이 모든 사람들의 삶을 바꾸어주는 것은 아닌 듯하다. 누군가는 여전히 가난한 인민으로 살고 있었다. 🐚

9장

실패

―

스스로
망할 일만 했다

시안사변의
현장을 찾아서

마오쩌둥의 대장정 368일, 1만 2500킬로미터를 밟아보는 여정을 마치고 마지막으로 시안에서 화청지華淸池의 시안사변 현장을 찾았다.

시안에 도착하자마자 심한용 님이 먼저 귀국하는 바람에 혼자가 된 순간, 반가운 동반자 한 사람이 별안간 등장했다. 중국 경제통으로 꽤 유명한 소비자 시장 전문가 박영만 님이 이날 아침 비행기를 타고 칭다오青島에서 시안으로 날아온 것이다. 박영만 님은 중국의 소비자 시장을 연구하면서 경제 분야에도 인문학적 터치가 필요하다는 생각에 나와 종종 중국 이야기를 나누던 터였다. 박영만 님은 시안사변 유적지를 종일 함께 돌아보고는 밤 비행기를 타고 임지로 돌아갔으니 그야말로 '번개 동반'이었다.

장쉐량의 쿠데타

시안사변은 동북 만주 땅을 일본에게 고스란히 내준 동북군 영수 장쉐 량이 서북군 영수 양후청楊虎城과 함께 일으킨 쿠데타다. 당시 장제스는 항일전을 본격적으로 개시하기 전에 먼저 내부를 평정해야 한다고 주 장하면서 오직 공산당 박멸에만 전념했다. 그리하여 5차 토벌전의 포위 망을 뚫고 섬서성 북부까지 도주한 중국 공산당을 쫓아 시안으로 날아 왔다. 이 6차 토벌전에 동원된 군대는 장쉐량의 동북군과 양후청의 서 북군이었다.

그러나 장제스가 양아들이라며 치켜세우곤 했던 장쉐량의 생각은 달 랐다. 일본의 침략을 받고 있는 상황에서 공산당과의 내전에 힘을 쏟는 것은 잘못이라고 여겼다. 1931년 일제가 만주를 침략하자 장제스는 장 쉐량에게 저항하는 시늉만 하면서 퇴각하라고 명령했다. 단독으로 일 본 제국주의에 대항할 여력이 없던 장쉐량은 고향을 고스란히 일본에 게 빼앗겼다. 일제 침략 이후 인민의 여론은 항일로 들끓었지만 장제 스는 여전히 반공 내전에만 몰두했다. 고향을 빼앗긴 뒤 유럽으로 가 서 공부를 하던 장쉐량은 아편도 끊고 건강한 모습으로 1년 만인 1934 년에 돌아왔다. 그에게 홍군과의 내전은 의미 없는 소모전일 뿐이었다. 홍군은 일본의 침략에 맞서기 위해 내전을 중단하고 연합하자고 줄기 차게 주장하고 있었다. 장정은 장제스의 포위를 뚫고 감행한 탈주였지 만 항일전선으로 나가기 위한 북상이라고 선전했다. 이렇게 정치적 명 분과 민심을 얻은 홍군을 상대로 전쟁을 하면 할수록 인기가 떨어지고, 군대도 약해지고, 고향은 더 멀어진다는 현실을 자각할 수밖에 없었다.

공산당과의 내전에서 이기면 장제스의 승리요, 지면 자신의 패배라는 장제스와 군벌 사이의 모순이 장쉐량에게도 예외는 아니었다.

게다가 그가 세운 동북대학이 배출한 젊은 장교 그룹의 진보적 성향도 장쉐량에게 영향을 미쳤다. 홍군에게 포로로 잡혔다가 사상교육을 받고 돌아온 장병들이 들려준 이야기도 홍군에 대한 생각을 바꾸어주었다. 국민당 통치 지역에서는 항일을 주장하면 체포되어 사형까지 당했지만, 공산당 지역에서는 항일운동이 애국 행위로 격려받는다는 사실도 알려졌다.

이런 와중에 비밀스럽고 도발적인 일이 일어났다. 1936년 초 왕화런王化人이라는 중국 적십자 전국위 집행위원이 장쉐량을 찾아와 국민당과 홍군의 협력 필요성을 설파하며 협상을 주선하겠다고 제안했다. 이를 계기로 장쉐량은 옌안에서 저우언라이와 직접 만났고, 홍군과 동북군 사이에 밀약이 성사되었다. 밀약에 따라 동북군은 홍군과의 전투를 피하고 전선을 유지하기만 하기로 했다. 미국인 신문기자 에드거 스노가 시안을 거쳐 옌안으로 들어갈 때도 장쉐량 측에서 최전선까지 안내해주어 홍군에게 갈 수 있었다. 홍군 장교가 직접 찾아와서 동북군의

장제스가 잠옷 바람으로 은신했던 바위틈. 화청지의 뒷산에 있다.

정치교육 방법을 개편하는 작업에 참여하기도 했다.

장쉐량은 6차 토벌전을 직접 지휘하겠다며 시안으로 날아온 장제스에게 내전을 중단하고 공산당을 포함한 국내외 여러 세력과 연합하여 일본 제국주의에 대항하자고 수차례 건의했다. 그러나 장제스는 완강했다. 고민을 거듭하던 장쉐량은 1936년 12월 12일 새벽에 무력을 동원해서 장제스의 호위병들을 사살했다.

침실에 있던 장제스는 요란한 총성을 듣고는 중대한 변고가 발생한 것을 알아차렸다. 그는 잠옷 바람에 뒷산으로 도망가 바위틈에 숨어 있다가 장쉐량의 수색대에게 발각되어 구금되었다. 장제스는 결국 장쉐량의 주장을 받아들였다. 중국에서는 이를 병간兵諫이라고 하는데, 한마디로 쿠데타다. 이를 계기로 공산당과의 협상이 시작되어 1937년 8월에 2차 국공합작이 성사되었다. 이로써 국부군의 포위와 추격, 홍군의 도주라는 대장정이 실질적으로 종결되었다. 1927년 상하이 쿠데타 발발로 시작된 국공내전이 10년 만에 중단된 것이다.

장쉐량이 장제스를 납치하여 감금한 곳이 바로 시안의 화청지, 양귀

비의 목욕탕이 있었다는 바로 그곳이다. 장제스의 거처로 사용되었던 오간청五間廳은 시안사변 전시관으로 바뀌어 중국 현대사의 한 장면을 보여준다. 총격전에 놀란 장제스가 잠옷 바람에 도망가 숨었다는 바위 틈에는 '장제스 장신처藏身處'라는 푯말이 붙어 있다. 중국의 젊은이들이 5~6미터 높이의 바위를 따라 설치된 쇠줄을 잡고 틈새로 기어 올라가 기념사진을 찍느라 시끌벅적했다.

마오쩌둥도 두 다리로 걸어야 했던 대장정은 1935년 10월 19일 우치에서 끝났다. 1936년 12월 12일 시안사변으로 장제스가 추격을 지휘하던 대장정도 끝이 났다. 이듬해 2차 국공합작을 통해 홍군은 장제스가 총지휘하는 중화민국 군대로 편제되어 팔로군八路軍이 되었다.

일제가 1945년 8월 15일 무조건 항복을 선언한 직후 장제스와 마오쩌둥은 충칭에서 만나 평화협정을 맺었다. 1946년 장제스가 화평협약을 깨고 다시 내전을 벌였으나 3년 만에 장제스의 패배로 끝났다. 1949년 10월 1일 중국 공산당이 천안문의 높다란 문루 위에서 중화인민공화국을 선포하면서 대장정은 완전히 종결되었다. 그 결과물로 태어난 중국은 이제 세계 최강국으로 부상하고 있다.

마오의 성공과 장제스의 실패는 동전의 양면

대장정은 마오쩌둥의 '성공'이 앞면이고, 장제스의 '실패'가 뒷면이다. 대장정 노선을 따라가며 마오쩌둥과 중국 공산당의 성공의 궤적을 돌아보는 것이 이번 답사의 목적이었지만, 줄곧 곱씹게 되는 질문이 있었다. 왜 우세했던 장제스가 실패했을까.

장제스는 마오쩌둥에게 패배해서 실패한 것이 아니다. 조금 과장해서 표현하면 장제스는 스스로 자멸했고, 그러자 마오쩌둥이 와서 밟아버렸을 뿐이다. 장제스는 위안스카이의 군벌 구태에서 벗어나지 못했고, 국민당과 국민정부도 무능하고 부패했기 때문이다. 답사를 준비하면서 수많은 자료를 읽었고, 답사 여행길에서 많은 대장정 유적지를 직접 보고 느끼고, 현지 주민들과 대화를 나누면서 실패의 원인을 생각해 보았다.

　　대업이 실패하는 것은 여러 가지 원인이 누적되어 실패의 메커니즘이 만들어졌기 때문이다. 장제스의 실패를 가장 극적으로 폭로하는 사건이 1942년에 발생한 허난성河南省 대기근이다. 🐚

장제스는
왜 실패했나

시안에서 귀국하기 전날, 답사 기록을 정리하기 시작했다. 외장하드에 담긴 사진들도 다시 훑어보고, 답사하기 전에 메모했던 글도 다시 열어보았다. 1942년 허난성에서 벌어진 사건이 이 외장하드의 준비 메모 안에 들어 있었다.

허난성 대기근

허난성 대기근을 처음 접한 것은 건조한 문체로 짧게 서술된 중국 현대사 학술자료에서였다. 그 후에 우리나라에서도 번역된 《1942 대기근》이라는 책을 읽고 더 자세히 알게 되었다. 펑샤오강馮小剛이라는 유명한 감독이 〈1942〉라는 영화로 제작하기도 했다. 우리나라에는 DVD로 출시되었다.

처음 출발할 때부터 장제스의 실패 이야기가 대장정 답사의 마지막

평샤오강 감독의 영화 〈1942〉 포스터.

을 장식할 수밖에 없다고 생각했다. 80년 전의 대장정에서 돌아와, 이 번에는 70여 년 전의 허난성으로 잠시 시간여행을 떠나보기로 하자.

1942년. 죽음은 누구나 피할 수 없는 고통이다. 육신의 고통을 가장 극대화하고 시간을 오래 끄는 죽음은 굶어 죽는 것이다. 그것도 오지에 혼자 낙오되어서가 아니라 멀쩡한 사람들이 한꺼번에 굶어 죽는 것이 다. 아사는 어느 지역에서도 종종 일어나는 일이지만 사망자 수가 300 만 명이라면 이야기는 달라진다. 그것은 사망이 아니라 학살이다.

일본군 통치 지역까지 합하면 500만 명 정도 죽은 것으로 추정된다 고 한다. 3년 동안 엄청난 포탄을 퍼부어 전 국토를 초토화시킨 한국전 쟁에서도 사망자가 150만 명 정도다. 실종자까지 포함해도 300만 명이 넘지 않는다. 그런데 1942년부터 1943년까지 오지도 아닌 중원 한복 판, 우리나라와 비슷한 면적에 인구 3000만 정도 되는 허난성에서, 그 것도 일본군 통치 지역을 제외한 국민당 통치 지역에서 자그마치 300 만 명이 굶어서 죽었다는 게 믿어지는가.

허난성의 비극은 1937년 중일전쟁이 발발하면서 시작되었다. 일본군은 그해 11월 초 허난성 북부 안양安陽을 점령하고, 1938년 5월에는 허난성 동부 지역까지 진격했다. 6월에는 카이펑開封을 점령하고 서쪽으로 밀고 가면서 정저우鄭州를 공격하려고 했다. 이때 중화민국 국부군은 일본군을 저지하기 위해 1938년 6월 9일 정저우시 북부 화위안커우花園口의 황하 제방을 폭파했다. 황하는 강바닥이 주거지보다 높다. 제방을 터뜨리자 거대한 물길이 용솟음쳤다가 동남쪽으로 쏟아져 농토와 마을과 도로를 순식간에 덮쳤다. 무지막지한 인공 홍수는 마을의 흔적을 깡그리 쓸어버리며 창강 하구로 빠져나갔다.

제방을 폭파한다는 사실은 화위안커우 인근에만 고지되었을 뿐이다. 정저우의 동남쪽으로 이어지는 카이펑, 상추商丘, 저우커우周口 주민들은 인공 호수의 물폭탄에 몰살당했다. 사망자 89만 명, 이재민 1250만 명이 발생한 이 재난을 화위안커우 사건이라 부른다. 적군의 공격을 막기 위해 자국의 백성 89만 명을 홍수로 쓸어버린 장제스의 군사작전이었다.

이런 깊은 상처를 안고 허난성은 1942년을 맞았다. 허난성 정부 주석은 리페이지李培基, 국부군 책임자는 제1작전지구 사령관 장딩원蔣鼎文, 부사령관은 탕언보湯恩伯였다. 허난성은 중일전쟁에서 중요한 전선이었다. 69개 현은 국민당 통치 지역이고, 42개 현은 일본군이 점령하고 있었다. 오랜 전란으로 인해 1942년에는 농작물 재배 면적이 전해의 4분의 1로 감소했다.

중일전쟁이 일어나자 허난성에서 260만 명의 장정이 징집되었다. 전국에서 가장 많은 수였다. 농작물 재배 면적이 줄어들고, 허난성의 3분의 1은 일본군에게 점령당했지만 농산물 징수 실적은 전국에서 2위였다. 전쟁물자를 현지에서 조달한다는 방침도 허난성을 황폐하게 만들었다. 일본이 일부 지역을 점령하는 바람에 철도 수송이 어려워지자 국민당 정부는 허난성 군대에게 식량과 물자를 현지에서 직접 징발하도록 했다.

전쟁이 첫 번째 재앙이었다면, 현지 조달은 재앙의 후속편이었다. 부사령관 탕언보가 현지 조달의 책임자였다. 현물 징수 과정에서 온갖 비리가 행해졌다. 규정보다 큰 됫박을 사용하는 일이 허다했고, 세금은 작황이 가장 좋을 때를 기준으로 정해진 그대로 적용되었다. 당시 기록에 따르면 장제스의 신임을 받는 탕언보의 군대는 허난성을 "탈탈 털었다" "일본군보다 탕언보의 군대가 더 무섭다"는 이야기가 돌았다. 대문마다 군인들이 붙여놓은 세금 고지서가 다닥다닥 붙었다. 뇌물을 찔러준 집은 건너뛰고, 그 세금까지 옆집 고지서에 더해졌다. 60년치 토지세를 선납으로 받아가기도 했다.

징집도 그랬다. 징집은 한 집에 한 명이 원칙이었다. 그러나 유력자 집안과 뇌물을 준 집안은 징집에서 빼주었다. 힘없는 농민들이 그들 머릿수까지 채워야 했다. 현장에서 징병을 해가는 보保, 갑甲의 책임자(이장과 면장에 해당)들은 눈에 보이는 대로 사람을 끌고 갔다. 오죽하면 입대자들을 밧줄로 포박해서 끌고 갔겠는가. 국부군의 모병관은 사리사욕을 채우느라 여념이 없었다. 지나가는 남자를 잡아다 감금하고는 가족에게 연락해서 돈으로 빼낼 것인지 군대로 보낼 것인지 선택하라고 했다. 심지어 뇌물은 뇌물대로 받고 군대에 보내버리기도 했다.

전란과 착취에 신음하던 허난성 사람들에게 자연재해까지 덮쳤다. 1942년 봄부터 가뭄이 찾아들었다. 보리 수확은 예년의 20퍼센트에 그 쳤다. 여름에도 비 한 방울 내리지 않은 탓에 가을의 밀 수확 역시 전년 도의 20퍼센트 수준으로 급감했다.

희귀한 재앙까지 덮쳤다. 메뚜기 떼가 하늘을 새까맣게 뒤덮어 땅에 서 자라나는 것은 뭐든지 먹어치웠다. 농민들은 옥수수 농사를 완전히 망쳤다. 메뚜기가 떠난 자리에는 메뚜기 애벌레들이 꿈틀댔다. 메뚜기 가 잎과 열매를 먹어치운 뒤라 애벌레는 남아 있는 딱딱한 줄기까지 다 갉아먹었다. "소련과 독일의 무기 전부를 가져와도 메뚜기 떼를 다 죽 일 수 없다"는 탄식이 나왔다.

1942년 여름부터 굶어 죽는 사람이 속출했다. 가을에는 상황이 더욱 심각해졌다. 훗날 통계를 보면 하루 평균 아사자가 4000명이었다. 농부 들은 닥치는 대로 먹을 것을 구했다. 초근목피는 제일 먼저 없어졌다. 길가나 산에 있는 느릅나무는 아랫도리가 모두 벗겨졌다. 나중에는 나 뭇잎까지 뜯어다 다양한 방법으로 먹었다. 가루로 만들어 먹고, 죽을 쑤 어 먹고, 쪄서 먹었다. 당장 먹을 것이 떨어진 사람들에게 부추 뿌리는 훌륭한 먹을거리였다. 보리 뿌리는 데쳐서 먹었다.

땅콩 껍질, 호두 껍데기, 콩 꼬투리, 박 씨 껍질, 감 꼭지, 옥수숫대 등 은 말려서 가루로 만들어 먹었는데, 소화가 잘 안 돼서 대변이 딱딱해 지고 몸이 붓기 십상이었다. 당분을 짜내고 남은 사탕수수 줄기와 벼의 줄기도 비슷한 부작용을 유발했다. 보리나 강낭콩의 싹도 먹었다. 싹이 자라 열매를 맺을 때까지 기다릴 수 없기 때문이었다. 목화 씨나 대추 씨도 갈아서 먹었는데, 구토를 일으키거나 장을 상하게 했다. 소의 가죽

도 털을 대충 뽑고 삶아 먹었고, 심지어 가죽 끈까지 삶아 먹었다. 모두 복통과 메스꺼운 증상이 나타났다.

그다음에는 기러기 똥을 주워 배설된 곡식 몇 알이라도 챙겨 먹었다. 도자기를 빚는 관음토라는 흙까지 먹었다. 허기에 눈이 뒤집힌 나머지 부드러운 흙을 입에 넣는 것이었다. 흙을 먹은 사람들은 장폐색으로 아랫배가 팽창하는 증세를 겪다가 죽음에 이르렀다.

마지막은 따로 있다. 길거리에 널린 사람의 시체였다. 일찌감치 도망 간 개들은 야생성이 살아나 사람의 시체를 뜯어 먹었다. 또 하룻밤이 지나고 나면 인위적으로 훼손된 것이 발견되곤 했다. 어쩌다 사먹는 만두에서 딱딱한 것이 씹혀 자세히 보면 손톱 발톱이었다. 1942년 겨울, 인육을 먹는다는 소문이 돌더니 실제로 그런 일이 목격되기 시작했다. 옆집에 큰 솥을 빌리러 온 여자가 의심을 받았다. 이웃들은 밤에 그 집에서 끔찍한 광경을 목격했다. 그다음 날 이웃집 여자는 처형되어 시신이 성문에 내걸렸다.

진짜 마지막은 따로 있었다. 남은 돈과 종자를 탈탈 털어서 최후의 만찬을 차렸다. 그다음 날 아무도 살아 있는 사람이 없었다. 한 가족이 집단으로 음독을 한 것이었다.

대기근은 부패가 부른 인재

농민들은 먹을 것을 구하기 위해 팔 수 있는 것은 모두 내다팔았다. 돈이 될 만한 것을 다 팔아치우고 나면, 귀하게 소장하던 물건들이 나왔다. 시집오던 날 여자의 꿈이 고스란히 담긴 혼례복마저 싼값에 팔아야 했다. 팔 것이 동나자 부모가 자식을 팔고, 남편이 아내를 팔고, 오라비가 여동생을 팔았다. 아이 엄마가 자기를 팔아 자식에게 한 끼라도 더 먹여달라고 남편에게 애원하는 모습도 목격되었다. 아이 하나를 팔면 밀 한 근을 살 수 있었다. 젊은 아가씨는 쌀 한 근 반에 사창가로 팔려 갔다. 사창가는 장교와 관리와 장사꾼들로 북적였다. 300만 명이 굶어 죽는 판이니, 인육에 가족 인신매매까지, 엽기적인 영화에나 나옴직한 일들이 횡행했다.

그런데 이처럼 아비규환의 상황에서 장제스의 중앙정부는, 허난성 정부는, 허난성에 주둔하던 군대는 과연 무엇을 하고 있었을까. 가뭄으로 보리 농사를 망친 1942년 8월, 작황이 예년의 20퍼센트에 불과한데도 허난성 성장은 중앙정부에 "허난의 농작물 수확이 그럭저럭 괜찮다"고 보고했다. 왜 이런 보고를 했을까? 성 정부는 각 현의 보고를 취합해서 중앙정부에 보고한다. 각 현에서는 당연히 작황이 심각하게 나쁘다고 보고했다. 그런데 허난성 정부는 군량미 공출을 줄이려고 작황을 속인다고 의심하며 보고서를 집어던졌다. 압력을 견디지 못한 현 정부는 허난성 정부가 원하는 대로 '그럭저럭' 괜찮은 수치의 보고서를 만들었다. 이것이 극심한 가뭄으로 굶어 죽는 사람들이 속출하는 상황에서 상급 정부에 대처하는 관리의 자세였다. 허난성 정부는 자신의 입맛에 맞는 보고서들을 취합해 중앙정부에 보고했다. 1942년 허난성 식량국은 중앙정부에 "허난성 인민은 대의를 받들 수 있는 모든 것을 기꺼이 국가에 내놓았다. 징수와 수매가 모두 할당량을 넘었다"라고 보고했다.

하루 평균 4000명이 굶어 죽고 있었으나, 1942년 11월에 허난성 주석이 보고한 사망자는 1602명이었다. 1942년 여름 허난성 주둔군 사령관 장딩원은 비밀리에 중앙정부에 기근 참상을 보고했다. 그러나 그는 어처구니없게도 질책을 당했다. "허난성 정부가 괜찮다고 하는데, 당신은 왜 이상한 소리를 하느냐"는 것이었다.

장제스의 국민정부는 일본과 전쟁 중이니 각 지역의 곡물 가격이 오르지 않도록 통제하라고 지시했다. 허난성은 가뭄으로 이미 곡물 가격이 폭등한 상태였다. 하지만 실상대로 보고하면 가격 통제에 실패했다고 질책을 당할까 봐 곡물 가격이 잘 통제되고 있다고 허위 보고를 했다. 중앙정부는 이 가격을 전국에 공지했다. 곡물 가격이 오른 것이 알려지면, 다른 지역의 상인이나 농민들이 곡물을 가져와 허난성에서 팔 수도 있었다. 하지만 반대 상황에서는 시장보다 낮은 가격으로 통제되는 허난성까지 올 이유가 없었다.

허난성 정부가 충칭의 중앙정부에 보고한 수치를 기준으로 삼아 1942년과 1943년의 곡물 징수량이 할당되었다. 허난성의 기근 상황은 고려되지 않았다. 수확량의 80퍼센트나 줄었는데도 징수량은 그대로였다. 이 보고를 토대로 보급부대가 허난성 정부의 식량 창고로 갔을 때

창고는 비어 있었다. 군인들은 각 현과 향으로 내려가 창고나 집을 샅샅이 뒤져 종자까지 다 훑어갔다. 농민에게는 생명보다 귀한 종자였지만, 국부군에게는 불충한 자가 숨겨둔 식량일 뿐이었다.

주민들이 굶어 죽는 판에 곡물 징수 목표량을 채우라고 독촉을 받던 이장이나 면장은 강제 징수라는 패악질을 더는 할 수 없어 자살하기도 했다. 징수관이 자살할 정도로 참담했다.

허난성 정부가 작황과 가격을 허위 보고한 탓에 아사자에 대한 정부의 구제와 시장경제 기능에 의한 식량 유통은 철저하게 봉쇄되었다. 어느 누구도 아사자 증대 방안을 기획하고 입안한 것이 아니었다. 중일전쟁이라는 상황에서 국가에 대한 충성심에서 나온 지방정부의 '충성스러운 조치'가 300만 아사자라는 비극을 가져왔을 뿐이다.

허난성에 허난성 정부만 있는 것은 아니었다. 1942년 10월 초순 허난성 구제회가 중앙정부가 있는 충칭으로 달려가서 기근이 극심하니 양곡 징수 할당량을 면제해달라고 청원했다. 그러나 장제스는 이들과의 면담을 거부했다. 이들의 구제 호소 활동도 일체 금지시켰다.

1942년 10월 중순, 중앙정부는 허난성의 재난이 심각하다는 것을 인정했다. 그러나 재난 구제와 군량미는 별개라고 선을 그었다. 허난성의 기근 피해가 알려지면 전쟁 중인 중국 인민들의 사기가 떨어진다는 것이었다. 중앙정부의 고위 관리는 회의를 마치면서 허난성 관리들에게 한마디를 흘렸다. "당신들은 당과 지도자의 보살핌으로 여기 앉아 있는 분들"이라고. 모가지가 잘릴 수도 있다는 위협이었다.

1942년 겨울 허난성 사람들은 숫자로는 무섭게, 광경으로는 끔찍하게, 인간이 겪을 수 있는 최악의 지옥을 겪어야 했다. 더 기가 막힌 사

영화 〈1942〉의 한 장면. 허난성을 탈출하기 위해 서쪽을 향해 걸어가는 피난민들.

실은 허난성 정부 주석이 곡물 및 현물 징수 실적이 우수하다는 이유로 표창을 받은 것이었다.

구제의 손길이라고 할 수 있는 조치가 나온 것은 1943년 여름이었다. 왜 그렇게 구제 조치가 늦었을까. 이 사연도 기구했다.

당시 중화민국의 유력한 신문은 《대공보大公報》였다. 1943년 초 섬서성을 취재하던 장가오펑張高峰이란 기자가 허난성으로 발령났다. 그는 허난성으로 부임하는 길에 엄청난 수의 피난민을 목격했으며, 뤄양에 도착해서 기근의 참상을 보고는 경악했다. 겨우 몇백 킬로미터 서쪽의 섬서성에서는 까맣게 몰랐던 엄청난 비극이 허난성에서 벌어지고 있었다. 길가에 주저앉은 실성한 사람들, 시체처럼 서쪽으로만 걸어가는 피난민, 시체가 쌓인 방공호. 장가오펑은 자신의 눈으로 목격한 참상을 써서 본사로 송고했다. 《대공보》사장 왕윈성王芸生은 용기 있게 기사를 실었다. 설날을 며칠 앞둔 1943년 2월 1일자 신문은 '기쁨에 넘치는 설날 기사'로 도배되었다. 장가오펑의 기사도 2면 오른쪽 하단 구석에 실렸다. "기근이 든 허난, 나무껍질을 먹는 사람들, 그런데도 여전히 곡물 징수에 여념이 없었다."

사람들은 경악하고, 장제스는 격노하다

많은 사람들이 신문을 보고 경악했다. 왕원성 사장은 다음 날 다시 한번 용기를 발휘했다. "충칭을 바라보며 중원을 생각하다"(충칭은 장제스의 중화민국 정부를, 중원은 허난성을 가리킨다)라는 제목의 논설에서 시쳇말로 중화민국 정부를 깠던 것이다. 요지는 간단했다. 왜 구제기금은 감감무소식인가. 왜 기득권층 재산은 징발하지 않고 이재민의 고혈만을 짜내는가.

장제스는《대공보》의 기사가 국민의 사기를 떨어뜨린다며 격노했다. 《대공보》는 3일 정간조치를 당했으며, 장가오펑은 체포되어 1년 동안 옥살이를 했다. 또한 허난성에 대한 곡물 징수 할당량을 줄이지 말라는 명령이 떨어졌다. 어설픈 군사작전으로 89만 명을 일거에 수몰시킨 총통답게 기근 따위는 신경도 쓰지 않았다. 인구 3000만 명에 지나지 않는 성 하나쯤이야!

그러나《대공보》에 실린 기사는 새로운 파장을 불러일으켰다. 당시 충칭에 주재하던 미국 시사 주간지《타임》의 기자 데어도어 화이트가 현장을 취재하기로 마음먹었다. 그의 친구이자 영국의《타임스》기자인 해리슨 포먼과 동반 취재에 나섰다. 두 기자는 허난성의 참상을 보고 분노 어린 기사를 썼다. 군대 창고에는 식량이 그득하지만 정부는 이재민을 착취하고 있다고 썼다. 기사 끝에는 취재를 마치고 돌아오기 직전에 허난성 관리들이 두 사람을 위해 차려준 열두 가지 기름진 요리의 이름까지 밝혀버렸다.

1943년 3월 22일 《타임》에 화이트 기자의 기사가 보도되었다. 국제사회에 비난의 목소리가 들끓었다. 연합국의 일원인 중화민국 정부를 향해 비난과 압력이 쏟아졌다. 장제스는 군수물자 지원이 끊길 것을 염려하여 할 수 없이 구제 조치에 나섰다.

이제 허난성의 인민대중들은 살 길을 찾은 걸까? 불행하게도, 아직 아니었다. 🐚

남의 일 같지 않은
대참사

시안사변 현장을 마지막으로 나는 귀국하는 비행기에 올라, 피곤한 몸을 등받이에 기댔다. 눈에 보이는 것은 하늘은 파랗게, 구름은 하얗게였다. 저 아래로 흐릿한 땅덩어리가 보였다. 우리가 중원이라고 부르는 땅, 허난성일 것이다.

허난성의 1942년 대기근을 떠올리면 메스꺼운 덩어리가 뱃속에서 꿈틀대는 듯 속이 거북하고 두통이 느껴진다.

기근 구제는 시작되었으나 부패가 끊이지 않다

1943년 3월에 구제 조치가 시작되었다. 그해 늦봄, 보리를 수확하는 시점이 되어서야 곰팡이 핀 식량이 도착했다. 하지만 공짜가 아니었다. 비싼 값에 사먹으라는 것이었다.

충칭의 중앙정부는 2억 위안의 구제자금을 허난성에 보냈지만 허난성 정부에 도착한 돈은 8000만 위안이었다. 이렇게 구제자금이 중간에 사라지는 경우가 비일비재했다. 어느 고위 관리에게 보낸 200만 위안은 통째로 없어졌는데 얼마 후 그 관리가 고향에 10만 평의 땅을 샀다는 소문이 돌았다. 이런 과정을 거치고도 남은 돈 일부가 주민에게 돌아갔다. 그러나 중간에 말단 관리가 밀린 세금을 공제하고 푼돈을 건네주었다.

이렇게라도 지급된 돈은 모두 100위안짜리 지폐였다. 그런데 시장에서 파는 곡식은 군대에서 빼돌린 것이 많아 100위안짜리 고액권을 받지 않고 5위안, 10위안짜리 지폐만 받았다. 사람들은 은행에 가서 돈을 바꿔야 했는데, 환전 수수료가 17퍼센트였다. 은행은 규정대로, 관례대로 수수료 장사를 했다.

청나라 말이었던 광서제 3년, 곧 1876년에도 허난성에는 지독한 기근이 들었다. 그 기근과 1942년의 기근을 두 번 다 겪은 사람도 있었다. 그들은 1942년의 기근이 더 참혹했다고 증언했다. 한 마을의 경우, 광서제 3년의 기근으로 300명 가운데 100명이 굶어 죽었고 피난 갔던 사람들이 나중에 돌아와 다시 살았지만, 1942년 기근에서는 700명 중 400명이 죽었고 피난 간 사람들 상당수가 고향으로 돌아오지 못했다.

기근이 기근으로 끝나지 않고 300만 명이 굶어 죽는 대참사로 폭발한 것은 부패한 권력과 망가진 제도 때문

1938년 장제스의 국민당이 폭파시킨 바로 그 강둑에 화위안커우 사건을 기록한 광장이 조성되어 있다.

이었다. 그런데 권력자들은 탐욕이라는 목적을 달성했을까? 아니었다. 그다음 해에 놀랄 만한 사건이 벌어졌다. 1944년 중탸오산中條山 전투에서 후퇴하던 5만여 명 국부군이 농민들에 의해 무장해제를 당하는 기막힌 일이 발생했던 것이다. 바로 탕언보의 부대가, 그렇게 악행을 저지르던 지역을 통과할 때였다. 원한이 뼈에 사무친 농민들이 엽총, 식칼, 쇠스랑으로 무장한 채 국부군에게 죽기살기로 덤벼들었다. 붙잡힌 병졸들은 생매장되거나 총살을 당했다. 탕언보는 이런 주민들을 일제 앞잡이니 반역자니 하며 비난했다.

반대의 경우도 있었다. 허난성 동남부의 한 지역에서는 국부군 제4집단군이 1942년 기근이 발생했을 때 죽 배급소를 운영했다. 1944년 일본군과 치열한 교전이 벌어지자 그 부대는 주민들로부터 열화와 같은 지원을 받았다. 그 덕분에 허난성 전투에서 매우 귀한 승리를 거두었다. 기근으로 사람들이 죽어나갈 때 죽 한 그릇 얻어먹은 것에 대한 보답이었다.

탕언보의 부대는 어느 정도로 부패했기에 주민들로부터 무장 공격을 받았을까. 허난성 사람들은 4대 재앙으로, 1938년 황하 제방을 터뜨려 발생시킨 화위안커우 홍수, 1942년의 가뭄, 1943년의 메뚜기 떼, 그리고 탕언보를 꼽았다. 그 정도로 탕언보에 대한 감정이 나빴다.

어느 누구도 300만 명을 굶겨 죽이자고 기획하지 않았다. 그저 구태의 관습과 관례에 따랐고, 명분은 나라를 위해서라고 했지만 실제로는 사리사욕에 충실했을 뿐이다. 장제스는 중일전쟁을 치르는 시기에 국민의 사기를 떨어뜨리지 말아야 한다고 '충심으로' 생각했다. 물론 중요한 것은 '국민'의 사기가 아니라 '자신'의 사기였다. 허난성 성장 리페이지는 중앙정부의 대일 항전에 '결사적으로' 충성해야 한다고 생각했다. 단 자신의 목숨이 아니라 백성의 목숨을 걸었을 뿐이다. 그 결과는 '300만 명을 굶겨 죽인 것'이었다.

이것이 장제스의 정부와 군대였다. 장제스 측의 발상은 "백성이 굶어 죽으면 그래도 중국 땅으로 남아 있지만, 군대가 굶어 죽으면 일본 땅이 되니 어쩔 수 없었다"는 한 관리의 말에서 적나라하게 드러난다. 틀린 말은 아니었다. 단지 그 땅은 장제스의 것이 아니라 마오쩌둥의 것이 되었을 뿐이다. 장제스는 실패했고, 인민의 마음을 얻은 마오쩌둥은 성공했다.

비행기는 서해 상공을 날고 있었다. 한국과 중국이 그렇게 가까운 거리라는 것을 새삼 실감했다. 답사를 준비하면서 읽은 책 한 대목이 떠올랐다.

우리 국민당처럼 노후하고 퇴폐한 혁명정당이란 있어 본 일이 없다. 어떤 면을 놓고 말하더라도 우리 군대는 장비, 전투기술, 경험이라는 점에서 공산당보다 압도적으로 우세했다. 식량, 사료, 탄약 등 군사적 공급과 보충이라는 점에서도 우리는 공산군보다 10배나 풍부했다.

그러나 장교들의 경우 기량과 지식이 부족하고 정신적 결함이 있었다. 장교들은 병사들에게 식량, 피복, 의료 혜택 등 배당된 보급품을 착복하기까지 했다. (그러나 공산당의) 장교들은 병사와 같은 것을 먹고, 같은 것을 입고, 병사들의 병영에서 같이 기거해야 했다. 공산군의 간부는 이미 이 일을 철저하게 실시하고 있었다. (국민당은) 자기 부대의 패전에 대해서는 서로 원망하고 비난을 하지만 자신의 과오는 숨겼다.

우리 국민당과 삼민청년단은 기층 조직이 없었다. 사회나 대중들 사이에서 아무런 기능도 하지 못했다. 국민당의 존재는 거의 전적으로 눈에 보이는 군사력에만 의지하고 있었다.

공산당은 국민당이 가져야 할 모든 것과, 갖고 있지 않은 모든 것을 대표한다. 조직, 기율, 도덕성이 그것이다. 공산당은 문제를 철저히 연구하고 토론할 뿐 아니라 계획을 완전히 실행한다. 그들은 주먹구구식이나 애매한 생각은 조금도 용납하지 않았다. 항일전 후기부터 우리 국부군 안에 도사린 타락과 부패가 실로 기막혔다는 것이다. 조직상으로 군대의 모든 단위에 정치위원을 두는 제도가 없었다. 정치위원이 없었기 때문에 군사 지휘관에 대한 감시나 견제가 적절하게 행해지지 않았다.

또한 조직이 해이되었기 때문에 공산당의 첩자나 공작원이 아무데로나 침투하여 그들이 들어가지 않은 구멍이 없었다. 정부와 군의 중요 기관에 침투하여 정확한 정보를 얻는 동시에 허위 소문을 퍼뜨렸다.

"모르는 이유로 실패한 게 아니다." 놀랍게도 이는 장제스가 자신의 입으로 직접 내뱉은 말이다. 모르는 적에게, 모르는 이유로 패한 것이 아니었다. 어떻게 하면 패하고 어떻게 하면 이기는지 알고 있었지만 실천하지 않았을 뿐이다. 그러고는 패배의 원인을 부하에게 돌렸다. 개혁은 뒷전이었다. 그러는 사이에 마오쩌둥이 중국 대륙을 차지했다.

《맹자》의 〈이루離婁〉 상편에 정확한 진단이 나와 있다.

나라가 스스로 망하니, 남이 와서 밟아버렸다(國必自伐而後人伐之).

스스로 멸망을 재촉했다는 얘기다. 장제스 역시 스스로 자신을 개혁하지 않았기 때문에 망한 것이다.

곧 인천공항에 착륙한다는 안내방송이 나왔다. 대장정은 80년 전의 일이지만 시진핑의 뿌리를 보면 그리 머지않은 생생한 역사적 현실이다. 장제스는 이미 세상을 떠난 과거의 인물이지만 그가 남긴 역설의 교훈 역시 과거가 아닌 오늘의 현실이다. 그것은 한국과 중국 사이의 비행 시간만큼이나 가까운 것이다. 장제스의 실패와 21세기 대한민국의 모습이 겹쳐 보이는 것은 왜일까. 그사이 비행기는 활주로에 내려앉았다. 59일째 밤, 대장정 답사 여행에서 묵직한 마음으로 돌아왔다.

집이다.

一个韩国朋友的
小长征

尹泰玉　电 1860-197-9975
邮 kimyto@naver.com　博 blog.naver.com/kimyto

참담한 심정, 고마운 마음

　59일 동안 1만 2800킬로미터의 대장정 답사를 무사히 마치고 2014년 3월 초 귀국했다. 그리고 이제 마오쩌둥의 368일 대장정 이야기와 59일 간의 답사 이야기를 마칠 때가 되었다.

　내가 중국에 대해 쓰는 글은 단행본으로는 네 번째다. 삼국지와 음식 문화, 민가 건축에 이어 대장정까지, 중국이라는 지리적 무대는 동일하지만 바라보는 시각과 분야는 제각각 다르다. 그렇다고 해도 글의 근본 취지는 동일하다. 중국을 여행하되 한 걸음만 더 깊이 들여다보자는 것이다.

　중국이란 나라를 국가 대 국가로 볼 수도 있지만 백성의 차원에서는 우리에게 호의를 가진 좋은 이웃으로 생각하고 그들을 조금 더 깊게 이해하자는 것이다. 상대방을 조금만 더 이해하면 중국이란 무대에서, 더 재미있고 더 유익하고 더 의미 있는 무엇을 할 수 있지 않을까.

　최근에 중국 인문학이 유행처럼 운위되고 있지만 내가 보기에 아쉬운 점이 없지 않다. 중국 고전 몇 구절을 따다가 자신의 주장을 포장하거나, 자극적인 화제를 가지고 중국을 이야기하지만, 중국의 실체 또는 중국의 문화와 역사를 쉽게 풀어주는 경우는 많지 않은 것 같다. 이런 점에서 중국 현대사에 대한 이해를 조금이나마 돕기 위해 대장정 답사 여행을 기획하게 되었다.

큰 사고 없이 여행을 마쳤고, 부족하지만 글로 풀어가는 것도 마칠 때가 되었다. 중국 현대사에 관한 전문가는 아니지만 일반인이 참여하는 소그룹을 구성하여 대장정 노선을 전체적으로 답사했고, 한국인으로서는 최초로 완주했다는 소박한 자부심도 느낀다.

이번 대장정 답사에 관한 통상적인 소감이 아닌 무거운 소회는 따로 있으니, 세월호 참사가 장제스의 실패와 겹쳐 보인다는 것이다.

답사를 마치고 귀국하여 이 글을 쓰던 중 세월호 침몰이라는 대참사 소식을 들었다. 처음에는 연해에서 배가 기울어진 단순한 운항 사고로 보였다. 그러나 스스로 탈출한 사람들 외에는 단 한 사람도 구조하지 못한 대참사가 되고 말았다. 게다가 사고 원인과 사고 대처 과정에서 우리나라 정부와 사회 시스템이 얼마나 망가져 있는지, 무능과 부패가 얼마나 뿌리 깊은지 적나라하게 드러났다. 그렇게 드러난 대한민국의 속살은 참담했다.

장제스의 중화민국과 지금의 대한민국은 같은 질병을 앓고 있는 것으로 보였다. 법규가 국민의 이익보다는 권력을 가진 자들의 이익에 맞춰 해석되고 운용되었다. 문제가 생기면 남에게 또는 부하에게 아니면 국민에게 책임을 미루었다.

관행은 권력자들의 이익을 위해서 만들어진 것이지 국민을 위해서 만들어진 것이 아니었다. 높은 사람일수록 하늘에서 내려온 신처럼, 우주에서 날아온 외계인처럼 누군가를 심판하려고만 했다. 반성하고 자신이 먼저 개혁하려는 자세는 찾아볼 수 없었다.

참담한 마음에도 불구하고 대장정 답사를 도와준 분들에게 감사의 말씀을 드리지 않을 수 없다.

먼저 대장정 답사 준비에서부터 답사 현장의 이야기, 답사 후기까지 나의 블로그 글을 매일 읽어주면서 격려를 아끼지 않은 많은 네티즌에게 감사드린다. 나의 글에 자랑질이라는 속물스러움이 흥건하지만 질타하지 않고 오히려 격려해준 덕에 긴 여행을 무사히 다녀올 수 있었다.

좋은 답사 동반자들을 만난 것은 가장 큰 행복이었다. 동반자들은 마오쩌둥과 대장정에 관해 다양한 시각과 견해를 들려주었다. 식탁에서는 더 맛있는 이야기를, 지루한 이동 시간에는 더 재미있는 이야기를 얹어주었다. 만만치 않은 답사 비용을 분담해준 것 역시 감사해야 할 일이다.

이육사의 시에서 조선 시대 무명씨의 시조까지 암송해주는 '걸어다니는 문학사전'이신 안진홍 교장 선생님, 나의 블로그를 읽은 인연이 전부였지만 마오쩌둥이란 공통의 관심사를 가지고 선뜻 동반에 나서주신 황인성 교수님, 여행에서의 음식을 '때우는 끼니'가 아닌 '유쾌한 즐김'으로 바꿔준 미식가 최치영 님, 마오쩌둥에 대한 합리적 의심과 흔쾌한 공감을 동시에 보여준 정일섭 교수님, 부드러운 미소와 촉촉한 감성으로 건조한 역사 기행에 활기를 불어넣어준 여행작가 엄문희 님, 겨우 일곱 살이지만 여행가 소질을 보여준 신동 심동섭 군, 깊은 배려심으로 허술한 구석이 생길 때마다 빈 곳을 채워주신 김영준 선생님, 지치기 쉬운 답사 후반을 열정으로 이끌어주신 심한용 님, 모두에게 다시 한 번 감사드린다.

답사 중간에 시간을 내어 합류한 지인들도 있었다. 베이징에서 징강산으로 날아와 1박 2일을 함께 동행해준 이경석 님, 칭다오에서 시안으로 새벽 비행기를 타고 왔다가 시안사변 현장을 답사하고 심야 비행기로 돌아간 열성적인 중국통 박영만 님에게도 감사의 말을 드린다.

자신의 고향인 장시성 구간만큼은 직접 안내하겠다며 베이징에서 스무 시간 넘게 기차를 타고 와서 닷새나 함께해준 중국인 친구 천구이밍 선생에게 우정을 가득 담아 특별한 감사의 마음을 전한다.

월간지 연재의 기회를 마련해준 김홍균 님, 한기홍 님(월간중앙)에게도 깊이 감사드린다. 나의 무모한 대장정 답사 계획을 적극적으로 후원해준 이하경 님(중앙일보), 개인적으로 응원과 격려를 아끼지 않은 김동진, 문성길, 김민영, 임응석, 김상덕, 강현실, 정순경 님에게도 고마운 마음을 전한다.

언제나 변함없이 나의 중국학 선생님이 되어주는 서성 박사와 조관희 교수를 비롯한 중국학센터 여러분들에게도 백주의 향기를 담아 감사의 말을 드리고, 떠도는 여행객의 글을 기꺼이 책으로 담아준 책과함께 출판사에도 깊은 사의를 표한다.

가까이에서 또 멀리서, 언제나 응원의 노래를 불러주는, 이제는 장성해서 친구 같은 두 아들 두영과 채영에게도 고마움을 표하고자 한다.

끝으로 지금까지 30년을 함께 살아오는 동안 변함없는 마음으로 철없는 남편을 지지해준 아내 김현란에게 감사의 마음을 전하며, 인생의 후반 30년까지 염치없이 부탁해본다. 그나저나 이제는 둘이 한 배낭을 꾸릴 때가 된 것 같다. 인문기행 중국에서 인문기행 세계일주로!

2014년 늦가을
암사동에서 윤태옥

范廉,《長征足跡》, 河北大學出版社, 2012.

師永剛·劉瓊雄,《紅軍 1934~1936》, 三聯書店, 2012.

延安陝甘寧根據地史研究會,《毛澤東畵册》, 當代世界出版社, 2006.

中國工農紅軍第一方面軍史編審委員會,《中國工農紅軍第一方面軍史》, 解放
    軍出版社, 1993.

《中國共産黨第一次全國代表大會會址》, 上海人民美術出版社, 2007.

中國人民革命軍博物館,《長征豊碑永存》, 解放軍出版社, 1996.

김명호,《중국인 이야기》, 한길사, 2013.

로이드 E. 이스트만, 민두기 옮김,《장개석은 왜 패하였는가》, 지식산업사, 2009.

명레이·관귀평·귀샤오양 외 엮음, 고상희 옮김,《1942 대기근》, 글항아리, 2013.

미야자키 마사카쓰, 오근영 옮김,《하룻밤에 읽는 중국사》, 랜덤하우스중앙, 2005.

손호철,《레드로드》, 이매진, 2008.

쑹훙빈, 홍순도 옮김,《화폐전쟁 3》, RHK, 2012.

아그네스 스메들리, 홍수원 옮김,《한 알의 불씨가 광야를 불사르다》, 두레, 1986.

에드가 스노우, 신구범 옮김,《중국의 붉은 별》, 두레, 1992.

찾아보기

인명

ㄱ

궈지웨다_果基約達(果基约达) 226, 227

ㄴ

녜룽전_聶榮臻(聂荣臻) 153

ㄷ

덩샤오핑_鄧小平(邓小平) 60, 153, 315, 318

덩슈잉_鄧秀英(邓秀英) 319, 320

덩슈팅_鄧秀廷(邓秀廷) 225

덩신커_鄧心科(邓心科) 319

덩위첸_鄧玉乾(邓玉乾) 319

덩파_鄧發(邓发) 153

두웨성_杜月笙(杜月笙) 44

딩잉_頂英(顶英) 114, 115

ㄹ

량치차오_梁啓超(梁启超) 39, 63

룽쓰취안_龍思泉(龙思泉) 165

룽윈_龍雲(龙云) 176, 197, 213, 214

뤄밍_羅明(罗明) 80, 116, 124

뤄빙후이_羅炳輝(罗炳辉) 213

뤄이구_羅一姑(罗一姑) 56~60, 66

류보청_劉伯承(刘伯承) 153, 157, 224~227, 230, 243, 287, 294

류원후이_劉文輝(刘文辉) 224

류위안장_劉元璋(刘元璋) 224

류즈단_劉志丹(刘志丹) 300, 301, 303, 304, 309~316, 322, 323

리다_李達(李达) 36

리다자오_李大釗(李大钊) 64

리셴녠_李先念(李先念) 6, 243

리정팡_李正芳(李正芳) 221, 222

리줘란_李卓然(李卓然) 153

리터_李特(李特) 287, 289, 290

리페이지_李培基(李培基) 335, 348

리푸춘_李富春(李富春) 136, 153

리한쥔_李漢俊(李汉俊) 37

리훙장_李鴻章(李鸿章) 39

린뱌오_林彪(林彪) 107, 153, 170, 287

린보취_林伯渠(林伯渠) 161

ㅁ

마오순성_毛順生(毛顺生) 57

마오안잉_毛岸英(毛岸英) 62, 64, 65

마오안칭_毛岸青(毛岸青) 62, 64

마오쩌둥_毛澤東(毛泽东) 5, 6, 8~10, 20~23, 26, 28, 31~33, 36, 43, 49, 53~68, 70, 75~84, 88~90, 105, 108, 115, 116, 121, 125, 130~134, 136, 137, 139, 140, 152~159, 161~163, 165, 166, 169~176, 180, 183, 197, 223, 224, 232, 233, 243, 246, 252, 253, 257~259, 262, 263, 273, 275, 276, 281, 286~295, 300, 301, 305~310, 312~314, 316, 317, 319, 321, 323, 324, 327, 331, 332, 348, 349, 352, 354

마오쩌탄_毛澤覃(毛泽覃) 23, 57, 76, 81, 116
무정_武亭 211

ㅂ
바이충시_白崇禧(白崇禧) 104, 105
보구_博古(博古, 본명 친방셴秦邦宪)) 21, 22, 80, 109, 114, 115, 123, 125, 130, 131, 133, 136~139, 147, 148, 152~155, 157, 172, 174, 183, 262, 263, 286, 314

ㅅ
샤오쯔성_蕭子升(萧子升) 63
서태후_西太后(西太后) 39
서하객_徐霞客(徐霞客) 199, 200
셰쯔창_謝子長(谢子长) 309, 310
쉬샹첸_徐向前(徐向前) 252, 262, 286~289, 292
쉬젠상_許劍霜(许剑霜) 224, 225
시중쉰_習仲勛(习仲勋) 7, 33, 309~315, 323
시진핑_習近平(习近平) 7, 33, 53, 86, 311, 312, 315, 318, 350
쑨두_孫渡(孙渡) 176, 177
쑨원_孫文(孙文) 38~40, 46, 48, 243
쑹메이링_宋美齡(宋美龄) 47, 175, 176
쑹쯔원_宋子文(宋子文) 162
쑹칭링_宋慶齡(宋庆龄) 243

ㅇ
양림_楊林 210, 211, 214, 218, 220

양상쿤_楊□昆(杨尚昆) 153, 288
양잔_楊展(杨展) 62
양지칭_楊積慶(杨积庆) 294, 295
양창지_楊昌濟(杨昌济) 61, 63, 64, 67, 116
양카이후이_楊開慧(杨开慧) 60~68, 288
양후청_楊虎城(杨虎城) 328, 329
예젠잉_葉劍英(叶剑英) 209, 262, 287, 288
오토 브라운_Otto Braun(중국 이름 리더李德) 21, 22, 114, 115, 123, 125, 130~132, 134, 136~138, 147, 148, 153~157, 174, 259
왕밍_王明(王明) 78~80, 114, 124, 155
왕서우화_汪壽華(汪寿华) 44
왕원성_王蓥生(王芸生) 342, 343
왕자례_王家烈(王家烈) 136, 150, 151
왕자상_王稼祥(王稼祥) 125, 130, 133, 134, 153, 155, 156, 174, 180, 260
왕쭤_王佐(王佐) 67
왕핑_王平(王平) 279, 281, 291
왕화런_王化人(王化人) 329
우리리_吳莉莉(吴莉莉) 82
위안스카이_袁世凱(袁世凯) 40, 332
위안원차이_袁文才(袁文才) 67
이범석_李範奭 209, 211

ㅈ
장가오펑_張高峰(张高峰) 342
장궈타오_張國燾(张国焘) 20, 36, 139, 158, 197, 248, 252, 257~258, 261~

264, 268~270, 273, 286~288, 290, 294

장딩원_蔣鼎文(蒋鼎文) 335, 340

장쉐량_張學良(张学良) 33, 316, 317, 321, 322, 328~330

장원톈_張聞天(张闻天. 일명 뤄푸洛甫) 80, 125, 130, 132~134, 136, 139, 153, 155, 156, 172, 180, 262, 286

장제스_蔣介石(蒋介石) 5, 6, 8~10, 19, 23~25, 33, 35, 38, 42~47, 49, 77, 79, 89~91, 95, 103~105, 109, 114, 116, 130, 136, 138, 147, 149, 154, 157, 161, 162, 165, 170, 174~176, 213, 214, 224, 225, 230, 232, 258, 263, 264, 276, 301, 305, 306, 317, 321, 322, 328~333, 335, 336, 339~341, 343, 344, 347~350, 353

장쭤린_張作霖(张作霖) 43

장차오만_張潮滿(张潮满) 221

장칭_江青(江青) 56, 82

저우바오중_周保中(周保中) 209

저우언라이_周恩來(周恩来) 21, 22, 43, 44, 109, 119, 123, 125, 130~134, 136, 138, 139, 147, 153, 154, 156, 157, 172, 174, 180, 259, 260, 288, 314, 323, 329

주더_朱德(朱德) 79, 90, 134, 153, 157, 170, 173, 180, 183, 184, 230, 243, 259, 260, 287, 294, 323

주춘룽_朱春榮(朱春荣) 96

쩡궈판_曾國藩(曾国藩) 39

쩡중성_曾中生(曾中生) 287

쭤쭝탕_左宗棠(左宗棠) 39

쭤취안_左權(左权) 107

ㅊ

차이허썬_蔡和森(蔡和森) 63

천궈푸_陳果夫(陈果夫) 162

천두슈_陳獨秀(陈独秀) 36, 40, 63

천리푸_陳立夫(陈立夫) 162

천수샹_陳樹湘(陈树湘) 108

천웨칭_陳月淸(陈月清) 221

천윈_陳雲(陈云) 80, 139, 153, 243, 323

천이_陳毅(陈毅) 114~117

천지샹_陳濟裳(陈济裳) 24, 25

천창하오_陳昌浩(陈昌浩) 2523, 261, 262, 286~289

최용건_崔庸健 210, 211

취추바이_瞿秋白(瞿秋白) 116

ㅋ

캉유웨이_康有爲(康有为) 39, 63

쿵샹시_孔祥熙(孔祥熙) 162

ㅌ

탄쓰퉁_譚嗣同(谭嗣同) 39

탕언보_湯恩伯(汤恩伯) 335, 336, 346, 347

ㅍ

펑샤오강_馮小剛(冯小刚) 333, 334

푸이_溥儀(溥仪) 40

ㅎ

한둥산_韓東山(韩东山) 252

허룽_賀龍(贺龙) 31, 216

허수헝_何叔衡(何叔衡) 116

허우즈단_侯之擔(侯之担) 149

허웨이_何畏(何畏) 289

허이_賀怡(贺怡) 76

허젠_何鍵(何键) 65, 105

허쯔전_賀子珍(贺子珍) 65, 67, 68, 70,
75~78, 80~83, 197, 204

허커취안_何克全(何克全, 카이펑凱丰)
153~155, 157

후스_胡適(胡适) 63

후야오방_胡耀邦(胡耀邦) 6

후쭝난_胡宗南(胡宗南) 285

지명

ㄱ

가오툰진_高屯鎭(高屯镇) 140

가오포_高坡(高坡) 192, 193

간쑤성_甘肅省(甘肃省) 6, 31, 32, 258,
260, 285, 293, 294, 296, 302, 305,
310, 312

광둥성_廣東省(广东省) 18, 24, 25, 80,
95, 97, 103, 104

광시좡족자치구_廣西壯族自治區(广西壮
族自治区) 95

광화푸_光華鋪(光华铺) 106, 109, 110

구이린_桂林(桂林) 101, 118

구이저우성_貴州省(贵州省) 19, 20, 81,
118, 123, 129, 132, 134, 138, 143,
149, 150, 152, 157, 169, 175, 177,
189, 190, 192, 193, 195~198, 204,
205, 213, 216, 297

궁라이_邛崍(邛崃) 244

ㄴ

난량_南梁(南梁) 33, 310~312, 316,
318

난스_南市(南市) 42

난징_南京(南京) 45, 46, 89

난창_南昌(南昌) 46, 77, 79, 88, 109,
130

네이멍구자치구_內蒙古自治區(内蒙古自
治区) 29

닝두_寧都(宁都) 79

ㄷ

다구빙산_達古氷山(达古氷山) 270, 271

다두하_大渡河(大渡河) 226~232, 243, 253

다러우산_大婁山(大娄山) 177

다웨이_達維(达维) 32, 33, 245, 246, 251~253, 287, 308

다이_大邑(大邑) 244

단구이촌_丹桂村(丹桂村) 212, 215

단바현_丹巴縣(丹巴县) 253, 263, 266

단샤산_丹霞山(丹霞山) 97

더창_德昌(德昌) 224, 226

데부현_迭部縣(迭部县) 292, 293, 296

둥자이_侗寨(侗寨) 145

딩시_定西(定西) 305

ㄹ

량산_涼山(凉山) 224

량허커우_兩河口(两河口) 180, 259, 261, 263, 264

러우산관_婁山關(娄山关) 150, 173, 177~179, 308

런화이_仁懷(仁怀) 188

레이툰_雷屯(雷屯) 196

루구_瀘沽(泸沽) 225, 226

루딩교_瀘定橋(泸定桥) 169, 224, 228, 230~234, 242, 278, 308

루반창_魯班場(鲁班场) 175

루부거_魯布革(鲁布革) 198, 203, 204

루산_廬山(庐山) 82

루산_蘆山(芦山) 243, 244

루이진_瑞金(瑞金) 17, 19, 33, 54, 78, 80, 81, 88, 89, 95, 114, 115, 159, 211, 252, 313, 316, 323

루청_汝城(汝城) 95~98

루화_蘆花(蘆花, 지금의 헤이수이黑水) 265, 269

룽성_龍勝(龙胜) 118~123, 129

룽제_龍街(龙街) 214

룽탄_龍潭(龙潭) 폭포 87

룽화_龍華(龙华) 41, 42, 44, 45, 65

뤄핑_羅平(罗平) 198, 203, 204

뤼취안_祿勸(禄劝) 217

류판산_六盤山(六盘山) 306~310

리핑_黎平(黎平) 123, 129, 134~143, 147, 152, 154

ㅁ

마링하_馬嶺河(马岭河) 협곡 198, 201

마얼캉_馬爾康(马尔康) 265, 266, 268, 269, 274, 286, 292

마오얼가이_毛兒蓋(毛儿盖) 33, 265, 270, 273~276

마오얼산_貓兒山(猫儿山) 111~113, 122, 123

마오타이진_茅台鎮(茅台镇) 169, 175, 186~188

마오현_茂縣(茂县) 258

마장_麻江(麻江) 176

만봉림_萬峰林(万峰林) 198, 201

멍비산_夢筆山(梦笔山) 264, 265, 267

민강_岷江(岷江) 229

민현_岷縣(岷县) 295, 296, 303, 304

밍산_名山(名山) 234

ㅂ

바시_巴西(巴西) 33, 291~293

바오싱_寶興(宝兴) 234, 241~244,
246, 248

바오안현_保安縣(保安县) 315, 321~323

바오쥐_包座(包座) 285

바이먀오촌_白苗村(白苗村) 81, 204

바이사촌_白沙村(白沙村) 268

바이써_白色(白色) 165

반유_班佑(班佑) 33, 273, 278, 279,
291

반유하_班佑河(班佑河) 279

번자이_本寨(本寨) 196

베이징_北京(北京) 7, 8, 26, 27, 47,
63, 64, 71, 83, 307, 323, 356

베이판강_北盤江(北盘江) 196, 197

빙산_屛山(屛山) 106

ㅅ

사오산_韶山(韶山) 54, 59

사오자이_少寨(少寨) 140

사워_沙窩(沙窝) 265

사저우바_沙洲壩(沙洲坝) 89

상바자이_上八寨(上八寨) 274

상추_商丘(商丘) 335

상하이_上海(上海) 8, 33, 34, 36, 37,
41, 44~46, 53~55, 61, 65, 78, 79,
83, 84, 125, 130, 161, 243, 313

샤오진_小金(小金) 243, 252~256,
258, 266

샹강_湘江(湘江) 91, 100~111, 114,
129, 139, 147, 164, 308

샹샹현_湘鄕縣(湘乡县) 58, 63

섬서성_陝西省(陕西省) 5, 6, 8, 9, 20,
32, 258, 260, 261, 263, 294, 296,
300, 303~306, 309, 312, 313, 321,
328, 342

성리산_勝利山(胜利山) 318, 319

소삼협_小三峽(小三峡) 198, 203, 204

쉰뎬현_尋甸縣(寻甸县) 215

스린_石林(石林) 198

스린현_石林縣(石林县) 204, 205

스멘_石棉(石棉) 228

스반진_石板鎮(石板镇) 190

시수이현_習水縣(习水县) 169, 179~
182

시숴_西索(西索) 264, 267

시안_西安(西安) 305, 321, 327~330,
333, 356

시장첸후_西江千戶(西江千户) 145, 146,
148

시창_西昌(西昌) 224~226

신톈디_新天地(新天地) 36

싱런_興仁(兴仁) 196

싱안현_興安縣(兴安县) 33, 95, 98~
101, 106, 114, 118

싱이현_興義縣(兴义县) 196~198, 201

싼장_三江(三江) 129

싼차_三岔(三岔) 309

쑹판_松潘(松潘) 260~262, 273, 275

쑹후_淞滬(淞沪) 42

쒀포_梭坡(梭坡) 253, 255

쓰구냥산_四姑娘山(四姑娘山) 255, 256

쓰촨성_四川省(四川省) 9, 20, 31, 157,

158, 170, 197, 319, 320

ㅇ

아바_阿壩(阿坝) 320

안순_安順(安顺) 192, 193, 195, 196, 198

안순창_安順場(安顺场) 33, 228~230, 232, 233

안양_安陽(安阳) 335

안위안_安源(安源) 68, 70

어제_俄界(俄界) 292~294, 296

얼랑산_二郎山(二郎山) 235

얼랑촌_二郎村(二郎村) 181

예핑촌_葉坪村(叶坪村) 89

옌안_延安(延安) 5, 8, 9, 18, 34, 82, 159, 211, 292, 317, 321, 323, 324, 329

와야오바오_瓦窯堡(瓦窑堡) 322

왕징_望京(望京) 7

왕짱_旺藏(旺藏) 292, 296

우강_烏江(乌江) 147~149, 157, 164, 175, 308

우치진_吳起鎭(吴起镇) 8, 9, 33, 310, 315, 317, 318, 321, 331

우한_武漢(武汉) 43~45, 65, 89

원촨_汶川(汶川) 272

웡안현_甕安縣(瓮安县) 147

웨령_月嶺(月岭) 164

웨이하_渭河(渭河) 305, 306

위두현_雩都縣(于都县) 17, 33, 95, 112, 115, 152, 317

위두하_雩都河(于都河) 17, 22, 24, 95,

103, 308

윈난성_雲南省(云南省) 31, 97, 118, 122, 171, 175~177, 195~198, 204, 205, 209, 212~214, 216, 218, 221

윈산_雲山(云山) 196

윈펑바자이_雲峰八寨(云峰八寨) 196

육군강무당_陸軍講武堂(陆军讲武堂) 33, 209, 210

융신현_永新縣(永新县) 54, 70~72, 75, 76, 197

이해_彝海(彝海) 226~228

인쯔로_尹子路(尹子路) 152

잉징_榮經(荥经) 243

ㅈ

자링강_嘉陵江(嘉陵江) 260

자베이_閘北(闸北) 42

자시_柴西(扎西) 171

자오무쭈_腳木足(脚木足) 268, 269

자오싱_肇興(肇兴) 143~145

자오핑두_皎平渡(皎平渡) 196, 197, 212~223

자쥐_甲居(甲居) 253

자진산_夾金山(夹金山) 33, 234, 241~ 249, 252, 264

장시성_江西省(江西省) 33, 54, 67~71, 76, 79, 88, 90, 108, 114, 177, 196, 211, 245

장인_江陰(江阴) 199

저우커우_周口(周口) 335

전산촌_鎭山村(镇山村) 190~192

전위안_鎭原(镇原) 309

정저우_鄭州(郑州) 335

제서우진_界首鎭(界首镇) 109, 110

주창_猪場(猪场) 204

중탸오산_中條山(中条山) 347

줘커지_卓克基(卓克基) 265, 269

진사강_金沙江(金沙江) 169, 170, 197, 213~215, 217~219, 221~224, 230, 308

징강산_井岡山(井冈山) 21, 33, 54, 67, 69, 70, 72, 76, 77, 79, 83~88, 116, 174, 287, 313

쭌이_遵義(遵义) 33, 136, 138, 143, 145, 147~150, 151, 157, 158, 160~165, 169, 170, 172~175, 177, 178, 196, 297

쯔윈_紫雲(紫云) 196

ㅊ

차오가_翹街(翘街) 137, 139

차오치_硚磧(硚磧) 246

창강_長江(长江) 20, 33, 41, 72, 73, 157, 170, 171, 175, 196, 197, 205, 223, 229, 243, 335

창더설산_昌德雪山(昌德雪山) 270

창사_長沙(长沙) 33, 43, 49, 53, 54~58, 61, 63~66, 68, 84, 108, 212

창순_長順(长顺) 196

청두_成都(成都) 32, 227, 230, 248, 255, 256, 260, 263

청수당_清水塘(清水塘) 66

충칭시_重慶市(重庆市) 10, 149, 150, 170, 175, 177, 180, 209, 230, 243, 331, 340, 341, 343, 345

취안저우_全州(全州) 106

취징_曲靖(曲靖) 195~197, 213

츠수이_赤水(赤水) 166, 171, 308

츠수이하_赤水河(赤水河) 170~175, 177, 181, 184~186

칭강포_青杠坡(青杠坡) 170, 186, 187

칭양_慶陽(庆阳) 310

칭옌고진_青岩古鎭(青岩古镇) 192

ㅋ

카이리_凱裏(凯里) 143, 145

카이펑_開封(开封) 335

카이후이진_開慧鎭(开慧镇) 66

ㅌ

톈룽_天龍(天龙) 193, 195

톈수이_天水(天水) 305

톈진_天津(天津) 313

톈취안_天全(天全) 243, 244

투청진_土城鎭(土城镇) 170, 180, 183, 185, 186

퉁다오_通道(通道) 123, 124, 126, 129~131, 133~136, 143, 154

퉁안_通安(通安) 223, 224

퉁장현_通江縣(通江县) 319, 320

ㅍ

판즈화_攀枝花(攀枝花) 217

판현_盤縣(盘县) 204

푸두하_普渡河(普渡河) 215~217

핑샹시_萍鄕市(萍乡市) 54, 67~70

평안_平安(平安) 122

ㅎ

하다푸_哈達鋪(哈达铺) 33, 299, 300~
305, 308

허난성_河南省(河南省) 32, 332, 333~
337, 339~347

허우창진_猴場鎮(猴场镇) 147

헤이수이_黑水(黑水) 265, 268, 269,
273

화베이_華北(华北) 43

화시구_花溪區(花溪区) 189, 190

화위안커우_花園口(花园口) 335, 347

화청지_華清池(华清池) 327, 330

화츠_華池(华池) 310

황궈수_黃果樹(黄果树) 폭포 198, 199,
201

황니하_黃泥河(黄泥河) 204, 205

황주령_黃竹嶺(黄竹岭) 75, 76

후난성_湖南省(湖南省) 9, 19~21, 31,
34, 43, 49, 53~55, 64~69, 97, 122,
129, 132~134, 136, 138, 147, 157

후룬베이얼_呼倫貝爾(呼伦贝尔) 29,
200

후베이성_湖北省(湖北省) 65, 260

후이닝_會寧(会宁) 8, 31~33

후이리_會裏(会里) 223, 224

후이수이_惠水(惠水) 196

훙먼_洪門(洪门) 214

훙위안_紅原(红原) 269, 273

〈왕초의 작은 대장정〉 답사 여행 후원자

후원금: 강종실, 강창구, 고혜숙(실크로드 에이전시), 권태일, 윤태근, 이경석, 이민숙
　　　(파란나무), 정진두(연합여행사), 함상규
선물용품 지원: 안시은(차미가), 유제천(아모레퍼시픽), 하늘꽃신
비상식품 지원: 박영만
차량 지원: 정경원(좋은보이차 쾌활)
숙식 지원: 유광석(쿤밍중북국제여행사)
촬영 지원: 김상덕(스튜디오 라온), 임응석(ES creative)
스티커 제작: 윤미향(진애드), 윤조희
IT장비 지원: 김준식(삼성전자), 정순경

길 위에서 읽는 중국 현대사 대장정

1판 1쇄 2014년 11월 1일
1판 2쇄 2016년 1월 11일

지은이 | 윤태옥

편집 | 천현주, 박진경
마케팅 | 김연일, 이혜지, 김유리
디자인 | 석운디자인
조판 | 글빛
종이 | 세종페이퍼

펴낸곳 | (주)도서출판 **책과함께**
　　　　주소 (121-896) 서울시 마포구 월드컵로 50 덕화빌딩 5층
　　　　전화 (02) 335-1982~3
　　　　팩스 (02) 335-1316
　　　　전자우편 prpub@hanmail.net
　　　　블로그 blog.naver.com/prpub
　　　　등록 2003년 4월 3일 제25100-2003-392호

ISBN 978-89-97735-49-5 (03910)

이 도서의 국립중앙도서관 출판시도서목록(CIP)은 서지정보유통지원시스템 홈페이지(http://seoji.nl.go.kr)와
국가자료공동목록시스템(http://www.nl.go.kr/kolisnet)에서 이용하실 수 있습니다.
(CIP제어번호 : CIP2014029835)